本书获得
"外交学院中央高校基本科研业务费专项资金资助"

中美贸易关系与投资者行为研究

Research on Sino-US Trade Relations and Investor Behavior

张文佳 著

中国社会科学出版社

图书在版编目(CIP)数据

中美贸易关系与投资者行为研究 / 张文佳著 . —北京：中国社会科学出版社，2024.1
ISBN 978 – 7 – 5227 – 2929 – 9

Ⅰ.①中… Ⅱ.①张… Ⅲ.①中美关系—双边贸易—投资行为—研究 Ⅳ.①F752.771.2②F830.59

中国国家版本馆 CIP 数据核字(2023)第 244114 号

出 版 人	赵剑英
责任编辑	耿晓明
责任校对	李 军
责任印制	李寡寡

出　　版	中国社会科学出版社
社　　址	北京鼓楼西大街甲 158 号
邮　　编	100720
网　　址	http://www.csspw.cn
发 行 部	010 – 84083685
门 市 部	010 – 84029450
经　　销	新华书店及其他书店

印　　刷	北京明恒达印务有限公司
装　　订	廊坊市广阳区广增装订厂
版　　次	2024 年 1 月第 1 版
印　　次	2024 年 1 月第 1 次印刷

开　　本	787×1092　1/16
印　　张	14
字　　数	240 千字
定　　价	79.00 元

凡购买中国社会科学出版社图书，如有质量问题请与本社营销中心联系调换
电话：010 – 84083683
版权所有　侵权必究

前　言

　　尽管理查德·尼克松在 1972 年访问了中国，吉米·卡特在 1979 年承认了"一个中国"的存在，但中美贸易直到 2000 年《中美关系法案》[该法案为中国在 2001 年加入世界贸易组织（WTO）铺平了道路]通过后才正式正常化。从此，两国之间的贸易出现了爆炸性增长，每年增长超过 10%，从 2001 年的 1210 亿美元增长到 2018 年的 6550 亿美元（贸易峰值）[1]。但同时，美国对中国的贸易逆差也随之上升。中国在 2008 年取代日本成为美国最大的债权国，持有超过 1.3 万亿美元的美国国债[2]。正是因为中美关系对两国（暂且不说世界其他国家）的福祉和安全具有如此重要的经济和战略意义，投资者才如此热切地关注着两国贸易和紧张局势的发展。

　　2001 年，中国成为 WTO 第 143 个成员国。按照"入世"前的规定，一国成为 WTO 成员 15 年后有权自动取得"市场经济地位"[3]。目前，全球已有 100 多个国家承认了中国的"市场经济地位"，其中包括新西兰、澳大利亚、瑞士等发达国家，但美国、欧盟等中国的主要贸易伙伴却以中国还存在大量的产品倾销和出口补贴为由，一直拒绝承认中国的"市场经济地位"，反对给予中国作为市场经济国家应享有的合法权益。

　　然而，相较于 20 年前，现在的竞争格局已经发生了巨大的改变。中国在世界金融和世界贸易中日益占据主导地位。"十三五"时期，面对经济全球化遭遇逆流、新冠肺炎疫情全球蔓延等重大风险挑战，中国积极扩大开放，经受住了

---

[1] 参见美国人口普查局网站，https://www.census.gov/foreign-trade/balance/c5700.html。
[2] 截至 2022 年 10 月，大陆持有 0.91 万亿美元；香港持有 0.19 万亿美元，https://ticdata.treasury.gov/Publish/mfh.txt。
[3] 反倾销案发起国如果认定被调查商品的出口国为"市场经济"国家，那么在进行反倾销调查时，就必须根据该产品在生产国的实际成本和价格来计算其正常价格。否则将引用与出口国经济发展水平大致相当的市场经济国家（即替代国）的成本数据来计算所谓的正常价值，并进而确定倾销幅度，而不使用出口国的原始数据。

重大风险考验，中国经济展示出了强劲韧性和蓬勃活力。五年来，外贸进出口总值年均增长6.5%，货物贸易第一大国地位进一步巩固。"十三五"的最后一年，2020年，我国货物贸易进出口总值32.16万亿元人民币，比2019年增长1.9%。其中，出口17.93万亿元，增长了4%；进口14.23万亿元，下降了0.7%；贸易顺差3.7万亿元，上升了27.4%。当欧洲的工业政策论及与中国有关问题时，开始使用"我们的竞争对手"这样的措辞；美国总统拜登上台之后，依然将中国视为"战略竞争对手"，并在2021年2月19日线上召开的慕尼黑安全会议上呼吁盟友必须做好"与中国长期战略竞争"的准备。

贸易的作用不仅在于经济方面，它也是传统军事武器之外可以用来维护国家安全和利益的有效工具。在全球经济增长乏力和集体对资本主义身份深感危机的背景下，西方世界察觉到了来自中国的竞争威胁，尤其美国更是认为中国妨碍了它在金融市场、数字经济、技术、制造业以及贸易等方面的霸权。特朗普早已公开表示了对中国的不友好态度。2011年2月，唐纳德·特朗普在《皮尔斯·摩根今夜秀》(*Piers Morgan Tonight*)上谈到了如果他当选总统将如何重振美国的繁荣，当被皮尔斯·摩根问及如何与中国人打交道以及他们是否是美国人的朋友时说，"我不认为他们是朋友。我认为他们是敌人……我们有非常不公平的贸易……我会对他们征收25%的税。他们会马上坐到谈判桌前"①。在特朗普上任的第一天他就将中国列为汇率操纵国，而且在大选期间提出的经济政策中，首先就是要"消除美国长期的贸易赤字"，特别是对中国的贸易赤字。

中美贸易问题，尤其是中美贸易摩擦，给世界经济带来了巨大的不确定性和不稳定性，中国消费者和其他市场参与者的心理预期也因此变得复杂而敏感。我们不禁会问，对中美贸易问题的关注如何影响证券市场？中美政治气候和贸易关系的变化是如何影响股票市场的？面对贸易摩擦，中国政府又采取了哪些行动和措施，对市场的影响如何？带着这些问题，本书主要研究中美贸易关系对股票市场的影响，并分析中国政府通过媒体所传达的信息在稳定市场预期方面是否发挥了作用，并试图在定义贸易事件、解释投资者心理，以及研究投资者情绪的形成机制和影响渠道方面为已有研究增添新的解释。

贸易是各国总体战略的一部分，也一直是大国博弈的棋子。各国都希望通过贸易竞争获取战略竞争优势，但我国一直反对霸权主义，推动建设持久和平、共

---

① 参见CNN网站2011年2月9日《皮尔斯·摩根今夜秀》节目的谈话记录，http://transcripts.cnn.com/TRANSCRIPTS/1102/09/pmt.01.html。

同繁荣的和谐世界。在我国经济总量跃居世界第二、全面建成小康社会之际，本书希望能够从资本市场及其投资者的角度探讨世界贸易变革带来的影响，具体结合中美贸易关系变化的背景，探讨投资者的行为和心理过程以及媒体报道策略对于股票市场和投资者的影响。本书不仅有利于解释金融市场上的异象、丰富行为金融理论，也有利于相关部门制定相应举措增强投资者信心，有效防范和控制金融风险，更好地发挥资本市场优化资源配置的功能。

我要特别感谢美国密苏里大学堪萨斯分校的内森·莫克（Nathan Mauck）教授和香港中文大学的杜巨澜教授。本书从构思到成文花费了三年多的时间，他们从研究构思到方法设计都为我提供了宝贵的建议和帮助，也是我部分研究内容的合作者。没有他们的帮助，就不可能有本书的面世。我还要感谢中国社会科学出版社的支持和信任。最后，特别感谢家人和朋友一直以来的无私包容与鼓励！

张文佳

2022 年 12 月

目　　录

第一章　绪论 …………………………………………………………（1）
　一　研究背景及意义 …………………………………………………（1）
　二　研究内容 …………………………………………………………（3）
　三　主要创新之处 ……………………………………………………（3）
　　（一）日数据与月度数据的结合处理 ……………………………（3）
　　（二）对于传统主流媒体报道进行文本分析 ……………………（4）
　　（三）量化分析与描述性分析相结合 ……………………………（4）
　　（四）对媒体报道与真实摩擦事件产生的
　　　　　影响进行区分 …………………………………………………（4）
　　（五）将重大冲击带来的影响与主流媒体的
　　　　　作用进行结合分析 ……………………………………………（5）

第二章　中美贸易问题关注度与中美股票市场波动 …………………（6）
　一　中美贸易关系与股票市场的溢出效应 …………………………（6）
　二　文献综述 …………………………………………………………（8）
　三　研究数据 …………………………………………………………（9）
　四　研究方法 …………………………………………………………（11）
　五　实证结果 …………………………………………………………（12）
　六　小结 ………………………………………………………………（25）

第三章　中美贸易摩擦、异质信念与股票波动 ………………………（26）
　一　贸易摩擦背景下的异质信念与股票市场波动 …………………（26）

2 中美贸易关系与投资者行为研究

  二　文献综述与研究假设 …………………………………………（28）
  三　数据与研究方法 ………………………………………………（31）
    （一）数据来源 ………………………………………………（31）
    （二）对异质信念的度量 ……………………………………（31）
    （三）基准模型 ………………………………………………（32）
    （四）检验异质信念中介作用的模型 ………………………（32）
  四　实证结果 ………………………………………………………（33）
    （一）贸易摩擦与股票市场波动 ……………………………（34）
    （二）异质信念的中介作用 …………………………………（34）
    （三）进一步讨论 ……………………………………………（41）
  五　小结 ……………………………………………………………（44）

第四章　媒体语气对股票市场的稳定作用研究 …………………………（46）
  一　中美贸易摩擦与稳定市场预期 ………………………………（46）
  二　文献综述与研究假设 …………………………………………（48）
    （一）媒体语气与股票回报 …………………………………（49）
    （二）媒体语气与股票市场波动 ……………………………（50）
    （三）贸易摩擦不同阶段的市场反应 ………………………（51）
  三　数据和研究方法 ………………………………………………（51）
    （一）数据来源 ………………………………………………（51）
    （二）对媒体语气的度量 ……………………………………（54）
    （三）基准模型 ………………………………………………（54）
  四　实证研究结果 …………………………………………………（56）
    （一）媒体语气与股票市场收益 ……………………………（57）
    （二）媒体语气与股票市场波动 ……………………………（61）
    （三）不同阶段的股票市场反应 ……………………………（64）
    （四）进一步讨论 ……………………………………………（65）
  五　小结 ……………………………………………………………（71）

第五章　对美贸易程度与市场反应不对称性 ……………………………（72）
  一　中美贸易摩擦与对美贸易强度 ………………………………（72）

二　文献综述 …………………………………………………………（73）
　三　数据来源和研究方法 ……………………………………………（76）
　　（一）关键变量 …………………………………………………（76）
　　（二）基准模型 …………………………………………………（77）
　四　实证结果与讨论 …………………………………………………（78）
　　（一）对股票收益率的影响：对美贸易密集型
　　　　　企业与非对美贸易密集型企业 ……………………………（78）
　　（二）对股票波动的影响：对美贸易密集型企业与
　　　　　非对美贸易密集型企业 ……………………………………（81）
　　（三）有利/不利事件发生时媒体基调对股票
　　　　　收益的影响 …………………………………………………（84）
　　（四）有利/不利事件发生时媒体语气对波动
　　　　　率的影响 ……………………………………………………（84）
　　（五）考虑媒体发布强度情况下媒体语气的
　　　　　影响 …………………………………………………………（91）
　　（六）进一步讨论 ………………………………………………（98）
　五　小结 ………………………………………………………………（99）

第六章　双方行动选择与股票市场反应 ……………………………（101）
　一　引言：媒体报道、双方行动与股票市场 ……………………（101）
　二　数据与研究方法 ………………………………………………（103）
　　（一）对新闻发布日的划分 ……………………………………（103）
　　（二）对于市场反应的度量 ……………………………………（105）
　三　实证结果 ………………………………………………………（105）
　　（一）新闻发布与股票市场反应 ………………………………（105）
　　（二）交易量与贸易摩擦新闻 …………………………………（111）
　　（三）新闻发布与股票波动 ……………………………………（116）
　　（四）新闻发布时的北上/南下资金 ……………………………（117）
　　（五）进一步讨论 ………………………………………………（126）
　四　小结 ……………………………………………………………（127）

第七章　结论与展望 ……………………………………………………（129）
　　一　主要结论 ……………………………………………………（129）
　　二　展望 …………………………………………………………（130）

附录 A　对特朗普执政时期的阶段划分 …………………………（132）

附录 B　中美贸易摩擦期间的主要事件 …………………………（135）

附录 C　对股票市场反应的度量 …………………………………（149）

附录 D　关于日数据和累积日数据的补充信息 …………………（151）

参考文献 ……………………………………………………………（200）

后　记 ………………………………………………………………（211）

第一章 绪论

一 研究背景及意义

自1979年两国建交以来,中美双方交往越来越密切,双边贸易迅速发展,合作规模不断扩大,合作领域越来越宽。然而,进入21世纪以来,贸易正在成为国际权力和全球霸权之争的媒介和载体,不仅在经济上、军事上,更在技术上已经成为无所不用其极的外交政策的一部分。

自1991年4月以来,美国曾6次使用"301条款"来打压中国,更在2018年初援引该条款绕开世界贸易组织,以国家安全为由调查中国对部分美国进口商品征收关税的情况。美国针对日本、欧洲、韩国以及加拿大等的指控也接踵而至,这让全球贸易蒙上了一层紧张而情绪化的阴影。自2018年7月6日下午"飞马峰号"未能在关税加征落地前抵达中国后,就一直滞留在海上,在中国境外绕圈航行[①]。"价值超过2000万美元的大豆在太平洋上漫无目的地漂流了一个月",并最终于2018年8月11日在大连港进港卸货。"而这艘重达43000吨长229米的货船,也已成为这场针锋相对的贸易争端潜在后果的一种象征。"[②] 中美之间的贸易摩擦给中美两国经济乃至世界经济带来了巨大的不确定性和不稳定性,是影响经济预期和证券市场情绪波动的重要因素,但学界对这方面的研究还相对缺乏。历次危机的发生使得如何利用投资者行为(或情绪)对危机进行预警这一问题得到了相关部门和学界的关注。

股票市场的基本职能是资金配置和价值发现,但其资金配置的有效性会由

[①] 由于美国在2018年6月15日宣布对价值340亿美元的中国产品加征25%的关税,中国随即在6月16日也宣布对同等数额的美国产品加征关税,并于2018年7月6日生效。

[②] "Giant Shipload of Soybeans Circles off China, Victim of Trade War with US", *The Guardian*, Aug. 8, 2018.

于投资者非理性以及有限纠错作用的套利引起的股票价格扭曲（不能反映股票的内在价值）而被弱化。作为新兴市场，中国股市具有高波动性的典型特征，市场参与者以个体投资者为主，有限的融资融券业务限制了套利者的套利能力。这会影响公司的股票估值，也很可能会导致情绪驱动的价格走势与发达资本市场具有不同的来源和模式。中美贸易摩擦无疑会引起投资者的恐惧、绝望和兴奋，为我们提供了一个深入认识投资者心理和行为的宝贵机会。对于这一持续性事件对证券市场的作用机制进行研究，有助于深入剖析投资者情绪和行为的形成过程并制定相应的投资和监管策略，从而提高证券市场的有效性。

著名思想家、政治评论作家沃尔特·李普曼（Walter Lippman）认为，人们生活在媒体与人的主观意向共同构成的拟态环境中。公众无法接触到事实真相，在与外界交流的过程中保持着受众的角色。在面对具体事件时，"多数情况下我们不是先理解后定义，而是先定义后理解"[1]。大众传媒是现代社会不可或缺的一部分，投资者大多基于大众传媒传播的金融市场信息形成预期并做出投资决策。比如，多数投资者往往并不关注公司的直接公告，而是依赖金融新闻机构获取相关信息[2]。对于媒体作为信息中介在资本市场中发挥的作用，相关研究大多局限于市场化的媒体（由私人控制的媒体渠道）[3]。但事实上，世界上绝大多数人从另一类媒体接收信息——国有媒体或受政府管制的媒体[4]。

在中国，传统主流媒体多由政府主导并具有国资背景，传达着政府对包括中美贸易摩擦在内的各种重大事件的态度，并试图影响公众对这些事件的看法。政府有较强的意愿稳定人们的期望和信心，并通过"六稳"来增强市场主体活力、带动经济发展。这些媒体在影响公众认知和态度方面发挥了重要作用。比如，《人民日报》对政府的最新举措和直接观点提供及时信息，直接传达政府的观点、释放政策信号，也势必会影响股市。在中美贸易摩擦的情况下，其相关报道也很可能成为影响投资者预期的关键因素。但关于这类媒体如何在资本市场中发挥作用的研究却非常少，本书将从媒体报道的角度探讨中美贸易摩擦期间我国媒体对投资者的行为和预期的影响，从而丰富这

---

[1] [美]沃尔特·李普曼：《公众舆论》，阎克文、江红译，上海人民出版社2006年版，第67页。
[2] Dzieliński, M., "Do News Agencies Help Clarify Corporate Disclosure?", *Social Science Electronic Publishing*, 2013.
[3] You, J., Zhang, B., Zhang, L., "Who Captures the Power of the Pen?", *Review of Financial Studies*, Vol. 31, No. 1, 2018.
[4] Karlekar, K. D., Dunham, J., "Press Freedom in 2013: Media Freedom Hits Decade Low", *Freedom House Report*, 2014.

些方面的内容。

二 研究内容

本书主要研究中美贸易关系（尤其特朗普时期的中美贸易摩擦）对投资者行为和股票市场波动的影响，以及中国政府是否能够通过主流媒体释放的信息来稳定投资者对实体经济的预期，并结合中美双方在贸易摩擦中采取的具体行动和上市公司贸易特征进行分析。具体研究内容包括：

第一，中美贸易问题早已引起了投资者的极大关注，互联网的搜索频率从侧面反映了人们对中美贸易关系及其经济后果的担忧，其变动也在一定程度上反映了人们非理性情绪的波动，并通过投资者的行为体现在股票价格之中，进而影响中美两国股票市场的波动。本书将以互联网搜索频率为基础度量散户投资者对中美贸易关系的关注程度，并结合不同的政治环境分析其对中美两国股票市场波动的影响。

第二，在特朗普就职之后，特别在中美贸易摩擦升级后，投资者对发生的贸易事件可能变得非常敏感（警惕）甚至持怀疑态度，并以各自的方式对新闻内容进行解读、表现出异质信念，从而导致股票市场更大程度的波动。本书将厘清特朗普执政时期中美贸易摩擦、异质信念与中国股票市场波动之间的影响机理。

第三，本书将厘清特朗普任期内中美贸易摩擦期间发生的贸易摩擦事件和不断升级的整个过程，了解其阶段性特征；对主流媒体相关报道的主要内容进行分析，量化其报道策略；分析政府反映在媒体语气上的宣传策略在贸易摩擦不同阶段的反应情况，检验是否达到了维护市场稳定的目标，并结合上市公司的对美贸易特征进行具体分析。

第四，结合贸易摩擦事件对中国经济可能造成的预期影响以及中方采取的具体行动，分析在不同贸易摩擦形势之下主流媒体的报道策略对股票市场的收益、波动、交易量等带来的影响。

三 主要创新之处

（一）日数据与月度数据的结合处理

在当今移动媒体环境下，网络舆情热点快速更迭。曾有人用"七天传播定律"来形容短暂的舆情记忆①，因此应采用日数据对投资者情绪/行为进行分析。但谷歌趋势对于日数据的搜索区间不超过 90 天，因此，为了获得更长时间内的日数据，我们将谷歌趋势的日数据和月度数据搜索结果结合起来②，创建了投资者关注指数的日数据时间序列。

（二）对于传统主流媒体报道进行文本分析

本书搜集了中美贸易摩擦期间九大媒体发布的新闻和报道。采用 NLPIR 语义智能分析平台，对文本进行情感分析。具体对关键词词频进行统计，基于文本中的正面和负面词语数量，计算出每篇报道的语气指数（代表其报道基调），并据此为每个媒体报道发布日的语气指数赋值。

（三）量化分析与描述性分析相结合

量化的文本（情感）分析有其局限性，文章得分是其所有句子得分的平均值，这一方法无法区分段落、句子的重要性。为了降低这一影响，本书在进行量化分析的同时，还结合人工筛选，逐一确定文章意图是否与计算出的语气指标相一致，对贸易摩擦各阶段主流媒体的新闻报道主题和立场进行归纳总结，对不同报道基调对资本市场的典型影响过程进行描述分析，并结合具体案例，推断投资者情绪变化背后的心理过程。

（四）对媒体报道与真实摩擦事件产生的影响进行区分

投资者情绪不仅会受到媒体报道的影响，也会受到中美贸易摩擦事件本身的影响。而且，主流媒体在不同贸易摩擦形势下可能采用不同的报道策略来稳定预期。为了对贸易事件和报道策略的影响做出区分，正确评估媒体报道策略带来的影响，本书对贸易摩擦过程中的客观事件进行了梳理和分类，并分析了传统主流媒体在不同状况下所采用策略的有效性。这有利于相关部门根据情况制定举措，增强投资者信心，对于有效防范和控制金融风险、避免股市风险向实体经济扩散具有重要意义。

---

① 张文祥:《警惕"七天传播定律"背后的舆情治理误区》,《人民论坛》2019 年第 28 期。
② Risteski, D., Davcev, D., "Can We Use Daily Internet Search Query Data to Improve Predicting Power of E-Garch Models for Financial Time Series Volatility?", International Conference on Computer Science and Information Systems, working paper, 2014.

(五) 将重大冲击带来的影响与主流媒体的作用进行结合分析

虽然有学者研究了重大冲击对股票市场的影响[1]以及股票市场如何受到媒体报道基调的影响[2],但还没有学者将这两个方面联系起来进行研究。本书结合中美贸易摩擦的背景,分析中国政府在面临重大冲击时如何通过调整媒体基调(语气)来稳定投资者预期,有助于主流媒体认识其在稳定预期方面的作用,采用合理的报道策略,加强信息传递的有效性,对于深入研究投资者情绪的波动机制、舆情管理以及金融监管同样具有重要意义。

---

[1] 例如:Chen, A. H., Siems, T. F., "The Effects of Terrorism on Global Capital Markets", *European Journal of Political Economy*, Vol. 20, No. 2, 2004; Maillet, B. B., Michel, T., "The Impact of the 9/11 Events on the American and French Stock Markets", *Review of International Economics*, Vol. 13, No. 3, 2005; Charles, A., Darné, O., "Large Shocks and the September 11 Terrorist Attacks on International Stock Markets", *Economic Modelling*, Vol. 23, No. 4, 2006; Rahmayani, D., Oktavilia, S., "Does the Covid-19 Pandemic Affect the Stock Market in Indonesia?", *Jurnal Ilmu Sosial dan Ilmu Politik*, Vol. 24, No. 1, 2021.

[2] 例如:Tetlock, P. C., "Giving Content to Investor Sentiment: The Role of Media in the Stock Market", *Journal of Finance*, Vol. 62, No. 3, 2007; Boudoukh, J., Feldman, R., Kogan, S., Richardson, M., "Which News Moves Stock Prices? A Textual Analysis", National Bureau of Economic Research, Working Paper, No. 18725, 2013; Garz, M., "Good News and Bad News: Evidence of Media Bias in Unemployment Reports", *Public Choice*, Vol. 161, No. 3/4, 2014.

第二章　中美贸易问题关注度与中美股票市场波动*

一　中美贸易关系与股票市场的溢出效应

从1972年中美邦交正常化到80年代末，中美两国在各领域开展了全面合作。美国采取了"接触、遏制"的对华政策。尽管经历了一些曲折，但中美关系在此期间仍稳步发展。在奥巴马的第二个任期内，美国对华政策开始显示出遏制中国的明显倾向，但合作仍占主导地位。2017年唐纳德·特朗普就任美国总统之后，美国对华政策的总体基调逐渐转向"遏制与打压"。他表现出强烈的经济民族主义，提出"美国优先"的口号，并承诺要消除美国对中国的长期贸易赤字。特朗普的对华政策动摇破坏了持续近40年的中美战略合作关系。然而，2017年美国总体贸易逆差增长了10%，2018年增长了13%，而此前三年的增幅均为个位数②。

中美关系对两国的福祉和安全具有重要的经济和战略意义。尽管两国的人口只占世界人口的20%多一点，但企业股票估值却超过了世界总额的一半③。可以想见，中美之间真实商品贸易的增长也加强了两国金融市场之间的重要联系。

两个相关研究领域——美国经济基本面与中国股票市场收益之间的联系，

---

* 本章主要内容由内森·莫克（Nathan Mauck）、斯蒂芬·普鲁伊特（Stephen Pruitt）和张文佳（Wenjia Zhang）发表于"Words Matter: Market Responses to Changes in U. S. and Chinese Trade-related Internet Search Frequency under Different U. S. Administrations", *Global Finance Journal*, Vol. 53, 2022.

② 参见联邦储备经济数据库（FRED），https：//fred. stlouisfed. org/graph/? g = ncgT.

③ 见 Statista 全球统计数据库，https：//www. statista. com/statistics/262742/countries-with-the-highest-military-spending/.

以及美国和中国股市之间的波动"溢出效应"——在学界也得到了关注。有学者进行了新兴和成熟金融市场间的研究[①]；有学者证明在中国加入WTO后，关于美国经济基本面的一些报道导致了中国股票收益的变化[②]；也有学者发现，美国消费者价格指数（CPI）公告对中国股指期货市场的价格、流动性和波动性产生了显著的短期影响[③]。另外，有研究发现股票市场不确定性从美国向中国[④]及其他国家传导[⑤]的证据，还有证据显示，美国和中国之间不仅存在股市波动的"溢出效应"，而且这种溢出是双向的[⑥]。

证券市场较高的波动性不但意味着更高的风险和融资成本会推高市场利率[⑦]、加深投资者和筹资者之间以及投资者群体内部的信息不对称程度[⑧]，而且还会影响资源的有效配置[⑨]。本章通过检验投资者对中美贸易新闻的"关注度"〔以Alphabet公司的谷歌趋势搜索引擎提供的搜索量指数（SVI）为代理变量〕是否与美国和中国股市波动性的扰动存在任何形式的关联来拓展已有研究。此外，本章还将分析在三届不同的美国总统任职期间股票市场波动对这些搜索行为的反应是否存在差异。

本章将具体回答以下问题：投资者对中美贸易问题的关注如何影响证券市场？投资者的"关注度"与可观察到的市场指标的变动是否存在统计意义上的关联？随着时间的推移，市场对贸易关注度的不同反应是否与中美政治气候的

---

① 比如，Bekaert, G., Harvey, C. R., "Time-varying World Market Integration", *Journal of Finance*, Vol. 50, No. 2, 1995; Bekaert, G., Harvey, C. R., Lundblad, C. T., Siegel, S., "What Segments Equity Markets?", *Review of Financial Studies*, Vol. 24, No. 12, 2011.

② Goh, J., Jiang, F., Tu, J., Wang, Y., "Can U.S. Economic Variables Predict the Chinese Stock Market?", *Pacific-Basin Finance Journal*, Vol. 22, No. 1, 2013.

③ Chen, J., Jiang, F., Li, H., Xu, W., "Chinese Stock Market Volatility and the Role of U.S. Economic Variables", *Pacific-Basin Finance Journal*, Vol. 39, 2016.

④ Dutta, A., "Implied Volatility Linkages between the US and Emerging Equity Markets: A Note", *Global Finance Journal*, Vol. 35, 2018.

⑤ Smales, L. A., "Spreading the fear: The Central Role of CBOE VIX in Global Stock Market Uncertainty", *Global Finance Journal*, Vol. 51, 2022.

⑥ Wang, P., Wang, P., "Price and Volatility Spillovers between the Greater China Markets and the Developed Markets of U.S. and Japan", *Global Finance Journal*, Vol. 21, 2010; Zhou, X., Zhang, W., Zhang, J., "Volatility Spillovers between the Chinese and World Equity Markets", *Pacific-Basin Finance Journal*, Vol. 20, No. 2, 2012.

⑦ Arestis, P., Demetriades, P. O., Luintel, K. B., "Financial Development and Economic Growth: The Role of Stock Markets", *Journal of Money, Credit and Banking*, Vol. 33, No. 1, 2001.

⑧ Illeditsch, P. K., "Ambiguous Information, Portfolio Inertia, and Excess Volatility", *Journal of Finance*, Vol. 66, No. 6, 2011.

⑨ Uppal, J. Y., Mangla, I. U., "Market Volatility, Manipulation, and Regulatory Response: A Comparative Study of Bombay and Karachi Stock Markets", *The Pakistan Development Review*, Vol. 45, No. 4, 2006.

变化有关？具体来讲，特朗普执政期间更具争议性和对抗性的中美关系是否带来了比之前更为显著的市场反应？公司经理、投资者、投资组合经理以及学术研究人员可能都会对找到这些问题的答案感兴趣。

二 文献综述

本章使用谷歌搜索频率数据（取自网站谷歌趋势，即 Google Trends）指标来度量"投资者的关注程度"[①]。由于使用谷歌搜索是个人在特定主题上进行信息搜索的自主行为，用这种搜索频率来衡量个人对任意主题关注程度的适用性显而易见。已有文献表明，通过搜索在很大程度上减弱了所谓"散户"投资者所面临的信息不对称，也可以较为合理地认为，涉及晦涩难懂的财务数据的谷歌趋势搜索结果和专业的、具有定价能力的投资者之间具有相当高的关联性。

一些后续研究[②]也采用了相同的方法，将谷歌趋势的搜索结果拓展到了对于美国股票行情搜索、公司和市场层面的信息需求和供应以及股票流动性的研究。所有这些研究均表明，谷歌趋势指标与所选因变量在统计上具有相关性。

在对于其他国家的研究中，有学者对德国股市进行了研究[③]，发现搜索查询量的增加与交易活动和股票流动性的提高有关。关于日本股市的研究结论也几乎完全相同[④]。更有学者将对谷歌趋势搜索数据的使用扩展到了对于 38 个国家消费者情绪的研究，发现这些国家的消费者情绪在重大体育赛事结果发布前后可能成为预测各国市场整体收益的反向指标[⑤]。

[①] 同 Da, Z., Engelberg, J., Gao, P., "In Search of Attention", *Journal of Finance*, Vol. 66, No. 5, 2011.
[②] 见, Joseph, K., Wintoki, M. B., Zhang, Z., "Forecasting Abnormal Stock Returns and Trading Volume Using Investor Sentiment: Evidence from Online Searches", *International Journal of Forecasting*, Vol. 27, No. 4, 2011; Vlastakis, N., Markellos, R. N., "Information Demand and Stock Market Volatility", *Journal of Banking and Finance*, Vol. 36, No. 6, 2012; Ding, R., Hou, W., "Retail Investor Attention and Stock Liquidity", *Journal of International Financial Markets Institutions and Money*, Vol. 37 (C), 2015.
[③] 见, Bank, M., Larch, M., Peter, G., "Google Search Volume and Its Influence on Liquidity and Returns of German Stocks", *Financial Markets and Portfolio Management*, Vol. 25, No. 3, 2011; Ding, R., Hou, W., "Retail Investor Attention and Stock Liquidity", *Journal of International Financial Markets Institutions and Money*, Vol. 37 (C), 2015.
[④] Takeda, F., Wakao, T., "Google Search Intensity and Its Relationship with Returns and Trading Volume of Japanese Stocks", *Pacific-Basin Finance Journal*, Vol. 27, June, 2014.
[⑤] Gao, Z., Ren, H., Zhang, B., "Googling Investor Sentiment around the World", *Journal of Financial and Quantitative Analysis*, Vol. 55, No. 2, 2020.

有关中国的研究采用了另外一种衡量投资者关注的指标——百度搜索指数[①]，并发现搜索指数越高（即投资者关注程度越强）的事件对上证 50 指数短期波动性的影响越大。然而，不同的是，他们的分析局限于定期发布的宏观经济公告，而非与中美贸易关系联系更紧密的新闻。

有学者研究了五大主要股票市场间的溢出效应，发现德国和美国是向其他国际市场传递信息的主要市场[②]。有学者发现，经济政策不确定性驱动着中国企业的股价崩盘风险，而且这种不确定性在中美贸易摩擦期间有所增强[③]。

三 研究数据

谷歌趋势（Google Trends）提供了不同查询语句搜索量的历史信息。与基于网站搜索/点击率数据构建的投资者关注度指标[④]类似，本章采用搜索量指数（SVI）来度量投资者的关注程度，数据从 2004 年 1 月到 2018 年 6 月。与"US China trade war"（中美贸易战）或"US China trade tensions"（中美贸易紧张局势）等检索术语相比，"US China trade"（中美贸易）更为中性，而且和基于另外两个短语的检索结果具有很强的相关性，可以解释它们大部分（尤其是近期）的变动。因此，使用"US China trade"（中美贸易）作为关键检索字串。

由于谷歌趋势网站对于日数据的搜索区间不超过 90 天，为了获得更长时间内的日数据，本章将谷歌趋势的日数据与月度数据搜索结果相结合[⑤]，构建了从 2004 年 1 月到 2018 年 6 月的日搜索指数时间序列。图 2-1 显示了该指数随时间的变动情况[⑥]。可以看出，中美贸易关系的网络搜索量在较早时期（2004—2010 年）较低，而在 2016—2018 年期间陡然上升。可以推测，这一结果与当时

---

① Chen, J., Liu, Y. J., Lu, L., Tang, Y., "Investor Attention and Macroeconomic News Announcements: Evidence from Stock Index Futures", *Journal of Futures Markets*, Vol. 36, No. 3, 2016.

② Tsai, I. C., "Spillover of Fear: Evidence from the Stock Markets of Five Developed Countries", *International Review of Financial Analysis*, Vol. 33, 2014.

③ Lei, A. C., Song, C., "Economic Policy Uncertainty and Stock Market Activity: Evidence from China", *Global Finance Journal*, Vol. 52 (C), 2022.

④ 比如，Mondria, J., Wu, T., Zhang, Y., "The Determinants of International Investment and Attention Allocation: Using Internet Search Query Data", *Journal of International Economics*, Vol. 82, No. 1, 2010.

⑤ 参照 Risteski, D., Davcev, D., "Can We Use Daily Internet Search Query Data to Improve Predicting Power of E-Garch Models for Financial Time Series Volatility?", International Conference on Computer Science and Information Systems, working paper, 2014.

⑥ 方便起见，画图时采用了月度搜索量指数，因为它和日搜索指数的走势一致，所以并不影响分析结果。在后面的实证部分则采用了日数据进行具体计算。

的整个地缘政治气候相一致,并将在接下来的分析中发挥关键作用。

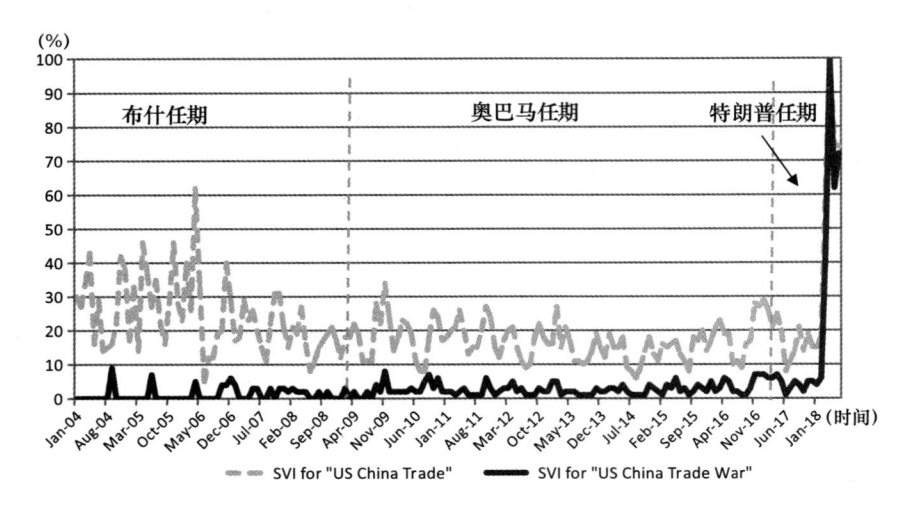

图2-1 对"中美贸易"的月度搜索量指数(%)

本注:本图显示了以"US China trade"(中美贸易)和"US China trade war"(中美贸易战)为检索语句时的谷歌趋势的月度搜索量指数。搜索量最高的月份指数为100,其他月份则是按照最高搜索量计算出的指数。样本覆盖2004年1月至2018年6月。

因为中国波指(IVIX)[①]发布于2015年3月17日,无法完全覆盖我们的整个研究期间。本书参照相关研究[②],采用根据GARCH(1,1)模型计算出的股票波动率。具体采用以下公式:

$$r_t = \sqrt{h_t}\, e_t$$
$$h_t = a_0 + a_1 r_{t-1}^2 + b_1 h_{t-1}$$
$$e_t \sim iidN(0,1)$$

其中,h_t和h_{t-1}分别是当日和前1日的条件方差。

在研究期间,本章还选择了一些变量来控制非贸易事件对股票收益和波动率的影响。已有研究显示,货币政策的变化可能显著影响股票市场的波动性[③]。因

[①] 中国波指(IVIX),由上海证券交易所发布,用于衡量上证50ETF未来30日的波动预期。该指数是通过反推当前在交易的上证50期权价格中蕴含的隐含波动率,反映出未来30日标的50ETF价格的波动水平。

[②] BialKowski, J., Gottschalk, K., Wisniewski, T. P., "Stock Market Volatility around National Elections", *Journal of Banking and Finance*, Vol. 32, No. 9, 2008.

[③] 例如:Bernanke, B. S., Kuttner, K. N., "What Explains the Stock Market's Reaction to Federal Reserve Policy?", *Journal of Finance*, Vol. 60, No. 3, 2005; Cooley, T. F., Quadrini, V., "Monetary Policy and the Financial Decisions of Firms", *Economic Theory*, Vol. 27, No. 1, 2006; Jiang, G., Konstantinidi, E., Skiadopoulos, G., "Volatility Spillovers and the Effect of News Announcements", *Journal of Banking and Finance*, Vol. 36, No. 8, 2012.

此，为了控制货币政策宣告的影响，我们将美国联邦储备委员会公布的美国联邦公开市场委员会（FOMC）会议决议公告日（即会议的最后一天）[①]和中国人民银行公布的中国基准利率调整额[②]作为控制变量。共有118个FOMC会议公告日和25次基准利率调整。

此外，宏观经济因素，比如双方的进口依存度（反映商品市场的总体一体化水平），也可能影响资产价格和波动性[③]。因此，本章的分析中考虑了双方的进口依存度，即用t年度从对方国家的进口额除以该国在同一年的进口总额。两个国家的贸易总额和双边贸易数据取自联合国商品贸易统计数据库[④]。

最后，研究中还考虑了中美股市波动率变动量的滞后项、SVI搜索量指数、代表不同美国总统任期的虚拟变量以及包含这些虚拟变量的交互项，以检验整体定价机制是否受到美国政治气候的影响。由于人们普遍认为在特朗普政府执政期间中美贸易关系异常紧张，这些变量就显得尤为重要。

四 研究方法

本章采用线性多元回归来分析贸易相关的谷歌趋势搜索指数（SVI）与美国及中国股市波动变化之间的关系。为了更好地区分投资者兴趣（以SVI度量）和市场波动之间的关系，回归中还纳入了能够衡量市场前期波动的相应指标，以评估所谓的市场"溢出效应"是否存在及其影响程度。例如，在对上证50（SSE50）每日波动率变化的回归中，纳入标普500指数滞后1、2、3天的波动率变动量。各模型采用的阶数根据文献中大量使用的赤池信息量准则（AIC）和施瓦兹准则（Schwarz Criterion）来具体确定。如果这些变量的回归系数在统计上具有显著性，则说明至少在研究期间的某个（些）阶段标普500指数引领了上证指数的变动；反之亦然。

无论采用何种模型或具体方法，分析目标都是围绕中美贸易的相关信息对股票市场波动造成的可能影响，进一步丰富关于地缘政治如何影响股票市场波

---

① 参见美联储网站，https://www.federalreserve.gov/monetarypolicy。
② 参见中国人民银行网站，http://www.pbc.gov.cn/zhengcehuobisi/125207/125213/125440/125838/125888/2968985/index.html。
③ Bracker, K., Docking, D. S., Koch, P. D., "Economic Determinants of Evolution in International Stock Market Integration", *Journal of Empirical Finance*, Vol. 6, No. 1, 1999.
④ 参见联合国商品贸易统计数据库，https://comtrade.un.org/db/dqBasicQuery.aspx。

动的相关研究。

五 实证结果

表2-1中的面板A和面板B分别报告了在2004年1月1日至2018年6月30日期间三个不同的总统任职期间，对上证50指数（SSE50）（面板A）和标准普尔500指数（S&P 500）（面板B）日波动率变动量进行的基准多元回归结果。在两个面板的第1、第2和第3列，分别使用了检索短语"US China trade"（中美贸易）的谷歌趋势SVI指数变动值、SVI指数变动值和标普500指数（或上证50指数）波动率变动量的两日滞后变量、SVI指数变动值和标普500指数（或上证50指数）波动率变动量的三日滞后变量作为自变量①。上述回归形式使用了赤池信息量准则和施瓦兹准则进行确定。

表2-1　　　　　　　　对于波动率变动量的基准多元回归

面板A：对上证50（SSE50）日波动率变动量的回归

	上证50波动率变动量（t）		
C	1.0E-04	-6.6E-04	-6.2E-04
	[0.061]	[-0.380]	[-0.350]
SVI变动值（t-1）	0.004 **	0.005 ***	0.005 ***
	[2.332]	[2.691]	[2.611]
标普500波动率变动量（t-1）		0.060 ***	0.059 ***
		[2.904]	[2.793]
标普500波动率变动量（t-2）		0.071 ***	0.069 ***
		[3.431]	[3.291]
标普500波动率变动量（t-3）			0.017
			[0.820]
N	3459	3345	3233
调整后的R^2	0.001	0.007	0.006
F统计量			

---

① 细心的读者可能会注意到，标准普尔500指数波动率变动量（$t-1$，$t-2$和$t-3$）和上证50指数波动率变动量（t，$t-1$和$t-2$）在滞后阶数的选取上有所不同。这是因为上海和纽约之间存在13个小时的时差。

面板 B：对标普 500（S&P500）日波动率变动量的回归

	标普 500 波动率变动量（t）		
C	4.7E-04	8.3E-04	7.6E-04
	[0.335]	[0.579]	[0.531]
SVI 变动值（t-1）	0.0041***	0.003**	0.003**
	[2.898]	[2.062]	[2.090]
上证 50 波动率变动量（t）		0.024*	0.024*
		[1.707]	[1.658]
上证 50 波动率变动量（t-1）		0.004	0.006
		[0.270]	[0.409]
上证 50 波动率变动量（t-2）			0.026*
			[1.886]
N	3535	3441	3421
调整后的 R^2	0.002	0.001	0.002
F 统计量			

注：此表报告了对两个股票市场指数日波动率变动量的多元回归分析结果。样本期为 2004 年 1 月 1 日至 2018 年 6 月 30 日。因变量等于指数波动率变动量乘以 100。关键解释变量 SVI 是将"中美贸易"作为检索术语时的谷歌趋势搜索量指数，用来衡量投资者的关注程度，并使用其标准差进行标准化计算。采用对方国家不同期数的指数波动率变动量滞后项对溢出效应进行检验。表中报告了估计系数、t 统计量（方括号内）、调整后的 R^2 和 F 检验结果。***、**和*分别表示在 1%、5% 和 10% 的水平下显著。本章其他表格省略此部分说明。

结果显示，上证 50 和标普 500 的波动率都受到了"中美贸易"SVI 检索指数变动的正向影响。这一结果（在表中的所有六项回归中都在 5% 或 1% 的水平下显著）即使在控制了标普 500（在上证 50 的情况下）和上证 50（在标准普尔 500 的情况下）波动率滞后变量的情况下也成立。SVI 对市场指数整体波动率变动量的影响如此之高这一事实清楚地表明，投资者高度重视两国贸易关系的发展状况。

此外，标普 500 波动率变动量的三个滞后项中的前两个在 1% 的水平下显著（面板 A），这进一步证明了美国股市对中国股市的波动性"溢出效应"[①]。面板 B 显示，尽管上证 50 波动率变动量对标普 500 波动率变动量具有一定的影响（在 10% 的水平下显著），但回归关系总体上并不显著（见 F 统计量）。这表明，两个面板的结果整体上较强地支持了"至少在研究期间贸易相关新闻引起的股市波动的传导方向是从美国到中国"；反之则不成立。

表 2-2 呈现了本章研究中最有趣的结果。事实上，通过使用美国总统虚拟

---

① 有研究支持了这一现象。比如，Zhou, X., Zhang, W., Zhang, J., "Volatility Spillovers between the Chinese and World Equity Markets", *Pacific-Basin Finance Journal*, Vol. 20, No. 2, 2012.

变量和SVI指数的交互项可以分析美国政治环境和投资者对中美贸易问题的关注程度对股票市场波动率变动的共同影响。考虑到"中美关系"的SVI搜索量

表2-2　　　　　　　　基于不同总统任期投资者关注的回归

面板A：对上证50（SSE50）日波动率变动量的回归

	上证50波动率变动量（t）				
C	-0.001	-0.001	0.000	-0.001	-3.6E-05
	[-0.350]	[-0.391]	[0.153]	[-0.485]	[-0.012]
SVI变动值（t-1）	0.005***	0.013***	0.004**	0.003	0.002
	[2.611]	[3.502]	[2.297]	[1.427]	[1.026]
布什		0.001			
		[0.222]			
奥巴马			-0.002		-0.001
			[-0.514]		[-0.364]
特朗普				0.003	0.003
				[0.563]	[0.392]
SVI变动值（t-1）×布什		-0.011***			
		[-2.551]			
SVI变动值（t-1）×奥巴马			0.004		0.014***
			[0.629]		[2.681]
SVI变动值（t-1）×特朗普				0.013**	0.006
				[2.575]	[0.977]
标普500波动率变动量（t-1）	0.059***	0.060***	0.059***	0.060***	0.060***
	[2.793]	[2.820]	[2.783]	[2.822]	[2.817]
标普500波动率变动量（t-2）	0.069***	0.072***	0.069***	0.073***	0.073***
	[3.291]	[3.412]	[3.271]	[3.457]	[3.446]
标普500波动率变动量（t-3）	0.017	0.017	0.017	0.017	0.017
	[0.820]	[0.800]	[0.809]	[0.799]	[0.789]
N	3233	3233	3233	3233	3233
调整后的R^2	0.006	0.008	0.006	0.008	0.008
F统计量	6.172	5.215	4.224	5.265	4.084

指数对股市波动的影响十分显著（见本书第 10 页图 2-1），这一检验非常必要。

面板 B：对标普 500（S&P500）日波动率变动量的回归

	标普 500 波动率变动量（t）				
C	0.001	0.000	0.002	0.000	0.002
	[0.531]	[0.115]	[1.096]	[0.241]	[0.712]
SVI 变动值（t-1）	0.003**	0.014***	0.004**	0.000	0.000
	[2.090]	[4.309]	[2.336]	[-0.021]	[0.127]
布什		0.002			
		[0.505]			
奥巴马			-0.003		-0.002
			[-0.986]		[-0.715]
特朗普				0.005	0.003
				[0.925]	[0.612]
SVI 变动值（t-1）× 布什		-0.014***			
		[-3.767]			
SVI 变动值（t-1）× 奥巴马			-0.006		-0.002
			[-1.118]		[-0.440]
SVI 变动值（t-1）× 特朗普				0.027***	0.026***
				[5.789]	[5.694]
上证 50 波动率变动量（t）	0.024*	0.022	0.024*	0.022	0.022
	[1.658]	[1.570]	[1.665]	[1.574]	[1.575]
上证 50 波动率变动量（t-1）	0.006	0.007	0.005	0.007	0.007
	[0.409]	[0.485]	[0.386]	[0.512]	[0.499]
上证 50 波动率变动量（t-2）	0.026*	0.028**	0.026*	0.029**	0.029**
	[1.886]	[1.970]	[1.884]	[2.069]	[2.066]
N	3421	3421	3421	3421	3421
调整后的 R^2	0.002	0.006	0.002	0.011	0.011
F 统计量	2.707	4.219	2.177	7.541	5.742

注："布什/奥巴马/特朗普"为哑变量，分别代表观测值发生在不同的总统任期。

表2-2的面板A报告了加入各种解释变量组合后对上证50波动率变动量的5种多元回归结果。基准回归（基于对表1面板A的调整）显示，基于"中美贸易"的SVI指数变动与上证50波动率的变动正相关。另外，第2、第3和第4列分别添加了代表三位美国总统布什（对应样本中的2004年1月至2009年1月）、奥巴马（对应样本中的2009年1月至2017年1月）和特朗普（对应样本中的剩余时期，即2017年1月至2018年6月）的虚拟变量以及它们和SVI指数的交互项。每届总统哑变量和交互项代表该届政府相对于其他两届政府的影响力。

不同回归的具体表述得到的回归结果有所不同。也就是说，尽管第2列中搜索量（SVI）的变化在布什政府执政期间对上证50波动率的变化呈负向影响，第4列的回归结果则显示，在特朗普政府执政的头几年这种影响刚好相反。在第3列的回归中，无论是代表奥巴马任期的哑变量，还是奥巴马任期与SVI的交互项，在传统统计水平上都不显著。然而，在第5列的回归中，当同时纳入奥巴马和特朗普任期的交互项时，奥巴马任期和SVI交互项的系数显著为正，而特朗普任期和SVI的交互项则并不显著。

表2-2的面板B报告了对于标普500波动率变动量的回归结果，回归采用了和面板A相同的形式，即基于美国的股票投资者进行检验。所有回归的F统计检验都在5%或1%的水平下显著。有趣的是，只有两届共和党政府执政期间的回归结果在统计上是显著的，而这两届政府的结果恰好相反。也就是说，在布什政府时期，搜索量（SVI）的变动与上证50指数波动率的变动负相关——这意味着当时更为频繁的搜索行为有助于"缓解"股票市场的恐慌情绪——而在特朗普政府执政的早期情况则恰恰相反，当时关于中美贸易的好战言论似乎成了每日新闻报道的主要内容。显然，中国股票投资者在布什总统（他被普遍认为是自由贸易的支持者[①]）任内对贸易相关新闻的解读与在特朗普总统任内截然不同。第3列的回归中无论是奥巴马政府还是奥巴马政府与SVI的交互项，在传统统计意义上都不显著，这显示了人们普遍认为奥巴马——他就职后在与中国打交道时立即采用了更为温和的姿态[②]——没有布什总统那么咄咄逼人，也

[①] 就在特朗普出人意料地赢得2016年大选后数天，乔治·布什曾在达拉斯发表演讲，敦促美国人"不要放弃自由贸易"。参见，https://qz.com/838012/former-us-president-george-w-bush-is-urging-americans-not-to-give-up-on-free-trade-or-nafta/。

[②] 奥巴马政府将美国与中国的关系定位从乔治·布什总统的"战略竞争关系"转变为"战略伙伴关系"。参见，https://factsanddetails.com/china/cat8/sub52/item1714.html。

远没有特朗普总统那么具有对抗性。综合来看，表2-2呈现的结果表明，尽管近年来美国和中国股市的投资者十分关注这些年来中美贸易环境的变化，但与

表2-3　　　　　　　　　不同总统任期的市场波动溢出效应

面板A：对上证50（SSE 50）波动率变动量的回归

	上证50波动率变动量（t）				
C	-0.001	-0.001	0.001	-0.001	0.000
	[-0.297]	[-0.317]	[0.211]	[-0.508]	[-0.059]
SVI变动值（t-1）	0.005**	0.005**	0.005**	0.005**	0.005**
	[2.529]	[2.523]	[2.538]	[2.550]	[2.547]
标普500波动率变动量（t-1）	0.062***	0.001	-0.002	0.004	3.806
	[3.040]	[0.139]	[-0.555]	[0.666]	[1.175]
布什		0.077***			
		[2.958]			
奥巴马			0.070**		-0.001
			[2.643]		[-0.324]
特朗普				0.044*	0.003
				[1.944]	[0.504]
标普500波动率变动量（t-1）×布什		-0.039			
		[-0.946]			
标普500波动率变动量（t-1）×奥巴马			-0.021		0.011
			[-0.507]		[0.251]
标普500波动率变动量（t-1）×特朗普				0.093*	0.099*
				[1.787]	[1.736]
N	3459	3459	3459	3459	3459
调整后的R^2	0.004	0.004	0.003	0.004	0.004
F统计量	7.685	4.069	3.984	4.784	3.216

面板 B：对标普 500（S&P 500）波动率变动量的回归 续表

	标普 500 波动率变动量（t）				
C	0.001	0.000	0.002	0.000	0.002
	[0.524]	[0.118]	[1.058]	[0.272]	[0.744]
SVI 变动值（t-1）	0.004***	0.004***	0.004***	0.004**	0.004***
	[2.633]	[2.622]	[2.661]	[2.569]	[2.582]
上证50 波动率变动量（t）	0.025*	0.002	-0.003	0.003	-0.002
	[1.790]	[0.531]	[-0.939]	[0.702]	[-0.722]
布什		0.044**			
		[2.321]			
奥巴马			0.012		0.002
			[0.619]		[0.391]
特朗普				0.021	0.002
				[1.453]	[0.091]
SVI 变动值（t-1）× 布什		-0.042			
		[-1.485]			
SVI 变动值（t-1）× 奥巴马			0.027		0.074
			[0.952]		[1.297]
SVI 变动值（t-1）× 特朗普				0.054	0.037
				[0.993]	[1.267]
N	3535	3460	3460	3460	3460
调整后的 R^2	0.002	0.003	0.002	0.002	0.002
F 统计量	5.262	3.252	3.077	3.013	2.363

中国股票市场参与者相比，美国的投资者认为，布什政府执政期间释放的贸易信息无疑更"令人宽慰"，而特朗普政府时期的贸易关系则更让人担忧。

表2-3 中的五列回归结果报告了对各总统任期上证50（面板A）和标普500（面板B）之间的波动溢出效应的检验结果。与表2-2一样，第1列为仅在控制"中美贸易"SVI搜索指数变动的情况下对波动率变动量的基准回归结果。

面板 A 中的第 2、3 和 4 列显示，标普 500 指数对上证 50 指数的显著波动溢出效应仅发生在特朗普政府的任期间。可见，特朗普一贯更为激烈、更具对抗性的言论（他经常用"我们的敌人"来指代中国[①]）对上证 50 指数的波动性产生了相当深入的影响。面板 B 中没有提供市场波动由中国溢出到美国的证据。综合来看，结果表明，特朗普异常激进的贸易声明受到了中国投资者的重视，但美国投资者基本上将其视为纯粹的政治恫吓。

表 2-4 通过控制重要的货币政策变动和进口依赖程度，拓展了表 2-2 中对上证 50（面板 A）和标普 500（面板 B）波动率变动量的回归分析。回归的解释变量包括 SVI 搜索指数的变动值、总统任期、SVI 搜索指数变动与总统任期的交互项、进口依赖程度的变动、美国联邦公开市场委员会（FOMC）召开日和中国基准利率调整幅度。

表 2-4　　在控制货币政策和进口依存度的情况下对投资者关注的回归

面板 A：对上证 50（SSE 50）波动率变动量的回归

	上证 50 波动率变动量（t）				
C	0.001	0.000	0.002	0.000	0.001
	[0.270]	[0.116]	[0.504]	[0.200]	[0.416]
SVI 变动值（t-1）	0.005***	0.013***	0.004**	0.003	0.002
	[2.623]	[3.508]	[2.313]	[1.430]	[1.035]
布什		0.001			
		[0.275]			
奥巴马			-0.002		-0.002
			[-0.434]		[-0.378]
特朗普				0.001	0.001
				[0.206]	[0.115]
SVI 变动值（t-1）×布什		-0.011**			
		[-2.551]			
SVI 变动值（t-1）×奥巴马			0.004		0.006
			[0.606]		[0.955]

---

① 特朗普在自己的竞选书籍《再次伟大：如何修补破败的美国》（*Great Again: How to Fix Our Crippled America*, Threshold Editions, 2016）中写道，"有些人希望我不要把中国称为我们的敌人，但他们确实就是我们的敌人"。

续表

	上证50波动率变动量（t）				
SVI变动值（t-1）× 特朗普				0.013***	0.014***
				[2.587]	[2.685]
标普500指数波动率变动量（t-1）	0.058***	0.059***	0.058***	0.059***	0.059***
	[2.751]	[2.774]	[2.741]	[2.784]	[2.777]
标普500指数波动率变动量（t-2）	0.068***	0.071***	0.068***	0.072***	0.072***
	[3.238]	[3.354]	[3.218]	[3.411]	[3.397]
标普500指数波动率变动量（t-3）	0.016	0.016	0.016	0.016	0.016
	[0.778]	[0.756]	[0.769]	[0.763]	[0.753]
中国基准利率调整	0.018	0.016	0.017	0.018	0.017
	[0.353]	[0.320]	[0.338]	[0.344]	[0.324]
中国的进口依存度变化	-0.107	-0.071	0.036	-0.107	0.006
	[-0.234]	[-0.143]	[0.065]	[-0.221]	[0.011]
FOMC会议	-0.005	-0.004	-0.005	-0.005	-0.005
	[-0.520]	[-0.464]	[-0.487]	[-0.524]	[-0.483]
美国的进口依存度变化	-0.169	-0.183	-0.166	-0.167	-0.169
	[-0.945]	[-1.012]	[-0.928]	[-0.891]	[-0.903]
N	3765	3687	3687	3687	3687
调整后的 R^2	0.006	0.007	0.005	0.007	0.007
F统计量	3.250	3.264	2.655	3.276	2.817

面板B：对标普500（S&P 500）波动率变动量的回归

	标普500指数波动率变动量（t）				
C	0.003	0.002	0.004*	0.002	0.004
	[1.486]	[0.889]	[1.667]	[1.240]	[1.446]
SVI变动值（t-1）	0.003**	0.014***	0.004**	0.000	0.000
	[2.101]	[4.287]	[2.361]	[-0.013]	[0.151]
布什		0.002			
		[0.647]			

续表

	标普500指数波动率变动量（t）				
C	0.003	0.002	0.004*	0.002	0.004
奥巴马			-0.003		-0.003
			[-0.892]		[-0.829]
特朗普				0.002	0.001
				[0.334]	[0.141]
SVI变动值（t-1）× 布什		-0.014***			
		[-3.737]			
SVI变动值（t-1）× 奥巴马			-0.006		-0.003
			[-1.170]		[-0.491]
SVI变动值（t-1）× 特朗普				0.027***	0.026***
				[5.790]	[5.687]
上证50波动率变动量（t）	0.023	0.022	0.023	0.022	0.022
	[1.621]	[1.531]	[1.629]	[1.544]	[1.542]
上证50波动率变动量（t-1）	0.005	0.006	0.005	0.007	0.007
	[0.377]	[0.446]	[0.355]	[0.486]	[0.469]
上证50波动率变动量（t-2）	0.026	0.027	0.026	0.028	0.028
	[1.831]	[1.914]	[1.828]	[2.020]	[2.014]
中国基准利率调整	0.059	0.055	0.058	0.058	0.057
	[1.155]	[1.082]	[1.145]	[1.134]	[1.114]
中国的进口依存度变化	-0.118	-0.022	0.117	-0.084	0.113
	[-0.319]	[-0.053]	[0.258]	[-0.215]	[0.248]
FOMC会议	-0.003	-0.003	-0.004	-0.003	-0.003
	[-0.425]	[-0.333]	[-0.437]	[-0.426]	[-0.420]
美国的进口依存度变化	-0.274*	-0.285*	-0.270*	-0.264*	-0.267*
	[-1.901]	[-1.963]	[-1.872]	[-1.757]	[-1.780]
N	3421	3421	3421	3421	3421
C	0.003	0.002	0.004*	0.002	0.004
调整后的 R^2	0.002	0.006	0.002	0.012	0.011
F统计量	2.010	3.054	1.825	4.986	4.231

注："中国基准利率调整"，等于中国人民银行在公告当日公布的活期存款基准利率的调整额（百分号省略）。"FOMC会议"，哑变量，在联邦公开市场委员会（FOMC）会议结束当天等于1，否则等于0。"进口依存度变化"等于t年的进口依存度减去t-1年的进口依存度。中国（美国）的进口依存度等于t年从美国（中国）的进口量除以t年进口总量。

如面板 A 所示,在布什(负系数)和特朗普(正系数)总统任期内,搜索量变动与总统任期的交互项均显著。与前面的研究结果(表 2-2)一致,特朗普执政期间的中美贸易问题搜索行为推高了上证 50 指数整体的波动性。同时,在所有的回归中,中国基准利率调整、进口依赖程度和货币政策哑变量在统计意义上均不显著。

面板 B 中,SVI 变动值与总统任期的交互项在布什和特朗普总统任期内的作用也刚好相反(布什任期为负,而特朗普任期为正,与表 2-2 的结果一致),t 值分别为 -3.737 和 5.790。因此,即便控制了中国利率变动、FOMC 会议日期和进口依存度变动的影响,特朗普总统任期对标普 500 波动率变动的影响仍然显著。显然,控制了影响股票波动的其他因素后,特朗普在中美贸易关系方面更为激进的做法影响依然显著,而且对市场波动的影响方向为正(这意味着特朗普政府期间 SVI 搜索量的增加加剧了标普 500 的波动性)。

表 2-5　　　控制货币政策和进口依存度情况下的溢出效应检验

面板 A:对上证 50(SSE 50)波动率变动量的回归

	上证 50 波动率变动量(t)				
C	0.001	0.001	0.001	0.000	0.001
	[0.322]	[0.226]	[0.444]	[0.125]	[0.297]
SVI 变动值(t-1)	0.005**	0.005**	0.005**	0.005**	0.005**
	[2.544]	[2.537]	[2.549]	[2.558]	[2.554]
标普 500 波动率变动量(t-1)	0.061***	0.076***	0.070***	0.043*	0.038
	[2.990]	[2.907]	[2.608]	[1.916]	[1.159]
布什		0.000			
		[0.088]			
奥巴马			-0.001		-0.001
			[-0.315]		[-0.283]
特朗普				0.002	0.002
				[0.319]	[0.246]
标普 500 波动率变动量(t-1)×布什		-0.039			
		[-0.927]			

续表

	上证50波动率变动量（t）				
标普500波动率变动量（t-1）×奥巴马			-0.021		0.011
			[-0.504]		[0.246]
标普500波动率变动量（t-1）×特朗普				0.092*	0.098*
				[1.776]	[1.728]
中国基准利率调整	0.015	0.015	0.015	0.014	0.014
	[0.304]	[0.303]	[0.293]	[0.279]	[0.276]
中国的进口依存度变化	-0.211	-0.187	-0.108	-0.127	-0.047
	[-0.478]	[-0.389]	[-0.201]	[-0.271]	[-0.086]
FOMC会议	-0.005	-0.005	-0.005	-0.006	-0.006
	[-0.567]	[-0.565]	[-0.563]	[-0.590]	[-0.581]
美国的进口依存度变化	-0.162	-0.162	-0.160	-0.138	-0.140
	[-0.943]	[-0.932]	[-0.929]	[-0.769]	[-0.777]
N	3459	3459	3459	3459	3459
调整后的 R^2	0.003	0.003	0.003	0.004	0.003
F统计量	2.811	2.216	2.151	2.521	2.030

面板B：对标普500（S&P 500）波动率变动量的回归

	标普500波动率变动量（t）				
C	0.002	0.002	0.004	0.002	0.004
	[1.462]	[0.842]	[1.665]	[1.234]	[1.508]
SVI变动值（t-1）	0.004***	0.004***	0.004***	0.004***	0.004***
	[2.649]	[2.637]	[2.675]	[2.584]	[2.594]
上证50波动率变动量（t）	0.025*	0.043**	0.011	0.021	0.001
	[1.752]	[2.283]	[0.587]	[1.432]	[0.070]
布什		0.003			
		[0.763]			

续表

	标普500 波动率变动量（t）				
奥巴马			-0.003		-0.003
			[-0.921]		[-0.922]
特朗普				0.001	0.000
				[0.171]	[-0.040]
上证50 波动率变动量（t）×布什		-0.042			
		[-1.474]			
上证50 波动率变动量（t）×奥巴马			0.027		0.037
			[0.961]		[1.269]
上证50 波动率变动量（t）×特朗普				0.053	0.073
				[0.964]	[1.283]
中国基准利率调整	0.059	0.059	0.059	0.059	0.058
	[1.165]	[1.151]	[1.148]	[1.164]	[1.146]
中国的进口依存度变化	-0.067	0.066	0.171	-0.032	0.188
	[-0.182]	[0.165]	[0.381]	[-0.083]	[0.414]
FOMC 会议	-0.004	-0.004	-0.004	-0.004	-0.004
	[-0.543]	[-0.513]	[-0.509]	[-0.536]	[-0.500]
美国的进口依存度变化	-0.265*	-0.280*	-0.260*	-0.254*	-0.258*
	[-1.854]	[-1.934]	[-1.819]	[-1.700]	[-1.722]
N	3460	3460	3460	3460	3460
调整后的 R^2	0.003	0.003	0.003	0.002	0.003
F 统计量	2.615	2.303	2.183	2.081	1.910

表2-5的面板A在控制了中美进口依存度、中国基准利率变动和美国联邦公开市场委员会会议的基础上，检验了标普500对上证50的波动性的溢出效应。与前面的研究结果（表2-3）一致，在特朗普执政期间，标普500指数（S&P 500）日波动率的上升会带来上证50（SSE 50）波动率的上升。在面板B中，关于上证50指数对标普500指数波动溢出效应的检验则显示，在特朗普政

府任职期间不存在这种显著的溢出效应（无论是总统任期和上证50两个单独变量，还是两个变量的交互项）。

六 小结

本章首次分析了在不同的美国总统任期内美国和中国股票市场指数的波动率变动与两国贸易相关新闻之间的关系。本章将谷歌趋势中基于"中美贸易"（US China trade）的搜索量指数（SVI）变动量作为一系列多元回归的主要解释变量，发现日搜索量的变动——衡量投资者对中美贸易新闻关注度的代理变量——影响了上证50（SSE50）和标普500（S&P 500）指数的波动率变化。基于两个市场指数波动率变动量的滞后变量进行的回归分析表明，存在从标普500到上证50波动率变动的溢出效应，但几乎不存在相反方向的溢出效应。

基于SVI搜索量指数变动量与分别代表三位总统任期（布什、奥巴马和特朗普）的哑变量的交互项的回归显示，各总统任期的影响存在显著差异。布什、奥巴马和特朗普任期的投资者关注度（SVI）分别在统计意义上显著降低、不显著影响和显著提高了两个股指的日波动率。本章的结果与"特朗普更具攻击性的好战言论——经常将中国称为'敌人'——提高了世界上最大的两个经济体之间贸易关系的不确定性"的假设相一致。本章的结果在控制了包括两国进口依存度和基准利率调整等宏观经济因素之后依然成立。

总体来讲，本章研究通过分析不同政治环境下与贸易关系相关的投资者关注度（或兴趣）的变化对跨境波动效应的影响，丰富了经济学和金融学的相关研究。这项研究的结果有力地证明，至少对于中美贸易问题而言，措词亦重要。

第三章　中美贸易摩擦、异质信念与股票波动[*]

一　贸易摩擦背景下的异质信念与股票市场波动

20世纪80年代以来，传统的资产定价模型，比如CAPM模型[①]和APT模型[②]，难以解释越来越多的市场异常现象这一点变得越来越明显。然而，这些异象得到了心理学理论和实验室研究结果的支持[③]。在有限理性的框架下，对有效价格的偏离可以持续存在[④]。投资者情绪的波动在一定程度上的不可预测性导致了有限套利，投资者情绪因此变得更加极端，使价格进一步偏离其基本价值[⑤]。

中国股票市场的参与者主要是个人投资者，有限的融资融券业务限制了他们的套利能力。随着中美贸易摩擦的升级，市场出现了较大程度的波动。几乎每次一有贸易摩擦消息发布，股市就会暴跌，偶尔也会出现暴涨。例如，2019年6月19日，在习近平主席和特朗普总统通话之后，市场便出现了大幅上涨。

---

[*]　本章主要内容由张文佳（Wenjia Zhang）发表于"China-U. S. Trade Frictions, Opinion Divergence, and Stock Volatilities"，*International Journal of Economics and Finance*, 2021, Vol. 13, No. 6.

[①]　Sharpe, W. F., "Capital Asset Price: A Theory of Market Equilibrium under Conditions of Risk", *Journal of Finance*, Vol. 19, No. 3, 1964.

[②]　Ross, S. A., "Return, Risk, and Arbitrage", in I. Friend, J. Bicksler eds., *Risk and Return in Finance*, Ballinger, MA: Cambridge, 1976.

[③]　Hong, H., Stein, J. C., "A Unified Theory of Underreaction, Momentum Trading, and Overreaction in Asset Markets", *Journal of Finance*, Vol. 54, No. 6, 1999.

[④]　见DeLong, J., Shleifer, A., Summers, L., Waldmann, R., "Noise Trader Risk in Financial Markets", *Journal of Political Economy*, Vol. 98, No. 4, 1990. Shleifer, A., Vishny, R., "The Limits of Arbitrage", *Journal of Finance*, Vol. 52, No. 1, 1997.

[⑤]　Barberis, N., Shleifer, A., Vishny R., "A Model of Investor Sentiment", *Journal of Financial Economics*, Vol. 3, No. 1, 1998.

有效市场理论认为，获取信息没有成本，投资者具有相同的预期。然而，事实上投资者对风险证券的投资回报持有不同的估计[1]。即使个人投资者拥有相同的信息，他们对这些信息的解释也可能不同，具有不同的信念。投资者信念的差异可能成为股票市场"过度波动"的原因[2]。

主流媒体的报道在受到政治利益的影响时，往往会削弱新闻/文章的信息量[3]。由于重要信息的接收和解读主要来自主流媒体，而大多数新闻都是暂时的且受到诸多不确定性的影响，中国投资者对中美贸易摩擦的前景很可能会有各自不同的看法。

本章旨在探讨中美贸易摩擦与中国股票市场波动之间的关系，以及异质信念在这一过程中所起到的作用。首先，我们发现，贸易摩擦新闻报道显著加剧了大盘股（SSE50）的波动性，但对中小盘的影响在"301调查"前后有所不同。其次，对于大盘股而言，异质信念在贸易摩擦报道与市场波动之间具有部分中介作用，贸易摩擦报道导致了较高的异质信念，异质信念在"301调查"前削弱了市场的波动性，而在此后的第四、第五阶段加剧了市场波动[4]。在控制了异质信念的内生性后，关于大盘股的结果依然稳健。最后，对于中小企业而言，虽然没有发现中介效应，但异质信念对股票波动率有显著影响，"301调查"前为负，"301调查"后则为正。

《人民日报》等传统纸媒对股票市场的具体影响目前还很少被研究。本章为分析双边贸易关系，即中美贸易摩擦，如何影响股票市场以及市场如何解读主流媒体发布的新闻提供了依据，同时对贸易摩擦的不同阶段和不同种类的股票进行研究。本书首次发现了异质信念在贸易摩擦新闻与市场波动之间的非对称中介作用，对分析异质信念的来源、模式和影响增添了依据。

---

[1] Miller, E., Risk, M., "Uncertainty and Divergence of Opinion", *The Journal of Finance*, Vol. 32, No. 4, 1977.

[2] Hong, H., Stein, J. C., "Disagreement and the Stock Market", *Journal of Economic Perspectives*, Vol. 21, No. 2, 2007.

[3] 例如：Djankov, S., McLiesh, C., Nenova, T., Shleifer, A., "Who Owns the Media?", *Journal of Law and Economics* Vol. 46, No. 2, 2003; Besley, T., Prat, A., "Handcuffs for the Grabbing Hand? Media Capture and Government Accountability", *American Economic Review*, Vol. 96, No. 3, 2006; Houston, J. F., Lin, C., Ma, Y., "Media Ownership, Concentration and Corruption in Bank Lending", *Journal of Financial Economics*, Vol. 100, No. 2, 2011; Dyck, A., Moss, D., Zingales, L., "Media versus Special Interests", *Journal of Law and Economics*, Vol. 56, No. 3, 2013.

[4] 本章的阶段划分与附录A基本一致，但由于本章研究结果发表较早，未能涵盖2019年4月开始的时段，对于贸易摩擦六个阶段的划分也跟其他章节六个阶段的划分略有不同。其中，将附录A中的第二阶段进一步划分为两个阶段，具体见实验分析部分。

本书有助于厘清新闻发布、异质信念和股票市场波动之间的关系。已有研究表明，外部因素，比如灾难[1]，重大国际体育赛事[2]和天气[3]，可能会给投资者带来负面情绪和心理焦虑，从而影响其投资决策。但目前还没有人研究贸易摩擦相关情绪的形成和传播问题。本书的研究结果为回答这个问题提供了一些可能的解释。

本章第二部分基于相关文献提出假设；第三部分介绍研究方法和数据；第四部分报告并讨论实证结果；第五部分进行总结。

二 文献综述与研究假设

已有研究表明，股票市场的波动与一些突发事件有关，如政治事件[4]、自然灾害[5]、工业灾害[6]等。历史经验告诉我们，双边摩擦是推动证券市场情绪波动的重要因素，但这在学术文献中却很少涉及。

中国和美国在知识产权问题上存在着长期争议和分歧。1990年，中国被列入美国的"优先观察名单"。特朗普就职以来，投资者察觉到了更高程度的不确定性，担心中、美陷入"修昔底德陷阱"，甚至陷入"新冷战"。这种情绪的蔓延已成为影响股市波动的重要因素。

2015年6月16日，特朗普公开宣布竞选美国总统，并在2015年11月上任的第一天便将中国列为汇率操纵国。2016年1月，他进一步提出了对中国出口美国的产品征收45%的关税。特朗普竞选期间的经济政策包含"消除美国长期

---

[1] Kaplanski, G., Levy, H., "Sentiment and Stock Prices: The Case of Aviation Disasters", *Journal of Financial Economics*, Vol. 95, No. 2, 2010.

[2] 见, Edmans, A., Garcia, D., Norli, Ø., "Sports Sentiment and Stock Returns", *Journal of Finance*, Vol. 62, No. 4, 2007; Kaplanski, G., Levy, H., "Sentiment and Stock Prices: The Case of Aviation Disasters", *Journal of Financial Economics*, Vol. 95, No. 2, 2010。

[3] Hirshleifer, D., Shumway, T., "Good Day Sunshine: Stock Returns and the Weather", *Journal of Finance*, Vol. 58, No. 3, 2003; Cao, M., Wei, J., "Stock Market Returns: A Note on Temperature Anomaly", *Journal of Banking and Finance*, Vol. 29, No. 6, 2005; Goetzmann, W., Kim, D., Kumar, A., Wang, Q., "Weather-induced Mood, Institutional Investors and Stock Returns", *Review of Financial Studies*, Vol. 28, No. 1, 2015.

[4] 主要是恐怖袭击，比如，Nikkinen 和 Sahlström (2004)，Arin, Ciferri 和 Spagnolo (2008)，Kollias, Manou, Papadamou 和 Stagiannis (2011)，Ramiah 和 Graham (2013)。

[5] 比如，地震（Scholtens 和 Voorhorst, 2013）和传染病（Henson 和 Mazzocchi, 2002）。

[6] 比如，化工厂或炼油厂爆炸（Capelle-Blancard 和 Laguna, 2010），空难（Kaplanski 和 Levy, 2010），核泄漏事故（Lopatta 和 Kaspereit, 2014）。

的贸易赤字"，特别是对中国的贸易赤字[①]。2018 年，由于种种原因，美国最终发动了对中国的贸易争端。

随着全球经济增长放缓[②]，中美紧张关系对全球经济的影响将被大幅放大，中美贸易谈判/摩擦可能成为影响投资者预期和市场行为的关键因素。新闻冲击可能带来媒体活动和股票市场活动（波动性）之间的直接关联[③]。基于新兴资本市场研究投资者行为具有特殊意义，因为新兴市场上投资者情绪驱动的价格波动可能有不同的来源和传导模式。具体假设为：

H1：在关于贸易摩擦的新闻发布时，投资者会感知到更高的风险并引起股票市场更高的波动性。

新闻媒体在解释和传播有关可能影响整个经济/市场的特定事件（比如中美贸易摩擦）最新消息方面至关重要，无论是在为市场走势进行铺垫还是在煽动这种变化方面都发挥了重要作用。有研究发现，新闻报道（语调）对家庭的通胀预测分歧有显著影响[④]。当媒体报道与政治利益纠缠在一起时[⑤]，投资者对中美贸易摩擦的前景往往持有不同的看法。

有研究表明，意见分歧的变化可能会导致显著的"过度波动"，而这种波动既存在于个股层面，也存在于市场层面[⑥]。然而，也有研究认为，对未来收益的分歧削弱了股票的波动性，而羊群行为则加剧了股票的波动性[⑦]。投资者对未来收益的预期之间的高相关性类似于羊群行为。投资者对未来收益的分歧越小，他们就越可能同向交易，资产价格便更可能快速上涨或下跌，从而加剧市场的

[①] Navarro, P., Ross, W., "Scoring the Trump Economic Plan: Trade, Regulatory & Energy Policy Impacts", white paper, https://assetzs.donaldjtrump.com/Trump_Economic_Plan.pdf, 2016.

[②] 全球经济增速从 2017 年的 3.5% 放缓至 2019 年的 2.2%，而中国对全球经济增长的贡献率约为 1/3。

[③] Peress, J., "The Media and the Diffusion of Information in Financial Markets: Evidence from Newspaper Strikes", *The Journal of Finance*, Vol. 69, No. 5, 2014.

[④] Lamla, M. J., Maag, T., "The Role of Media for Inflation Forecast Disagreement of Households and Professional Forecasters", *Journal of Money, Credit and Banking*, Vol. 44, No. 7, 2012.

[⑤] 相关研究见：Houston, J. F., Lin, C., Ma, Y., "Media Ownership, Concentration and Corruption in Bank Lending", *Journal of Financial Economics*, Vol. 100, No. 2, 2011; Dyck, A., Moss, D., Zingales, L., "Media versus Special Interests", *Journal of Law and Economics*, Vol. 56, No. 3, 2013.

[⑥] Hong, H., Stein, J. C., "Disagreement and the Stock Market", *Journal of Economic Perspectives*, Vol. 21, No. 2, 2007; Duchin, R., Levy, M., "Disagreement, Portfolio Optimization and Excess Volatility", *Journal of Financial and Quantitative Analysis*, Vol. 45, No. 3, 2010.

[⑦] Lakonishok, J., Shleifer, A., Vishny, R., "The Impact of Institutional Trading on Stock Prices", *Journal of Financial Economics*, Vol. 32, No. 1, 1992; Christie, W., Huang, R., "Following the Pied Piper: Do Individual Returns Herd around the Market?" *Financial Analyst Journal*, Vol. 51, No. 4, 1995; Nofsinger, J., Sias, R., "Herding and Feedback Trading by Institutional and Individual Investors", *Journal of Finance*, Vol. 54, No. 6, 1999.

波动性。

因此，异质信念和股市波动之间的先验关系尚不明确，而且在不同的阶段，人们可能会以不同的方式预测战争的可能性。一开始，大多数人都不相信美国会加剧贸易摩擦，因为中国的出口为美国消费者带来了如此多的好处，美国怎么会宁愿以牺牲经济利益为代价呢？在贸易摩擦初期，即第四阶段（具体划分见表 3-2），中国金融市场的普遍看法是，中美之间的贸易摩擦威胁只是"说说而已"。后来，在 5 月 20 日中国同意购买更多的美国商品之后，中美两国同意暂停贸易摩擦。然而，5 月 29 日，美国又恢复了其关税征收计划[1]。随着中美两国正式承诺将在一段时间之后征收关税，市场似乎很快意识到早期的观点只是幻想，贸易摩擦加剧对双方都是严重的威胁。市场便大幅下跌，特别在 2018 年 7 月中美两项关税落地的时候。随着全球经济放缓，主要股票市场在 2018 年经历了最糟糕的一年。2018 年 12 月 1 日，习近平主席和特朗普总统同意暂时搁置双边贸易争议[2]。然而，股票市场并未做出积极回应。尽管中国官方媒体对停止贸易摩擦相当乐观，但似乎不足以改变中国投资者对未来的消极态度。

在特朗普就职后，特别是在中美贸易摩擦升级后，投资者可能对正在发生的摩擦事件变得非常敏感（警惕），甚至持怀疑态度，并以不同的方式对新闻内容进行解读（表现为异质信念），从而导致更大的波动。这与证券市场波动性越大，信息不对称性越高的观点相一致[3]。另外，高调的官方新闻可能更多地反映了中国政府不妥协的态度和决心（而非乐观态度）。投资者会如何解读这些消息？他们会达成一致意见吗？因此，我们假设国管媒体在导致投资者意见分歧方面发挥了一定的作用，从而对股票市场产生了一定的影响。具体假设为：

H2：国管媒体发布关于中美贸易摩擦的信息会提高投资者信念的异质性。

H3：异质信念在新闻报道对股票波动的影响方面起到了中介作用。

由于在每个阶段投资者对新闻的解读和反应都可能不同，我们对同样的假

---

[1] 参见，https://business.financialpost.com/pmn/business-pmn/trumps-tariffs-what-they-are-and-how-china-is-responding。

[2] 参见美国消费者新闻与商业频道（CNBC）网站，https://www.cnbc.com/2018/12/02/trump-hails-trade-deal-with-china-as-one-of-the-largest-ever-made.html。

[3] Illeditsch, P. K., "Ambiguous Information, Portfolio Inertia, and Excess Volatility", *Journal of Finance*, Vol. 66, No. 6, 2011.

设进行了分阶段检验。

三 数据与研究方法

（一）数据来源

研究样本从2015年6月16日特朗普在曼哈顿特朗普大厦宣布参加美国总统选举开始，到2019年3月31日结束。上证50指数的日波动率数据取自锐思（RESSET）金融研究数据库，"经济景气度指数"和"消费者信心指数"取自巨灵（Genius）财经数据库。

鉴于世界上大多数人接收的信息都来自主流媒体[1]，并且考虑到《人民日报》的重大影响力以及证监会要求上市公司必须在"七报一刊"上发布相关信息，本书参考相关研究[2]将这九家媒体[3]定义为对资本市场具有重大影响的主流媒体，手工采集了样本期间这九家报刊在官方网站或巨灵财经数据库中与中美贸易摩擦相关的新闻或报道，共143篇。

（二）对异质信念的度量

有研究采用换手率或标准化的成交量来度量关于个股的异质信念[4]。本书参照并使用超额换手率作为衡量异质信念的代理变量[5]，区别是我们是对整个市场（而不是单个公司）在具体事件上的异质信念进行研究。

---

[1] Karlekar, K. D., Dunham, J., "Press Freedom in 2013: Media Freedom Hits Decade Low", *Freedom House Report*, 2014.

[2] Li, P. G., Shen, Y. F., "The Corporate Governance Role of Media: Empirical Evidence of China", *Economic Research Journal*, Vol. 45, No. 4, 2010；游家兴，吴静：《沉默的螺旋：媒体情绪与资产误定价》，《经济研究》2012年第7期；汪昌云，武佳薇：《媒体语气、投资者情绪与IPO定价》，《金融研究》2015年第9期。

[3] 具体包括《人民日报》《经济日报》《金融时报》《中国日报》《中国证券报》《上海证券报》《证券时报》《中国改革报》《证券市场周刊》。

[4] 例如：Shalen, C. T., "Volume, Volatility, and the Dispersion of Beliefs", *Review of Financial Studies*, Vol. 6, No. 2, 1993；Jones, C. M., Lamont, O. A., "Short-sale Constraints and Stock Returns", *Journal of Financial Economics*, Vol. 66, No. 2, 2002；Chang, E. C., Cheng, J. W., Yu, Y., "Short-sales Constraints and Price Discovery: Evidence from the Hong Kong Market", *The Journal of Finance*, Vol. 62, No. 5, 2007；Garfinkel, J. A., Sokobin J., "Volume, Opinion Divergence, and Returns: A Study of Post-earnings Announcement Drift", *Journal of Accounting Research*, Vol. 44, No. 1, 2006；Demirkan, S., "Volume, Opinion Divergence and Book-to-market Anomaly", *Journal of Knowledge Globalization*, Vol. 5, No. 1, 2012.

[5] Garfinkel和Sokobin（2006）以及Demirkan（2012）采用了另外一个测量超额交易量方法来同时控制流动性效应和信息效应。他们的方法与Crabbe和Post（1994）相似，采用的是标准化的超额交易量（SUV）。在本书中，我们使用的方法与市场模型估计异常收益的方法类似。当使用第二种估计异质信念的方法时，我们得到了类似的结果。

从同花顺（iFinD）数据库中提取 SSE50 的日换手率。新闻发布日的超额换手率（UTO_t）是用新闻发布日（t）的市场换手率减去估计期的平均换手率。

$$UTO_t = TO_t - \frac{\sum_{i=-54}^{-5} TO_i}{50}$$

TO_t 是上证 50（SSE50）成分股在 t 日的换手率。考虑到换手率可能不仅包含异质信念产生的交易量，还包含流动性交易，所以，通过减去前一个季度的平均换手率（t-54，t-5）来调整 TO_t 所包含的流动性因素。

（三）基准模型

基准模型以"贸易摩擦"（Trade Friction）为关键解释变量对上证 50 指数和中小盘指数的日波动率（Volatility）进行回归，并对相关变量进行控制。

$$波动率 = \alpha + \beta_0 \times 贸易摩擦 + \sum \beta_i \times 控制变量 + \varepsilon_i$$

控制变量包括："10 年期国债收益率变动"等于第 t 日二级市场上 10 年期国债收益率减去第 t-1 日的收益率[①]；"汇率变动"为每日汇率（直接标价法）的变动情况[②]，其中正数表示人民币贬值；"经济景气度变动"等于国家统计局编制的经济景气度指数在第 t 日的值减去第 t-1 日的值，对"消费者信心变动"进行了正交化处理；"消费者信心变动"等于 t 日的"消费者信心指数"减去其 t-1 日的数值。

（四）检验异质信念中介作用的模型

为了进一步检验贸易摩擦的新闻发布是否通过异质信念的中介作用影响股市波动，本章构建了中介模型 [方程（1）—（3）][③]。

$$波动率 = \alpha + \beta_0 \times 贸易摩擦 + \sum \beta_i \times 控制变量 + \varepsilon_i \quad (1)$$

$$异质信念 = \alpha + \beta_0' \times 贸易摩擦 + \sum \beta_i' \times 控制变量 + \varepsilon_i \quad (2)$$

$$波动率 = \alpha + \beta_0'' \times 异质信念 + \beta_1'' \times 贸易摩擦 + \sum \beta_i'' \times 控制变量 + \varepsilon_i \quad (3)$$

方程（2）检验贸易摩擦新闻发布与异质信念之间的关系。在方程（3）

---

① 10 年期国债收益率历史数据取自：https://cn.investing.com/rates-bonds/china-10-year-bond-yield-historical-data。

② 汇率的历史数据取自：https://cn.investing.com/currencies/usd-cny-historical-data/。

③ 参见：Baron, R. M., Kenny, D. A., "The Moderator-Mediator Variable Distinction in Social Psychological Research: Conceptual, Strategic, and Statistical Considerations", *Journal of Personality and Social Psychology*, Vol. 51, No. 6, 1986.

中，"贸易摩擦"（TradeFriction）为解释变量，"异质信念"（OpinionDivergence）为中介变量。方程（1）中，β_0 显示"贸易摩擦"对市场波动的影响。方程（2）中，β_0' 显示"贸易摩擦"对异质信念的影响。在方程（3）中，β_1'' 显示在控制中介变量"异质信念"后"贸易摩擦"对股市波动的影响，β_0'' 则显示在控制了"贸易摩擦"的影响后"异质信念"的影响。如果方程（1）中的 β_0、方程（2）中的 β_0'、方程（3）中的 β_0'' 均显著，则存在中介效应。通过这组方程，我们可以检验贸易摩擦新闻报道对市场波动的影响路径。

四 实证结果

表3-1报告了本书主要变量的描述性统计。面板 A 中的 ADF 检验显示所有变量都是稳定的。面板 B 报告了这些变量之间的相关性。除"经济景气度变动"和"消费者信心变动"外，其他变量均不相关。因此，我们将"经济前景度变动"对"消费者信心变动"进行正交化处理后的变量，用于后面的分析中。

表3-1　　　　　　　　　　　　　数据的描述统计

面板 A：单变量数据统计

	贸易摩擦	10年期国债收益率变动	汇率变动	经济景气度变动	消费者信心变化
平均值	0.145	-0.005	0.009	0.003	0.020
中位数	0.000	0.000	0.000	0.000	0.000
最大值	1.000	3.190	1.860	4.568	5.300
最小值	0.000	-3.100	-1.180	-0.621	-4.700
标准差	0.352	0.657	0.244	0.163	0.459
ADF 检验	-6.145	-22.693	-28.695	-30.324	-30.374
P 值	0.000	0.000	0.000	0.000	0.000
样本数	926	926	926	922	922

面板 B：变量间的相关性

	贸易摩擦	10年期国债收益率变动	汇率变动	经济景气度变动	消费者信心变动
贸易摩擦	1				
10年期国债收益率变动	-0.052	1			

续表

	贸易摩擦	10 年期国债收益率变动	汇率变动	经济景气度变动	消费者信心变动
汇率变动	-0.041	-0.025	1		
经济景气度变动	-0.031	0.029	0.003	1	
消费者信心变化	0.025	0.022	0.038	0.076**	1

注：该表报告本章分析中采用的关键变量的描述性统计。"贸易摩擦"为虚拟变量，当《人民日报》和其他8家主要财经媒体在第 t 日发布有关中美贸易摩擦的新闻/评论时，"贸易摩擦"等于1。"10 年期国债收益率变动"等于第 t 日二级市场上 10 年期国债的收益率（%）减去第 t-1 日的收益率（%）；"汇率变动"为每日汇率（直接标价法）的变动百分比，其中正数表示人民币贬值；"经济景气度变动"等于国家统计局编制的经济景气度指数在第 t 日的值减去第 t-1 日的值，对"消费者信心变动"进行了正交化处理；"消费者信心变动"等于第 t 日的"消费者信心指数"减去其 t-1 日的数值。样本从 2015 年 6 月 16 日开始，到 2019 年 3 月 31 日结束。*、**、***分别表示在 10%、5% 和 1% 的统计水平下显著（双尾检验）。

（一）贸易摩擦与股票市场波动

表 3-2 报告了对上证 50（SSE50）波动率的回归结果，波动率使用 GARCH（1，1）模型计算得出。如面板 A 所示，贸易摩擦的新闻发布大大提高了整个特朗普执政时期股市的波动性。当我们对不同阶段进行观察时，由于样本量的减少，该回归系数在第一、第五和第六阶段变得不再显著，而在第二、第三和第四阶段依然显著为正。

对于中小盘股，贸易摩擦的影响有所不同。表 3-3（面板 A）显示，在"301 调查"之前贸易摩擦降低了股票市场的波动性，而"301 调查"之后贸易摩擦则加剧了股市的波动。对于单个阶段（面板 B）贸易摩擦的系数并不显著，只有第四阶段在 10% 的统计水平下为正。

由表 3-2 和表 3-3 可看出，贸易摩擦报道对股票市场波动具有显著影响。但对于不同类型的股票、不同的阶段，往往具有不同的影响。因此，在美国发起"301 调查"之后，基于大盘股的结果总体上支持了 H1，但基于中小盘的结果则对该假设的支持较弱。

（二）异质信念的中介作用

表 3-2 和表 3-3 检验了发布贸易摩擦新闻对股票市场产生影响时异质信念的中介作用。表 3-2 的面板 A 显示，在前两组回归中，"异质信念"起到了显著的中介作用。在"301 调查"之前，贸易摩擦新闻的发布显著提高了投资者

表3-2 异质信念对上证50指数波动影响的中介作用

面板A：

	(1) 整个特朗普执政时期 (2015年6月16日至 2019年3月31日)		(2) "301调查"之前 (2015年6月16日至 2017年8月17日)		(3) "301调查"之后 (2017年8月18日至 2019年3月31日)	
	SSE50_UTO	SSE50波动率(%)	SSE50_UTO	SSE50波动率(%)	SSE50_UTO	SSE50波动率(%)
C	−0.037*** [−6.303]	1.365*** [47.639]	−0.059*** [−6.528]	1.4819*** [32.632]	−0.001 [−0.141]	1.1732*** [58.475]
	1.401*** [48.966]		1.543*** [34.577]		1.173*** [58.262]	
异质信念 (SSE50_UTO)		−0.971*** [−6.160]		−1.040*** [−4.903]		0.3462* [1.911]
贸易摩擦	0.074*** [4.803]	0.269*** [3.602]	0.088*** [2.638]	0.461*** [2.816]	0.042*** [3.727]	0.3003*** [7.303]
	0.197*** [2.618]		0.369** [2.222]		0.315*** [7.770]	
10年期国债收益率变动	1.405* [1.699]	−8.101** [−2.049]	1.157 [0.947]	−13.918** [−2.342]	1.800** [2.140]	1.4738 [0.490]
	−9.465** [−2.351]		−15.121** [−2.492]		2.097 [0.699]	
汇率变动	−4.014* [−1.802]	5.679 [0.533]	−3.376 [−0.832]	−5.267 [−0.267]	−3.594** [−2.053]	16.111** [2.575]
	9.578 [0.883]		−1.755 [−0.087]		14.867** [2.381]	
经济景气度变动	0.006 [0.192]	−0.121 [−0.759]	0.006 [0.133]	−0.205 [−0.992]	0.071 [0.932]	0.2151 [0.796]
	−0.127 [−0.783]		−0.211 [−0.999]		0.240 [0.885]	
消费者信心变动	0.002 [0.211]	−0.052 [−0.920]	0.012 [0.577]	−0.07 [−0.558]	−0.003 [−0.251]	−0.018 [−0.479]
	−0.054 [−0.944]		−0.07 [−0.667]		−0.019 [−0.501]	
调整后的R²	0.026	0.05	0.007	0.057	0.050	0.138
	0.011		0.016		0.132	
n	922	922	531	531	391	391
	922		531		391	
赤池信息量准则(AIC)	−0.762	2.365	−0.386	−6.432	−1.829	−8.500
	2.403		2.82		0.714	

面板 B1：

	(1) 特朗普就职前 (2015年6月16日至2017年1月19日)		(2) 自特朗普就职到美国发起"301调查"(2017年1月20日至2017年8月17日)			(3) 贸易摩擦早期阶段 (2017年8月18日至2018年3月7日)		
	SSE50波动率(%)	SSE50_UTO	SSE50波动率(%)	SSE50_UTO	SSE50波动率(%)	SSE50波动率(%)	SSE50_UTO	SSE50波动率(%)
C	1.782*** [32.655]	−0.068*** [−5.647]	0.808*** [53.566]	−0.030*** [−5.876]	0.8129*** [47.962]	0.927*** [58.553]	0.011* [1.696]	0.9229*** [58.016]
异质信念(SSE50_UTO)					0.166 [0.659]			0.351 [1.597]
贸易摩擦	−0.174 [−0.690]	0.082 [1.484]	1.397*** [35.343]	0.069*** [5.112]	1.3855*** [31.996]	0.718*** [10.516]	0.003 [0.112]	0.717*** [10.564]
10年期国债收益率变动	−14.134* [−1.884]	1.589 [0.966]	−3.232* [−1.665]	−0.526 [−0.790]	−3.144 [−1.612]	−5.111 [−1.635]	1.671 [1.330]	−5.697* [−1.821]
汇率变动	−18.971 [−0.778]	−2.958 [−0.553]	−8.013 [−1.133]	−2.298 [−0.947]	−7.631 [−1.073]	−9.237** [−1.424]	−6.290** [−2.413]	−7.032 [−1.066]
经济景气度变动	−0.265 [−1.177]	0.009 [0.187]	0.320 [0.582]	−0.218 [−1.153]	0.357 [0.643]	0.287 [0.657]	0.011 [0.065]	0.283 [0.652]
消费者信心变动	−0.102 [−0.781]	0.012 [0.429]	0.036 [1.038]	0.002 [0.170]	0.036 [1.026]	0.000 [0.014]	−0.009 [−0.874]	0.003 [0.138]
调整后的 R^2	0.006	−0.004	0.903	0.165	0.903	0.497	0.023	0.503
n	391	391	140	140	140	133	133	133
赤池信息量准则(AIC)	2.935	−0.099	−0.772	−2.911	−9.971	−0.679	−2.502	−9.894

第三章 中美贸易摩擦、异质信念与股票波动

面板 B2：

	(4) 中美贸易摩擦加剧 (2018年3月8日至6月14日)		(5) 中美贸易摩擦进一步加剧 (2018年6月15日至11月30日)		(6) 暂时停止贸易摩擦(2018年 12月1日至2019年3月31日)	
	SSE50_UTO	SSE50 波动率 (%)	SSE50_UTO	SSE50 波动率 (%)	SSE50_UTO	SSE50 波动率 (%)
C	0.145 *** [6.408]	0.993 *** [12.062]	1.354 *** [31.892]	-0.095 ** [-10.404]	1.625 ** [34.011]	-0.009 ** [-2.197]	1.472 *** [54.108]	1.4792 *** [52.661]
异质信念 (SSE50_UTO)		1.161 *** [3.209]			2.834 ** [7.996]			0.791 [1.030]
贸易摩擦	-0.104 ** [-3.245]	0.510 *** [5.236]	0.087 [1.361]	0.139 *** [9.995]	-0.305 *** [-4.309]	0.076 *** [5.738]	-0.149 * [-1.737]	-0.209 ** [-2.016]
10年期国债 收益率变动	1.897 [0.818]	5.817 [0.890]	3.654 [0.692]	1.058 [0.928]	0.656 [0.156]	0.651 [0.859]	10.333 ** [2.092]	9.818 * [1.978]
汇率变动	-2.589 [-0.531]	27.483 ** [2.007]	10.305 [0.789]	1.866 [0.662]	5.017 [0.483]	0.144 [0.115]	-0.717 [-0.088]	-0.831 [-0.102]
经济景气度变动	-1.499 [-0.755]	-0.447 [-0.238]	0.263 [0.789]	0.096 [1.330]	-0.008 [-0.030]	0.285 ** [2.145]	0.692 [0.798]	0.4664 [0.522]
消费者信心变动	-0.035 [-0.372]	-0.020 [-0.233]	0.033 [0.311]	0.017 [0.726]	-0.014 [-0.167]	0.065 ** [2.534]	0.102 [0.602]	0.050 [0.283]
调整后的 R²	0.231	0.334	-0.015	0.467	0.359	0.313	0.090	0.091
n	66	66	114	114	114	78	78	78
赤池信息量 准则(AIC)	1.003	0.872	0.696	-2.371	0.245	-3.875	-0.125	-9.324

注：该表检验"异质信念"在贸易摩擦影响上证50波动性过程中的中介作用。"SSE50波动率"采用GARCH模型计算得出。异质信念，"SSE50_UTO"（SSE50的超额换手率），等于贸易摩擦新闻发布日（第t日）的换手率减去之前50天（-54，-5）的平均换手率。*、**、*** 分别表示在10%、5%和1%的统计水平下显著（双尾检验）。

表 3-3 异质信念对中小盘股（SME）波动率影响的中介作用

面板 A：

	(1) 整个特朗普执政时期 (2015年6月16日至2019年3月31日)		(2) "301 调查" 之前 (2015年6月16日至2017年8月17日)			(3) "301 调查" 之后 (2017年8月18日至2019年3月31日)	
	SME 波动率 (%)	SME_ UTO	SME 波动率 (%)	SME_ UTO	SME 波动率 (%)	SME_ UTO	SME 波动率 (%)
	SME 波动率 (%)		SME 波动率 (%)				
C	1.731*** [62.836]	−0.062*** [−3.733]	1.709*** [62.970]	1.864*** [43.800]	−0.147*** [−6.568]	1.775*** [42.247]	1.513*** [67.770]	0.084*** [3.614]	1.482*** [70.567]
异质信念 (SSE50_ UTO)			−0.350*** [−6.543]			−0.602*** [−7.660]			0.368*** [8.108]
贸易摩擦	−0.119 [−1.646]	0.053 [1.205]	−0.101 [−1.421]	−0.368** [−2.324]	0.100 [1.202]	−0.308** [−2.044]	0.153*** [3.413]	−0.070 [−1.500]	0.179*** [4.297]
10 年期国债收益率变动	−7.968** [−2.056]	2.254 [0.963]	−7.179* [−1.894]	−13.556** [−2.343]	1.803 [0.591]	−12.471** [−2.270]	2.802 [0.842]	2.634 [0.762]	1.833 [0.595]
汇率变动	6.188 [0.593]	−3.224 [−0.511]	5.060 [0.496]	3.864 [0.201]	−3.900 [−0.385]	1.517 [0.083]	7.594 [1.097]	1.186 [0.165]	7.158 [1.117]
经济景气度变动	−0.168 [−1.071]	−0.099 [−1.041]	−0.202 [−1.320]	−0.219 [−1.088]	−0.105 [−0.990]	−0.282 [−1.476]	0.094 [0.314]	0.323 [1.034]	−0.025 [−0.088]
消费者信心变动	−0.085 [−1.523]	0.019 [0.563]	−0.078 [−1.436]	−0.133 [−1.340]	0.045 [0.864]	−0.106 [−1.122]	−0.030 [−0.718]	0.019 [0.435]	−0.036 [−0.956]
调整后的 R²	0.006	−0.001	0.050	0.017	−0.003	0.114	0.021	−0.001	0.162
n	922	922	922	531	531	531	391	391	391
赤池信息量准则 (AIC)	2.327	1.319	2.283	2.725	1.445	2.622	0.921	0.999	0.768

面板 B：

	（1）特朗普就职前（2015年6月16日至2017年1月19日）	（2）自特朗普就职至美国发起"301调查"（2017年1月20日至2017年8月17日）	（3）贸易摩擦早期阶段（2017年8月18日至2018年3月7日）	（4）中美贸易摩擦加剧（2018年3月8日至6月14日）	（5）中美贸易摩擦进一步加剧（2018年6月15日至11月30日）	（6）暂时停止贸易摩擦（2018年12月1日至2019年3月31日）
C	2.123 ***	1.071 ***	1.271 ***	1.388 ***	1.856 ***	1.749 ***
	[42.138]	[118.200]	[41.076]	[42.477]	[50.043]	[48.883]
贸易摩擦	-0.167	0.027	-0.079	0.083 *	0.027	-0.103
	[-0.717]	[1.155]	[-0.595]	[1.801]	[0.481]	[-0.912]
10年期国债收益率变动	-12.298 *	-1.732	-1.124	2.544	18.656 ***	-0.344
	[-1.775]	[-1.485]	[-0.184]	[0.760]	[4.045]	[-0.053]
汇率变动	-19.589	-0.14	14.028	0.483	4.071	-25.576 **
	[-0.870]	[-0.033]	[1.106]	[0.069]	[0.357]	[-2.390]
经济景气度变动	-0.299	0.273	-0.2	1.53	0.538 *	-1.094
	[-1.440]	[0.824]	[-0.234]	[1.608]	[1.849]	[-0.960]
消费者信心变动	-0.141	0.02	-0.043	0.032	0.179 *	-0.337
	[-1.174]	[0.946]	[-0.861]	[0.725]	[1.937]	[-1.519]
调整后的 R^2	0.01	0	-0.021	0.033	0.137	0.083
n	391	140	133	66	114	78
赤池信息量准则（AIC）	2.776	-1.79	0.661	-0.468	0.425	0.423

面板C:

	(1) 特朗普就职前 (2015年6月16日至2017年1月19日)	(2) 自特朗普就职至"301调查"美国发起 (2017年1月20日至2017年8月17日)	(3) 贸易摩擦早期阶段 (2017年8月18日至2018年3月7日)	(4) 中美贸易摩擦加剧 (2018年3月8日至6月14日)	(5) 中美贸易摩擦进一步加剧 (2018年6月15日至11月30日)	(6) 暂时停止贸易摩擦 (2018年12月1日至2019年3月31日)
C	2.031***	1.076***	1.265***	1.462***	1.828***	1.621***
	[38.181]	[115.126]	[41.776]	[44.990]	[51.964]	[54.223]
异质信念 (SSE50_UTO)	-0.410***	-0.054*	-0.326***	0.538**	0.505***	0.295***
	[-4.532]	[-1.852]	[-2.647]	[4.620]	[4.210]	[8.304]
贸易摩擦	-0.18	0.031	-0.096	0.041	0.025	0.009
	[-0.793]	[1.294]	[-0.739]	[0.987]	[0.474]	[0.114]
10年期国债收益率变动	-11.960*	-1.703	-3.154	2.713	14.837***	-3.629
	[-1.770]	[-1.473]	[-0.524]	[0.938]	[3.383]	[-0.776]
汇率变动	-19.067	0.416	13.559	3.388	4.001	-19.443**
	[-0.868]	[0.098]	[1.094]	[0.554]	[0.377]	[-2.522]
经济景气度变动	-0.335	0.225	0.113	1.192	0.432	-0.869
	[-1.650]	[0.685]	[0.134]	[1.444]	[1.588]	[-1.063]
消费者信心变动	-0.11	0.014	-0.03	0.027	0.137	-0.269*
	[-0.936]	[0.659]	[-0.611]	[0.707]	[1.586]	[-1.689]
调整后的 R^2	0.057	0.018	0.025	0.278	0.253	0.528
n	391	140	133	66	114	78
赤池信息量准则 (AIC)	2.729	-1.801	0.622	-0.747	0.29	-0.23

注：该表检验"异质信念"在贸易摩擦影响中小盘股（SME）波动性过程中的中介作用。"SME 波动率"采用 GARCH 模型计算得出。异质信念，"SSE50_UTO"（SSE50 的超额换手率），等于贸易摩擦新闻发布日（第 t 日）的换手率减去之前 50 天（-54，-5）的平均换手率。*、**、***分别表示在 10%，5% 和 1% 的统计水平下显著（双尾检验）。

的异质信念,而异质信念显著缓解了上证 50 的波动性。这一结果与拉科尼索克(Lakonishok) 等人[①]的发现相一致。由于加入"异质信念"之后,"贸易摩擦"的系数仍然显著,因此,异质信念在贸易摩擦影响市场波动的过程中具有部分的中介效应。在美国发起"301 调查"之后,这一中介效应变为较小的正向影响。从贸易摩擦的单个阶段来看,在第四和第五阶段(面板 B)异质信念的中介作用显著,其回归系数为正。因此我们可以说,对于大盘股(SSE50),异质信念存在中介效应,但在不同的阶段表现形式有所不同。因此,H2 和 H3 基本得到支持。

对于中小盘股(SME)而言,异质信念并未受到贸易摩擦的影响,基本不存在中介作用(见表 3 - 3)。因此,中小盘股的相关结果并不支持 H2 和 H3。但是,异质信念本身显著影响股票市场的波动(见面板 C)。与大盘股(SSE50)一样,其回归系数在"301 调查"前为负,"301 调查"后则为正。对于单个不同的阶段,"异质信念"的回归系数在每个阶段仍然显著。

(三) 进一步讨论

表 3 - 2 和表 3 - 3 的结果显示,"异质信念"在"301 调查"前缓解了股票市场波动,而在"301 调查"后则加剧了股票市场波动。但值得注意的是,"异质信念"可能受到股票市场波动的影响,具有内生性。首先,过度波动可能会提高投资者感知到的不确定性,倾向于对未来持有更为不同的看法。其次,投资者的信念和市场波动可能同时受到一些无法观察到的因素的影响。为了解决异质信念的内性问题,本章以股票收益率作为工具变量,采用两阶段最小二乘法(2SLS) 回归进行稳健性检验。

表 3 - 4　　　　　　　两阶段最小二乘法(2SLS) 回归

面板 A:两阶段最小二乘法(2SLS) 回归:"301 调查"之前

第 1 阶段回归 因变量:异质信念(SSE_ UTO)		第 2 阶段回归 因变量:上证 50 波动率(%)	
C	- 0.036 ***	C	1.360 ***
	[- 6.203]		[23.834]

[①] 见,Lakonishok, J., Shleifer, A., Vishny, R., "The Impact of Institutional Trading on Stock Prices", *Journal of Financial Economics*, Vol. 32, No. 1, 1992; Christie, W., Huang, R., "Following the Pied Piper: Do Individual Returns Herd around The Market?" *Financial Analyst Journal*, Vol. 51, No. 4, 1995; Nofsinger, J., Sias, R., "Herding and Feedback Trading by Institutional and Individual Investors", *Journal of Finance*, Vol. 54, No. 6, 1999.

续表

第 1 阶段回归 因变量：异质信念（SSE_UTO）		第 2 阶段回归 因变量：上证 50 波动率（%）	
上证 50 收益率	0.962 ***	异质信念 （SSE_UTO） 拟合值	-4.829 ***
	[2.718]		[-4.857]
上证 50 收益率（-1）	1.502 ***		
	[4.315]		
上证 50 收益率（-2）	1.209 ***		
	[3.480]		
上证 50 收益率（-3）	1.098 ***		
	[3.159]		
上证 50 收益率（-4）	0.694 **		
	[2.004]		
贸易摩擦	0.065 ***	贸易摩擦（t）	0.703 ***
	[4.314]		[3.987]
10 年期国债收益率变动	0.954	10 年期国债收益率变动	-9.665
	[1.180]		[-1.599]
汇率变动	-2.612	汇率变动	-19.732
	[-1.187]		[-0.982]
经济景气度变动	0.005	经济景气度变动	-0.182
	[0.147]		[-0.880]
消费者信心变动	0.001	消费者信心变动	-0.039
	[0.113]		[-0.382]
调整后的 R^2	0.073	调整后的 R^2	0.056
n	919	n	528
赤池信息量准则（AIC）	-0.81	赤池信息量准则（AIC）	-6.429

面板 B：两阶段最小二乘法（2SLS）回归："301 调查"之后

第 1 阶段回归 因变量：异质信念（SSE_UTO）		第 2 阶段回归 因变量：上证 50 波动率（％）		
"301 调查"之后（2017 年 8 月 18 日至 2019 年 3 月 31 日）		"301 调查"之后（2017 年 8 月 18 日至 2019 年 3 月 31 日）	第 Ⅳ 阶段：贸易摩擦加剧（2018 年 3 月 8 日至 6 月 14 日）	第 Ⅴ 阶段：贸易摩擦进一步加剧（2018 年 6 月 15 日至 11 月 30 日）
C	-0.001	C	1.176***	1.197***	1.358***
	[-0.157]		[59.859]	[18.074]	[33.070]
上证 50 收益率	-0.316	SSE_UTO 拟合值	3.466***	4.189***	3.106***
	[-0.749]		[4.568]	[2.937]	[2.942]
语气分歧	0.695***				
	[4.657]				
贸易摩擦	0.022*	贸易摩擦（t）	0.168***	0.145	-0.033
	[1.841]		[3.300]	[1.211]	[-0.444]
10 年期国债收益率变动	1.288	10 年期国债收益率变动	-4.142	-7.972	0.777
	[1.518]		[-1.283]	[-0.936]	[0.150]
汇率变动	-4.286**	汇率变动	27.326***	45.617***	16.834
	[-2.442]		[4.096]	[2.899]	[1.314]
经济景气度变动	0.059	经济景气度变动	-0.006	-1.151	0.014
	[0.801]		[-0.021]	[-0.585]	[0.040]
消费者信心变动	-0.002	消费者信心变动	-0.01	0.001	0.043
	[-0.198]		[-0.263]	[0.006]	[0.423]
调整后的 R^2	0.097	调整后的 R^2	0.175	0.279	0.052
N	391	n	391	67	114
赤池信息量准则（AIC）	-1.875	赤池信息量准则（AIC）	-8.544	-8.219	-8.575

注：该表采用两阶段最小二乘法（2SLS）回归检验了"异质信念"的内生性。面板 A 中，以"上证 50 的回报率"（SSE_ret 及其滞后项）和"语气分歧"（Tone Divergence）作为工具变量。在新闻发布当日，如果有一条以上的新闻出现，"语气分歧"就等于同一日内的最高语气减去当日的最低语气，否则为 0。样本从 2015 年 6 月 16 日开始，到 2019 年 3 月 31 日结束。*、**、***分别表示在 10％、5％和 1％的统计水平下显著（双尾检验）。

在表 3-4（面板 A）中，首先将上证 50 的"异质信念"对上证 50 收益率及其滞后项在控制其他影响因素的情况下进行回归，然后基于拟合的"异质信念"对 SSE50 的波动率进行回归。结果与表 3-2 面板 A 一致，在"301 调查"之前，"异质信念"显著降低了股票市场的波动性。表 3-4（面板 B）中添加了另一个工具变量"语气分歧"，以体现同一日新闻发布立场的差异性[①]。如果一天内有一条以上的新闻，则"语气分歧"等于当日内的最高的媒体语气[②]减去最低的媒体语气，否则为 0。有理由相信，如果同一日不同来源发布的消息显示出巨大的态度差异，那么投资者更可能对未来持有不同的信念。面板 B 显示，"语气分歧"显著增强了投资者的异质信念。在"301 调查"之后以及在第四和第五阶段，异质信念（拟合值）显著提高了股票市场的波动性，这与表 3-2 所显示的异质信念的中介作用一致。因此，表 3-4 的结果显示，在控制了异质信念的内生性之后，异质信念是影响市场波动的重要因素，这与表 3-2 的结果相一致。

五 小结

本章旨在厘清特朗普执政时期中美贸易摩擦、异质信念与中国股票市场反应之间的关系。本章研究发现，贸易摩擦对市场波动具有显著影响，主流媒体关于贸易摩擦的报道本身足以扰动投资者的神经。而这种影响对于不同类型的股票有所不同。基于大盘股的结果基本支持了 H1。但关于中小盘股的结果则相对较弱，只有"301 调查"之后的结果支持了 H1。

对于大盘股（SSE50），贸易摩擦提高了投资者的异质信念，而异质信念在"301 调查"之前则降低了股票市场的波动性，在第四和第五阶段则加剧了股票

[①] 由于"301 调查"前有关中美贸易关系的新闻/报道很少，大多数发布于"301 调查"之后，所以在"301 调查"前无法计算新闻的"语气分歧"。所以，仅在"301 调查"之后的回归中采用了"语气分歧"作为工具变量。

[②] 新闻语气的具体计算参考了以下文献：Tetlock, P. C., Saar-Tsechansky, M., Macskassy, S., "More than Words: Quantifying Language to Measure Firms' Fundamentals", *Journal of Finance*, Vol. 63, No. 3, 2008; Loughran, T., McDonald, B., "When is a Liability not a Liability? Textual Analysis Dictionaries and 10-Ks", *Journal of Finance*, Vol. 66, No. 1, 2011; 汪昌云、武佳薇：《媒体语气、投资者情绪与 IPO 定价》，《金融研究》2015 年第 9 期；Zhang, W., Du, J., "Could State-controlled Media Stabilize the Market during the U.S.-China Trade Frictions?", *Credit and Capital Market*, Vol. 55, No. 2, 2022。

市场的波动性。因此,异质信念在影响市场波动方面起到了部分的中介作用。基于大盘股的结果基本支持了 H2 和 H3。关于小盘股(SMEs)的结果则表明,异质信念并未受到贸易摩擦的影响,不存在中介效应。但是,异质信念显著影响了股票波动,而这一影响在"301 调查"之前为负,之后则为正。

  本章研究采用两阶段最小二乘法(2SLS)对大盘股投资者异质信念的内生性进行了控制。拟合后的异质信念对市场波动有重要影响[①],进而支持了 H2 和 H3 对于上证 50 的适用性。从大盘股(SSE50)的结果来看,三项假设都得到了支持。对于中小盘股(SME),虽然异质信念对股票波动不存在中介效应,但在控制其内生性后,异质信念本身具有显著影响。

---

  ① 当我们对中小盘股(SME)进行类似的检验是,异质信念的拟合值仍然显著影响股票的波动。由于对于中小盘股来讲,不存在异质信念的中介效应(见表 3-3),相关结果未在文中报告。

第四章　媒体语气对股票市场的稳定作用研究*

> 直接面对的现实环境实在是太庞大、太复杂、太短暂了，我们并没有做好准备去应付如此奥妙、如此多样、有着如此频繁变化与组合的环境。虽然我们不得不在这个环境中活动，但又不得不在能够驾驭它之前使用比较简单的办法去对它进行重构。①
>
> ——［美］沃尔特·李普曼

一　中美贸易摩擦与稳定市场预期

本章在中美贸易摩擦的背景下考察中国媒体是否在稳定投资者预期方面发挥了作用。中美贸易摩擦给世界经济带来了巨大的不确定性和不稳定性。中国对美国的直接投资从2016年峰值的465亿美元②下降到了2018年的54亿美元③，下降幅度达88%。这种影响不仅限于赴美的对外直接投资（OFDI），而且会影响到国内经济。在贸易摩擦中，中国消费者和其他市场参与者的社会心理预期变得复杂而敏感，决定着他们的投资和消费行为。中国政府因此具有稳定

---

* 本章主要内容由张文佳（Wenjia Zhang）和杜巨澜（Julan Du）发表于"Could State-controlled Media Stabilize the Market during the U.S.-China Trade Frictions?" *Credit and Capital Markets*, Vol. 55, No. 2, 2022。
① ［美］沃尔特·李普曼：《公众舆论》，阎克文、江红译，上海人民出版社2006年版，第12页。
② 数据来自商务部等部门联合发布的《2016年度中国对外直接投资统计公报》，中国统计出版社2017版。
③ 数据来自商务部等部门联合发布的《2018年度中国对外直接投资统计公报》，中国统计出版社2019版。

市场预期的强烈意愿,强调用"六稳"①来刺激民间和外商投资企业的投资热情,以增强市场主体活力,带动中国经济发展。

虽然新闻媒体总是以市场上重要事件旁观者的身份自居,但其实媒体本身也是这些事件不可或缺的一部分[②]。媒体是信息的载体,也是塑造或改变人们信仰和情感的重要力量。投资者可以从媒体获取信息,形成预期并做出投资决策,从而影响资产价格。

媒体是政府对包括这场贸易摩擦在内的各种重大事件表达意见的重要工具,并试图以此引导公众对这些事件的看法和态度。本章主要观察政府的宣传策略,反映在媒体语气上,是否达到了维护市场稳定的目标,而这一目标的实现应该有助于政治和谐和经济增长。中美贸易摩擦是一场复杂博弈,双方都在不断试探对方的底线。市场情绪也随之变得相当不稳定,而且在紧急情况下恐慌情绪的蔓延极为常见[③],因此,利用媒体传递信心、稳定市场便可能成为政府运用的策略。

结果显示,无论是大盘股(SSE50)还是小盘股(SME),媒体对中美贸易摩擦新闻的报道基调对股票收益总体上没有显著影响。也就是说,无法通过媒体报道语气来预测股票收益。而且,国有媒体发布新闻的基调影响了大盘股的波动。更积极的媒体基调整体上降低了大盘股的波动性,并在不同的阶段显示出不同影响模式。此外,中国政府对媒体的监管和运用对于稳定投资者预期在不同阶段作用不同。

本章研究在以下几个方面对已有研究进行创新。首先,有助于理解政府在面临重大冲击时如何通过控制媒体基调来稳定投资者的信心。其次,首次使用文本分析法就中国的纸媒对贸易摩擦的报道语气进行了量化分析。再次,首次同时研究特朗普执政期间媒体报道语气和中美贸易摩擦真实事件对股票市场的影响。最后,首次分析了媒体基调在贸易摩擦不同阶段对股票波动的不对称影响。

---

① 2018年7月31日召开的中共中央政治局会议,针对经济形势和工作首次提出了"稳就业、稳金融、稳外贸、稳外资、稳投资、稳预期"的"六稳"方针。2018年12月召开的中央经济工作会议,要求2019年"进一步稳就业、稳金融、稳外贸、稳外资、稳投资、稳预期"。参见国家发改委网站,https://www.ndrc.gov.cn/xxgk/jd/wsdwhfz/201911/t20191129_1205618_ext.html。

② Shiller, R. J., *Irrational Exuberance*, 3rd Edition, Princeton University Press, 2015.

③ Tsai, I. C., "Spillover of Fear: Evidence from the Stock Markets of Five Developed Countries", *International Review of Financial Analysis*, Vol. 33, 2014.

本章具体内容安排如下：第二部分基于相关文献回顾提出相关假设；第三部分介绍研究方法和数据；第四部分对实证结果进行汇报和讨论；第五部分进行总结。

二 文献综述与研究假设

已有研究表明，在美国和欧洲，媒体语气可能以不同方式显著影响公众对经济基本面[1]、州长选举[2]、欧盟东扩[3]等问题的看法或情绪。由于新闻机构有助于明确公司披露的信息，许多投资者更多地依赖新闻媒体而不是公司本身的直接发布来获取公司信息[4]。尽管已有相当多的研究是基于公司层面[5]，但针对新闻对市场层面的影响的研究却比较少。而且，在新闻报道所涉及内容未被具体化和履行之前，可以预计大多数新闻会对市场产生整体性的影响。

根据有效市场理论，投资者在无摩擦市场的均值—方差框架下具有相同的预期。然而，20世纪80年代以来，有效市场理论受到越来越多的质疑和批评。金融市场上出现了越来越多与之相矛盾的异象。人们意识到，投资者并不像理论模型预测的那样理性，而是在现实世界中具有有限理性，也具有一定的情绪，是一种"天真的投资者"[6]。

在实践中，媒体作为信息中介，在资本市场发挥着重要作用，金融市场信息通过大众传媒得以传播。李普曼认为，媒体应该（通过传播知识）启迪公众

---

[1] Doms, M., Morin, N. J., "Consumer Sentiment, the Economy, and The News Media", *FRBSF Working Paper*, Vol. 50, No. 96, 2004.

[2] Clark, N., Makse, T., "Local Media Tone, Economic Conditions, and the Evaluation of U. S. Governors", *Journal of Elections, Public Opinion and Parties*, Vol. 29, No. 1, 2018.

[3] DeVreese, C. H., Boomgaarden, H. G., "Media Effects on Public Opinion about the Enlargement of the European Union", *Journal of Common Market Studies*, Vol. 44, No. 2, 2006.

[4] Dzieliński, M., "Do News Agencies Help Clarify Corporate Disclosure?", *Social Science Electronic Publishing*, Vol. 19, No. 1, 2013.

[5] 例如：Tetlock, P. C., "Giving Content to Investor Sentiment: The Role of Media in the Stock Market", *Journal of Finance*, Vol. 62, No. 3, 2007; Fang, L., Peress, J., "Media Coverage and the Cross-Section of Stock Returns", *Journal of Finance*, Vol. 64, No. 5, 2009; Ferguson N. J., Philip D., Lam H. Y. T., Guo, J. M., "Media Content and Stock Returns: The Predictive Power of Press", *Social Science Electronic Publishing*, Vol. 19, No. 1, 2015.

[6] 例如：Kahneman, D., Tversky, A., "Prospect Theory: An Analysis of Decision Under Risk", *Econometrica*, Vol. 47, No. 2, 1979; Tversky, A., Kahneman, D., "Advances in Prospect Theory: Cumulative Representation of Uncertainty", *Journal of Risk and Uncertainty*, Vol. 5, No. 4, 1992; Odean, T., "Volume, Volatility, and Profit When all Traders are above Average", *Journal of Finance*, Vol. 53, No. 6, 1998; Thaler, R. H., "Mental Accounting Matters", *Journal of Behavioral Decision Making*, Vol. 12, No. 3, 1999; Gruen, D., Gizycki, M. C., "Explaining forward Discount Bias: Is It Anchoring?", Princeton University, Woodrow Wilson School Discussion Paper in Economics, 1993.

并积极地塑造公众舆论①。研究发现，报纸通过促进投资者之间的信息传播并影响股票价格，提高了股票市场的效率②。在中国，股票市场波动性较大，且市场参与者多为个人投资者③。在这样的资本市场上，中美贸易摩擦和谈判可能成为影响投资者预期和激励他们在市场上行为的关键因素。

一方面，传统的纸媒，比如《人民日报》，提供了有关最新事件的获批信息，直接传达着政府的观点，也势必会影响股市。另一方面，即使在当今这个信息泛滥和信息源多样化的时代，受众在听到一些重大事件后，依然会考虑到官方媒体（相对于专业媒体和自媒体而言）在长期的信息传播过程中所建立的公信力和权威性，主动寻求官方媒体进行验证。然而，对官方媒体有效性的研究却很少。可见，官方媒体报道策略能否在稳定市场方面发挥作用这一课题值得研究。

（一）媒体语气与股票回报

已有研究证实媒体的信息披露会影响股票市场收益。有学者发现，倾向于报道有利于公司信息的媒体，影响了股票市场对收益公告的反应④。也有研究发现，留言板不能成功地预测股票回报，但有助于预测股票的日波动率和日内波动性⑤。瑞安（Ryan）等⑥采用遗传编程算法发现，仅根据新闻基调就能够成功预测股价走势。

由于较高的媒体语气代表着更积极的评价、更乐观的态度以及更愉悦的心情，官方媒体高调报道贸易相关消息会显示中国政府积极应对贸易摩擦的乐观态度和信心，以及政府提高公众对解决贸易摩擦的信心的意图。如果政府通过媒体释放的信息能够稳定投资者的预期，有效增强其信心，那么就应该可以带

---

① ［美］沃尔特·李普曼：《公众舆论》，阎克文、江红译，上海人民出版社2006年版。
② Peress, J., "The Media and the Diffusion of Information in Financial Markets: Evidence from Newspaper Strikes", *The Journal of Finance*, Vol. 69, No. 5, 2014.
③ 根据《2018年上海证券交易所统计年鉴》显示，截至2017年底，上海股票市场个人投资者的交易量占到总交易量的近80%，相当于机构投资者交易量的5倍。
④ Dyck, A., Zingales, L., "The Media and Asset Prices", H. B. S. and University of Chicago, Working Paper, 2003.
⑤ Antweiler, W., Frank, M. Z., "Is All that Talk Just Noise? The Information Content of Internet Stock Message Boards", *Journal of Finance*, Vol. 59, No. 3, 2004.
⑥ Ryan, C., O'Neill, M., Vanneschi, L., Gustafson, S., Tarantino, E., "Good News: Using News Feeds with Genetic Programming to Predict Stock Prices", *Genetic Programming*, European Conference, EuroGP 2008, Naples, Italy, 2008.

来更高的收益。具体假设：

H1：中美贸易摩擦新闻较为正面的媒体语气会带来中国股票市场较高的收益。

（二）媒体语气与股票市场波动

不少从业者曾在演讲或研究报告称，不断加剧的中美贸易摩擦显著影响了投资者的情绪和风险偏好[①]。特朗普政府执政初期，其对华政策团队决策中的"小集团思维"和主观武断使特朗普的对华政策看起来既不稳定也不成熟。在特朗普执政的四年里，他的对华政策经历了交易式外交、战略竞争和战略对抗。2018年，特朗普政府对中国发动了规模空前的贸易摩擦，并在技术、外交、安全、政治等方面对中国施压，凸显了美国与中国的全面战略竞争态势。投资者也在双边关系方面察觉到了更多的不确定性。国管媒体发布的信息显示了官方态度，而中国的资本市场受到政府政策的显著影响。因此，我们认为，新闻的语气显示了中国政府的态度和可能采取的未来政策，很可能会刺激投资者的神经，要么通过缓解他们的不确定感而降低市场的波动水平，要么通过增强他们的恐慌情绪而提高市场的波动水平。

政府政策对股票市场具有显著影响[②]。对政府政策和干预的猜测在影响中国金融市场动态中发挥了关键作用。市场参与者更关注政府政策，而不是经济基本面[③]。国家的新闻媒体可以使用其信息创造功能，有选择地进行新闻报道，并对贸易摩擦局势发表乐观或悲观的观点，以引导公众舆论。在贸易摩擦的背景下，如果官方媒体为了消除贸易摩擦的主要负面影响，在报道贸易摩擦和解或者停止贸易摩擦新闻时表达出足够可信的乐观态度，这对投资者来讲应该是个"好"消息，可以稳定投资者的预期，并降低市场的波动性。因此，我们假设：

[①] 比如顾贝贝《中金谈贸易摩擦对市场冲击：短期"双输"，中期无需过于悲观》，第一财经网，2018年3月26日，https://www.yicai.com/news/5409782.html。

[②] 例如：Wang, L., "The Effect of Government Policy on China's Stock Market", *University of St Gallen Business Dissertations*, 2009; Li, G., Zhou, H., "The Systematic Politicization of China's Stock Markets", *Journal of Contemporary China*, Vol. 25, No. 99, 2016; Wang Y. C., Tsai J. J., Li Q., "Policy Impact on the Chinese Stock Market: From the 1994 Bailout Policies to the 2015 Shanghai-Hong Kong Stock Connect", *International Journal of Financial Studies*, Vol. 5, No. 1, 2017.

[③] Brunnermeier, M., Sockin, M., Xiong, W., "China's Gradualistic Economic Approach and Financial Markets", *American Economic Review Papers and Proceedings*, Vol. 107, No. 5, 2017.

H2：媒体报道中美贸易摩擦问题时采用的正面（负面）语气降低（加剧）了中国股票市场的波动性。

（三）贸易摩擦不同阶段的市场反应

参考高善文的研究[①]并结合贸易摩擦期间发生的主要事件，本章研究将从特朗普当选美国总统（2016年11月9日）开始的整个贸易摩擦过程的六个阶段（见本书附录A）展开。笔者推断，在不排除其他因素的情况下，中美之间的贸易摩擦是推动市场走势的一个重要因素。通常情况下，投资者应该不会对政府的表态持怀疑态度。显示政府不退让或信心十足的"好"消息应该能够稳定投资者的预期，增强其信心，提高股票收益率并降低其波动性。但特朗普就职之后，特别是在中美贸易摩擦升级之后，投资者对所发生的事情变得非常敏感（警惕），甚至持怀疑态度，并以不同的方式进行解读，得出不同的观点/信念。这将抵消"好"消息带来的部分影响，甚至导致更高的波动性[②]。这与证券市场波动性越大说明信息不对称程度越高的观点[③]相一致。

本章研究假设随着投资者敏感心理的变化，投资者在不同阶段对相同的媒体态度/语气会有不同的解读和反应。即：

H3：投资者在不同阶段对发布新闻的反应有所不同。

三　数据和研究方法

（一）数据来源

本章的研究数据从2016年11月9日特朗普当选美国总统开始，持续到2020年1月17日，即美东时间2020年1月15日中美双方签订第一阶段贸易协定的后2日，共涉及九大媒体在164天发布的251篇新闻/评论文章。

不使用专业化媒体（如商业化媒体和财经自媒体）作为报道来源的主要原因有：第一，专业化媒体的影响力、知名度和公信力都不如国内新闻报纸。投

[①] 高善文：《贸易战以来的中国股市》，工作论文，中国金融四十人论坛，2018年10月。
[②] 例如：Hong, H., Stein, J. C., "Disagreement and the Stock Market", *Journal of Economic Perspectives*, Vol. 21, No. 2, 2007; Duchin, R., Levy, M., "Disagreement, Portfolio Optimization and Excess Volatility", *Journal of Financial and Quantitative Analysis*, Vol. 45, No. 3, 2010.
[③] Illeditsch, P. K., "Ambiguous Information, Portfolio Inertia, and Excess Volatility", *Journal of Finance*, Vol. 66, No. 6, 2011.

资者关心的是贸易摩擦的前景以及中国政府如何应对，而主流媒体在传达政府对此类敏感性问题的态度方面至关重要。第二，很多专业化媒体都转载政府报纸、媒体的信息，尤其是针对贸易摩擦等政治敏感问题的内容，且很难对这类信息（尤其是涉及政治敏感问题的新闻）进行区分。第三，虽然专业化媒体可能提供更加深入的报道，但总体上报道的时效性更差。第四，对于像贸易摩擦这样的政治敏感问题，尽管专业化媒体可能提供更加详细的内容，但不太可能超越官方的指向性意见。因此，未将专业化媒体纳入研究中。

表 4-1 报告了本章分析中所使用的关键变量的数据来源。

表 4-1　　变量定义与数据来源

变量	定义	数据来源
超额收益率（Abnormal Return）	等于事件日（t 日）的收益率减去使用市场模型基于 1 年估计窗口 [-280, -31] 计算得到的预期收益。回归中省略百分号	锐思（RESSET）数据库
超额波动率（Abnormal Volatility）	单个公司的波动率由日收益的 GARCH 模型推导得出。超额波动率等于事件当日 t 的波动率减去来自估计窗口 [-280, -31] 的 1 年平均值。回归中省略百分号	锐思（RESSET）数据库
媒体语气指数（Media Tone）	通过对《人民日报》等主要财经媒体关于"中美贸易"的报道进行情感分析，构建关于"中美贸易"的媒体语气指数	通过公开信息计算得出
媒体语气排序（Media Tone_R）	媒体语气排序是根据语气指数计算得出的。先将各新闻发布日的媒体语气指数五等分，从而对每日指数分配 1 到 5 之间的等级，称为媒体语气排序（Media Tone_R），1 表示值最小值（最低的媒体语气）	基于媒体语气指数计算
贸易事件（Trade Event）	虚拟变量，如果在第 t-1 日发生了重要的贸易摩擦事件，则为 1，否则为 0。如果贸易摩擦事件（通过真实事件消息传达）有利于（不利于）中国经济，该事件则被定义为有利（不利）贸易事件	网站，"Timeline: Key dates in the U.S.-China trade war", https://www.reuters.com/article/us-usa-trade-china-timeline/timeline-key-dates-in-the-us-china-trade-war-idUSKBN1WP23B; "The US-China Trade War: A Timeline", https://www.china-briefing.com/news/the-us-china-trade-war-a-timeline/; "Trump's Trade War Timeline: An Up-to-Date Guide", https://www.piie.com/blogs/trade-investment-policy-watch/trump-trade-war-china-date-guide

续表

变量	定义	数据来源
10 年期国债收益率变动	等于 10 年期国债二级市场在第 t 日的收益率减去第 t-1 日的收益率	网站，https://cn.investing.com/rates-bonds/
汇率变动	每日汇率变动百分比（直接标价法），其中正数表示人民币贬值	网站，https://cn.investing.com/currencies/
经济景气度变动	国家统计局编制的"经济景气指数"在第 t 日的值减去第 t-1 日的值	巨灵数据库
消费者信心变动	用消费者信心指数在第 t 日的值减去第 t-1 日的值	巨灵数据库

本章采用事件研究法从异常收益率和异常波动率两个方面检验股票市场的整体反应。单个新闻事件宣告日的超额回报（比如，CSI300 的回报）是用事件发生当日的收益率减去没有新闻发布时的正常或预期收益率，即 $AR_{it} = R_{it} - E(R_{it})$。本章研究参照布朗（Brown）和华纳（Warner）[①] 的方法，采用 250 个交易日（-280，-31）的估计期平均值来计算预期收益率 $E(R_{it})$。每组相同事件在 t 日的平均超额收益率（AAR_t）为相应的样本均值：

$$AAR_t = \frac{\sum_{i=1}^{N} AR_{it}}{N}$$

累积平均超额收益率（CAAR）是每组中单个事件的累积超额收益率（CAR）的平均值。本章对不同事件窗口进行了计算。从 T_1 日开始至 T_2 期间的 CAAR 为：

$$CAAR_{T_1,T_2} = \frac{1}{N} \sum_{j=1}^{N} \sum_{t=T_1}^{T_2} AR_{it}$$

诚然，事件研究法也面临一些同期干扰事件对所关注变量产生潜在影响的担忧。为了解决这个问题，笔者手工确定了干扰事件的具体日期并将其从实证分析中剔除。具体剔除了国家统计局公布国民经济运行情况的新闻发布日、《中国采购经理指数月度报告》《居民消费价格指数月度报告》以及《工业生产者

[①] Brown, S. J., Warner, J. B., "Using Daily Stock Returns: The Case of Event Studies", *Journal of Financial Economics*, Vol. 14, No. 1, 1985.

价格指数月度报告》的日期，以清除它们对市场可能造成的潜在影响。这样，还剩下 127 个新闻发布日。

（二）对媒体语气的度量

表 4-1 总结了本章分析中所使用的关键变量的具体定义。泰洛克（Tetlock）等[1]通过对语言的定量分析，预测单个公司的会计盈余和股票收益，发现媒体发布的文本语言捕捉了难以量化的公司基本面信息，而且投资者会很快将这些信息反映在股票价格上。此外，洛克伦（Loughran）等[2]开发了一套能更好地反映金融文本语气的词汇表。本章研究采用泰洛克、洛克伦以及汪昌云和武佳薇[3]的方法，通过媒体新闻中关于"中美贸易"的正面词汇和负面词汇占总词汇量的比重来衡量媒体语气。使用目前最常使用的 NLPIR 语义智能分析平台对每篇新闻报道中的正面词汇和负面词汇进行情感分析，并在此基础上构建语气指数。具体采用加西亚（Garcia）[4]的方法，即

$$媒体语气 = \frac{正面词汇数 - 负面词汇数}{新闻中的词汇总数}$$

如果同一天中有多篇新闻发表，则取其平均值。如果在新闻发布日之后没有新的新闻发表，则给予这段时间相同的语气指数，直到出现下一个新闻发布日再对新闻语气值进行更新。在中美贸易摩擦中，具有较高正面语气的新闻报道多是表明中方的强硬立场，倡导合作共赢，展示对中国经贸发展的信心或谴责美方加征关税和经济霸凌等。例如，在第四阶段发布的 31 条语气高于平均水平的报道中，就有 11 条展示了中国政府的强硬立场。

（三）基准模型

以媒体语气为主要解释变量，对上证 50 指数的日收益率和波动率进行回归分析，并对其他因素进行了控制。

$$日超额收益 = \alpha + \beta_0 \times 媒体语气 + \beta_0' \times 贸易事件 + \sum \beta_i \times 控制变量 + \varepsilon_i$$

---

[1] Tetlock, P. C., Saar-Tsechansky, M., Macskassy, S., "More than Words: Quantifying Language to Measure Firms' Fundamentals", *Journal of Finance*, Vol. 63, No. 3, 2008.

[2] Loughran, T., McDonald, B., "When is a Liability not a Liability? Textual Analysis Dictionaries and 10-Ks", *Journal of Finance*, Vol. 66, No. 1, 2011.

[3] 汪昌云、武佳薇：《媒体语气、投资者情绪与 IPO 定价》，《金融研究》2015 年第 9 期。

[4] Garcia, D., "Sentiment during Recessions", *Journal of Finance*, Vol. 68, No. 3, 2013.

日超额波动率 = $\alpha + \beta_0 \times$ 媒体语气 $+ \beta_0' \times$ 贸易事件 $+ \Sigma \beta_i \times$ 控制变量 $+ \varepsilon_i$

"媒体语气"是基于关键词"中美贸易"每日相关新闻的语气指数。为了尽量减小潜在异常值的影响，本章将媒体语气按其大小进行五等分，并在回归中用组排序数作为替代变量。为了区分主流媒体的新闻语气与实际贸易事件（即贸易摩擦期间发生的真实事件）的不同影响，我们在分析中加入了另一个关键的解释变量"贸易事件"。如果在中美贸易摩擦期间的前1日（即 t−1 日）[1]实际发生了重要的贸易摩擦事件，则"贸易事件"等于1，否则为0。同时，加入一些控制变量来控制宏观经济因素的潜在影响。长期利率[2]等宏观经济变量可能影响股票价格。有研究证明，长、短期政府债券的收益率之差能够解释股票市场收益[3]。利率通过直接影响估值模型中的贴现率进而影响股票估值。此外，根据美联储估值模型（Fed model），股票和债券对于投资者而言是竞争性资产。投资者拿股票的收益与10年期国债的收益进行比较，如果股票收益率低于国债收益率，投资者就会将资金转投风险较小的国债。债券收益率随即下降，股票收益率则会上升，直到美联储估值模型达到均衡[4]。我们的分析中采用长期利率（例如，10年期债券收益率）变动来控制这种影响[5]。汇率是另一个可能的影响因素。研究表明，强势的货币推动了新加坡股票市场的走高[6]，但却带来了日本[7]和美国[8]市场的走低。与有些学者[9]认为使用月度数据可以得到更稳健的估

---

[1] 由于中美之间存在12个小时的时差，而且贸易事件是由美国媒体使用当地时间进行报道，所以本书采用 t−1 日的贸易事件作为解释变量。

[2] Humpe, A., Macmillan P., "Can Macroeconomic Variables Explain Long Term Stock Market Movements? A Comparison of the U. S. and Japan", *Applied Financial Economics*, Vol. 19, No. 2, 2009.

[3] Chen, N. F., R. Roll, S. A. Ross, "Economic Forces and the Stock Market", *Journal of Business*, Vol. 59, No. 3, 1986.

[4] 见, Yardeni, ed, "Fed's Stock Market Model Finds Overvaluation", *U. S. Equity Research*, Deutsche Morgan Grenfell, 1997; Yardeni, ed, "New, Improved Stock Valuation Model", *U. S. Equity Research*, Deutsche Morgan Grenfell, 1999; Greenspan, A., *The Age of Turbulence: Adventures in a New World*, New York: Penguin Press, 2007.

[5] 10年期国债收益率的历史数据来自，https://cn.investing.com/rates-bonds/china-10-year-bond-yield-historical-data。

[6] Maysami, R. C., Koh, T. S., "A Vector Error Correction Model for the Singapore Stock Market", *International Review of Economics and Finance*, Vol. 9, No. 1, 2000.

[7] Mukherjee, T. K., Naka, A., "Dynamic Relations between Macroeconomic Variables and the Japanese Stock Market: An Application of a Vector Error Correction Model", *Journal of Financial Research*, Vol. 18, No. 2, 1995.

[8] Fang, H., Loo, J., "Dollar Value and Stock Returns", *International Review of Economics and Finance*, Vol. 3, No. 2, 1994.

[9] 见, Maysami, R. C., Koh, T. S., "A Vector Error Correction Model for the Singapore Stock Market", *International Review of Economics and Finance*, Vol. 9, No. 1, 2000; Eun, C., Resnick, B., "Estimating the Correlation Structure of International Share Prices", *Journal of Finance*, Vol. 39, No. 5, 1984。

计不同，本章使用的日数据能够更好地描述和度量股价的波动性。

四 实证研究结果

表4-2报告了本章分析中所使用的主要变量的描述性统计。面板A中的ADF检验显示所有变量均平稳；面板B报告了这些变量之间的相关性。

表4-2　　　　　　　　　　　描述性统计

面板A：单变量数据统计

	媒体语气排序	10年期国债收益率变动	汇率变动（%）	经济景气度变动	消费者信心变动
平均值	2.906	1.967	0.000	0.000	-0.011
中位数	3.000	2.000	0.000	0.000	0.000
最大值	5.000	3.000	0.032	0.016	1.220
最小值	1.000	1.000	-0.031	-0.011	-0.960
标准差	1.575	0.865	0.006	0.003	0.094
ADF检验	-6.246	-16.910	-24.878	-26.164	-25.868
P值	0.000	0.000	0.000	0.000	0.000
样本数	668	668	668	668	668

面板B：变量间的相关性

	媒体语气排序	10年期国债收益率变动	汇率变动（%）	经济景气度变动	消费者信心变化
媒体语气排序	1.000				
10年期国债收益率变动	0.011	1.000			
汇率变动（%）	-0.004	-0.040*	1.000		
经济景气度变动	-0.025	0.006	-0.083***	1.000	
消费者信心变动	-0.006	-0.052**	0.018	-0.028*	1.000

注：本表报告了本章分析中所使用的主要变量的描述性统计。*、**、***分别表示在10%、5%和1%的统计水平下显著（双尾检验）。

表4-3报告了每个阶段新闻主题以及每个主题的新闻数量。本书附录A则对每个阶段的具体情况进行了描述。

表4-3 不同阶段的新闻主题

时间	主题
第一阶段（特朗普胜选至"301调查"）：2016年11月9日至2017年8月17日	分析出口形势（5）、专家对合作共赢的看法（4）、关于中美贸易的社论（3）、对经贸合作/贸易不平衡的看法（2）、对中美贸易合作的官方立场（2）、两国元首会晤、国内官员对汇率的看法、外国官员对贸易摩擦的看法、分析贸易不平衡的原因、美国主要官员对中美关系的看法、中国商务部发言人对中美经贸关系的看法、中美对话、中国人民银行声明、美国商会代表观点、企业家观点
第二阶段（正式加征关税之前）：2017年8月18日至2018年3月7日	美贸易状况分析（2）、券商观点——特朗普恫吓、各国媒体观点——贸易战、美国报道——渔业贸易、特朗普访华、特朗普国情咨文解读、专家观点——中美贸易失衡等
第三阶段（中美贸易摩擦加剧）：2018年3月8日至2018年6月14日	谴责贸易保护主义/贸易霸权/单边主义（13）、对贸易摩擦的官方态度（10）、中美贸易形势分析（5）、中美贸易谈判的进展（5）、中美贸易摩擦与资本市场（4）、中美贸易摩擦的影响（3）、中美经贸关系/大国关系（3）、专家对中美贸易摩擦的看法（3）、中美贸易摩擦对美国的影响（2）、中国对贸易摩擦的反制措施（2）、中美贸易摩擦与外汇市场/跨境资金流动（2）、中美贸易赤字（2）、经济数据/国内需求（2）、市场准入等
第四阶段（中美贸易摩擦进一步加剧）：2018年6月15日至2018年11月30日	谴责贸易保护主义/霸权主义/单边主义（10）、对待中美贸易的态度（7）、我国经济状况分析（6）、对中国的影响（6）、《中国与世界贸易组织》白皮书及解读（6）、美国舆情（5）、出口状况分析（4）、国际舆情分析（3）、中/美股票市场分析（3）、抨击美国"重构中国"/乱贴标签（3）、反制措施（2）、经济形势研判（2）、贸易谈判进展（2）、对"301条款行动的声明"的回应与解读（2）、改革发展评述、缓解贸易摩擦影响的政策等
第五阶段（停止贸易摩擦）：2018年12月1日至2019年5月4日	中美贸易谈判新进展及解读（4）、呼吁加强合作（2）、香港国际论坛、中国对世界经济的贡献、中美玩具贸易等
第六阶段（新的冲突阶段）：2019年5月5日至2020年1月17日	中国立场声明（29）、贸易形势分析（7）、反制措施分析（2）、呼吁合作、中国对美国加征关税、资本市场反应等

注：本表报告了在中美贸易摩擦的不同阶段发布新闻的主题。括号内是相同主题新闻的篇数。

（一）媒体语气与股票市场收益

表4-4、表4-5报告了对上证50指数、中小盘指数日收益率的回归分析。无论是对整个特朗普时期，还是对贸易摩擦的单个阶段，媒体语气对股票收益都不存在显著影响。

表4-4 媒体新闻报道语气对上证50（SSE50）超额收益率的影响

面板A：

		C	媒体语气	贸易事件	10年期国债收益率变动	汇率变动	经济景气度变动	消费者信心变动	调整后的R^2	n	赤池信息量准则（AIC）
因变量：SSE50的日超额收益率	整个特朗普执政时期	0.036	-0.001	-0.026	0.147					-0.001	668	3.048
		0.017	0.003	0.063		1.114	19.595***	2.944	-5.999	0.637	0.056	0.064	668	2.986
		0.024	-0.004	-0.089	0.206					-0.001	669	3.049
		0.000	-0.001	-0.017		1.598	20.060***	3.014	-6.077	0.678	0.059	0.066	668	2.985
	第一阶段	0.080	-0.010	-0.239	0.276					-0.006	165	2.116
		0.094	-0.017	-0.435		0.880	-4.438	-0.667	-2.145	1.385	0.190	0.023	164	2.102
		0.063	-0.009	-0.221	0.271					-0.007	164	2.114
		0.081	-0.016	-0.395		0.865	-4.932	-0.738	-2.201	1.335	0.183	0.021	164	2.110
	第二阶段	-0.043	0.057	0.332	-0.052					-0.008	115	2.707
		-0.007	0.015	0.084		-0.133	18.576	1.035	-1.042	0.033	0.005	-0.019	115	2.752
		-0.041	0.057	0.332	-0.104					-0.017	115	2.724
		-0.002	0.015	0.083		-0.263	18.892	1.046	-1.052	0.024	0.003	-0.028	115	2.768
	第三阶段	-0.651*	0.214	1.200	0.155					0.008	55	3.145
		-0.744*	0.263	1.387		0.433	33.585	1.220	-0.265	0.312	0.106	-0.036	55	3.256
		-0.687*	0.212	1.180	0.230					-0.007	55	3.178
		-0.796*	0.262	1.370		0.608	35.830	1.281	-0.375	0.214	0.074	-0.050	55	3.285

面板B：

		C	媒体语气	贸易事件	10年期国债收益率变动	汇率变动	经济景气度变动	消费者信心变动	调整后的R^2	n	赤池信息量准则（AIC）
因变量：SSE50的日超额收益率	第四阶段	-0.183	0.085	0.443	0.171					-0.008	98	3.702
		0.128	-0.024	-0.127		0.417	43.334	1.429	-1.978	0.459	0.215	0.036	98	3.696
		-0.248	0.104	0.523	0.22					-0.017	98	3.721
		0.048	-0.003	-0.013		0.545	42.86	1.408	-1.981	0.519	0.246	0.029	98	3.713
	第五阶段	0.52	-0.11	-0.591	1.532***					-0.008	85	3.628
		0.366	-0.141	-0.823		2.996	45.062**	2.2	-2.031	-1.092	-0.444	0.185	85	3.471
		0.542	-0.217	-1.219	1.795***					0.109	85	3.516
		0.366	-0.141	-0.823		3.45	45.062**	2.2	-2.031	-1.092	-0.444	0.185	85	3.471
	第六阶段	0.099	-0.041	-0.402	-0.127					-0.006	151	2.909
		0.035	-0.01	-0.112		-0.595	28.797*	1.945	-5.267	2.039	0.407**	0.206	151	2.699
		0.109	-0.036	-0.345	0.031					-0.01	151	2.919
		0.033	-0.011	-0.125		0.156	29.038*	1.944	-5.247	2.038	0.409**	0.2	151	2.712

注：本表报告了对"非对美贸易密集型企业超额波动率"的回归结果。回归系数下面为其t统计量。*、**、***分别表示采用双尾检验时在10%、5%和1%的统计水平下显著。

表4-5 媒体报道语气对中小盘（SME）超额收益率的影响

面板A：

		C	媒体语气	贸易事件	10年期国债收益率变动	汇率变动	经济景气度变动	消费者信心变动	调整后的R²	n	赤池信息量准则（AIC）
因变量：SME日超额收益率	整个特朗普执政时期	0.078	-0.030	-0.529					-0.001	669	3.323
		0.064	-0.029	-0.522		10.475	-4.001	-0.750	0.031	668	3.296
		0.079	-0.030	-0.521	-0.018				-0.003	668	3.326
		0.642	-0.030	-0.530	-0.117		-0.387	1.969	0.029	668	3.299
		0.507	-0.030	-0.530	0.026	1.348	-76.607***	-0.727	-0.006	668	2.618
		0.061	-0.015	-0.299	0.174	1.353	-76.770***	0.202*	0.019	165	2.612
	第一阶段	0.013	-0.030	-0.582			-1.092	-1.533	-0.011	164	2.624
		0.079	-0.016	-0.310	-0.379			0.202**	0.015	164	2.622
		0.300	-0.031	-0.604	-0.153	-8.570	-1.166	-1.581	-0.008	164	2.907
		0.073	-0.065	-0.343	-0.217	-8.175	-1.136	0.263	0.000	115	2.933
		0.356	0.015	0.074		-18.279	1.372	0.268	-0.017	115	2.924
	第二阶段	0.300	-0.065	-0.341	-0.033			-0.066	-0.009	115	2.950
		0.006	0.015	0.074	-0.076	-18.359	5.452*	1.792	-0.014	115	3.142
		0.002	0.088	0.496	0.061		5.455*	-0.065	-0.035	55	3.229
		0.082	0.100	0.536	0.026	8.966	-1.899	1.784	-0.033	55	3.178
	第三阶段	0.000	0.089	0.487	-0.070			0.245	-0.056	55	3.266
		-0.306	0.100	0.530	-0.196		-1.466	-0.402	0.729			
		-0.300			0.042	9.120	-1.432	-0.392	0.243	0.707		
		-0.293										
		-0.304										

面板B：

		C	媒体语气	贸易事件	10年期国债收益率变动	汇率变动	经济景气度变动	消费者信心变动	调整后的R²	n	赤池信息量准则（AIC）
因变量：SME的日超额收益率	第四阶段	-0.566	-1.327	0.233	1.086				0.002	98	3.92
		-0.318	-0.72	0.135	0.621	52.969	-69.618	0.531	0.02	98	3.94
		-0.414	-0.9	0.19	0.863	53.743	-68.729	0.491	0	98	3.932
		-0.187	-0.396	0.099	0.446		0.985	0.351	0.016	98	3.953
		0.817**	2.069	-0.247	-1.239		0.913	0.301	0.006	85	3.766
	第五阶段	0.632	1.605	-0.2	-1.021	22.839	-127.573**	0.577	0.05	85	3.765
		0.838**	2.225	-0.349*	-1.811		-2.164	1.22	0.097	85	3.681
		0.691*	1.811	-0.296	-1.533	22.324	-96.594	-1.33	-0.604	1.117	0.112	85	3.709
		0.473	1.35	-0.164	-1.26				-0.382	0.512	0.004	151	3.385
		0.428	1.275	-0.136	-1.091	35.885*	-113.927***	0.23	0.294	0.489*	0.093	151	3.317
	第六阶段	0.486	1.381	-0.156	-1.196				0.234	1.801	0	151	3.396
		0.428	1.268	-0.136	-1.086	35.942*	-114.004***	-2.858	0.293	1.792	0.087	151	3.331

注：本表报告了对"SME日超额收益率"的回归结果，收益率省去百分号。位于回归系数下面的是该系数的t值。*，**，和***分别表示该系数在10%、5%和1%的统计水平下显著（双尾检验）。

单独观察这两个指数时,我们会发现,在贸易摩擦的六个阶段中有四个的 SSE50 和 SME 的变动方向相同(见表 4-6)。SME 在第二至第四阶段的收益均为负,SSE50 在第三和第四阶段的收益为负。在 2018 年 12 月 1 日中美两国达成"停止贸易摩擦协议"后的第五和第六阶段,两者的收益均为正。尽管市场在某些阶段确实反映了贸易摩擦的紧张局势,而且中小盘股表现得更加敏感,但股票市场在整个贸易摩擦时期并没有显著下跌,上证 50 上涨甚至超过 30%。官方的强硬立场和乐观态度似乎增强了投资者的信心,并为股票市场(尤其是蓝筹股)提供了隐性担保。这似乎正好呼应和解释了为什么股票市场对新闻发布以及贸易摩擦事件没有做出显著的负面反应(见表 4-4 和表 4-5)。

表 4-6   不同阶段 SSE50/SMEs 的表现

面板 A:

	第一阶段	第二阶段	第三阶段	第四阶段	第五阶段	第六阶段
(1) SSE50	2282.42 to 2591.54	2878.15	2671.3	2428.08	2945.24	3042.59
(2) SSE50(Ret)	13.54%	11.06%	-7.19%	-9.10%	21.30%	3.31%
(3) SME	11987.46 to 11373.18	10936.88	10168.71	7813.08	9398.35	10226.66
(4) SME(Ret)	-5.12%	-3.84%	-7.02%	-23.17%	20.29%	8.81%

注:本表报告了 SSE50 和 SME 在中美贸易摩擦不同阶段的数值(第 1 行、第 3 行)和收益率(第 2 行、第 4 行)。"SSE50"表示上证 50 指数的数值,"SSE50"(Ret)表示 SSE50 指数在每个阶段的回报率。"SME"表示中小盘指数的数值,"SME(Ret)"表示中小盘指数在各个阶段的回报率。

面板 B:

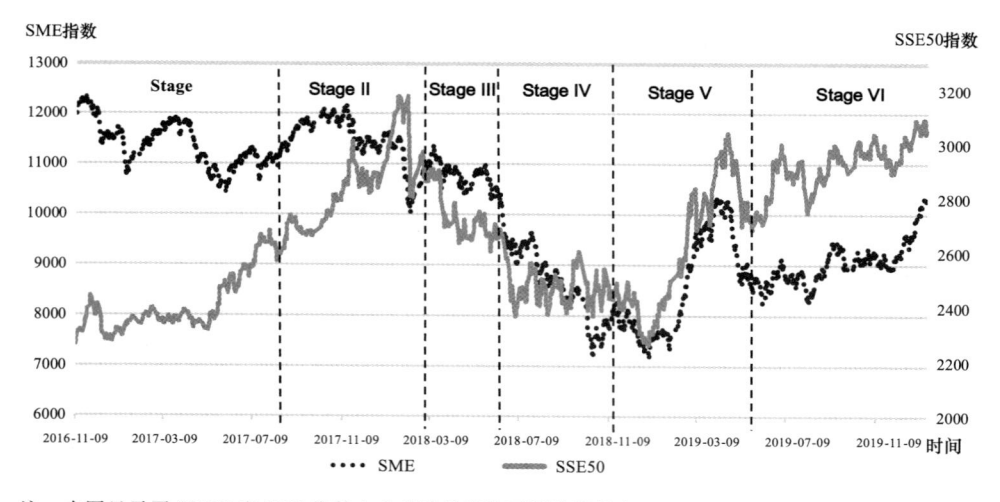

注:本图显示了 SSE50 和 SME 指数在中美贸易摩擦不同阶段的表现。

考虑到并非所有公司都暴露在贸易摩擦所带来的风险和不确定性之中，我们将在第五章结合对美贸易暴露程度探讨中国媒体报道策略（媒体语调）分别对对美贸易密集型企业与非对美贸易密集型企业市场表现的影响。结果表明，对美贸易占比大的公司对媒体的乐观情绪产生了显著的正面反应，在贸易摩擦的六个阶段中有五个阶段其收益得到了显著提高。而整个市场并没有产生显著反应。这大概意味着，对美国贸易占比不大的公司实际上产生了负面的（至少不是正向的）市场反应，才能够削弱贸易密集型企业做出的积极反应。在经济意义方面，对美国贸易依赖程度高的企业相对于依赖程度低的企业更关心官方对贸易摩擦的态度和之后可能提供的政策支持。考虑到对美贸易占比低的公司并未做出显著积极的反应，那么市场整体没有明显反应也就不足为奇了。

因此有理由认为，对美贸易依赖型公司受到了报道基调的影响，未暴露于国际贸易不确定性的公司不会受到相关新闻报道的影响。第五章在分析中构建了一个不同于100家易受影响公司的对照组进行安慰剂检验。结果显示，这类公司在大多数阶段对报告策略的反应并不显著，仅在第三阶段和处理组公司一样对正面报道做出了消极反应。

（二）媒体语气与股票市场波动

表4-7报告了对上证50波动率的回归结果。面板A的第1组回归显示，在整个特朗普执政时期，较高的新闻媒体基调降低了大盘股的波动性，在控制真实贸易事件的情况下仍然成立。当对单个阶段进行检验时，这种作用在第三和第五阶段依然存在。因此，H2的实证结果基本上得到支持。在第三阶段，高调新闻频繁出现，展示了中国对贸易摩擦的强硬立场和对经贸发展的信心。在第五阶段，双方就暂停加征关税达成共识，新闻高调地报道了谈判的进展并倡导合作共赢。贸易摩擦事件本身对股票波动的影响整体并不显著，但媒体语气在两个阶段对股票波动产生了显著影响。可以说，媒体语气比贸易摩擦事件更能缓解投资者的焦虑。

对于中小盘股，媒体语气的影响有所不同，在对全样本进行检验时没有出现显著结果（见表4-8）。在第二、三和第五阶段，较高的媒体语气降低了股票波动，这与对上证50的检验结果相一致。因此，对中小盘股的检验结果在部分阶段支持了H2。

表4-7 媒体报道语气对上证50(SSE50)指数超额波动性的影响

面板A:

因变量: SSE50日超额收益率

	C	媒体语气	贸易事件	媒体报道语气	10年期国债收益率变动	汇率变动	经济景气度变动	消费者信心变动	调整后的 R^2	n	赤池信息量准则(AIC)
整个特朗普执政时期	1.302*** 31.01	−0.068*** −3.486							0.016	669	−8.027
	1.305*** 31.123	−0.071*** −3.613			−2.733 −1.011	12.706* 1.908	−0.277 −1.541	−0.019 −0.529	0.023	668	1.184
	1.295*** 30.746	−0.070*** −3.589	0.094* 0.077						0.02	669	−8.029
	1.299*** 30.849	−0.072*** −3.685	0.077	1.812 1.479	−2.558 −0.946	12.227* 1.836	−0.249 −1.381	−0.017 −0.491	0.024	668	1.184
第一阶段	0.886*** 24.192	−0.023 −1.401							0.006	165	−0.811
	0.882*** 23.523	−0.022 −1.297			0.755 0.476	−1.130 −0.162	0.129 0.984	0.022 0.672	−0.009	164	−0.766
	0.890*** 24.151	−0.024 −1.418	−0.085 −0.084	−1.168 −1.129					0.008	164	−0.801
	0.886*** 23.547	−0.023 −1.340	−0.084		0.905 0.569	−0.538 −0.077	0.112 0.849	0.024 0.732	−0.007	164	−0.762
第二阶段	1.140*** 10.707	−0.068 −0.904							−0.002	115	−8.158
	1.321*** 16.919	−0.116** −2.092			−10.344 −1.861	11.402 1.053	−0.687 −0.797	−0.002 −0.039	0.048	115	0.409
	1.144*** 10.687	−0.068 −0.898	−0.098 −0.084	−0.576 −0.493					−0.008	115	−8.144
	1.188*** 10.846	−0.095 −1.226	−0.068		−10.766 −1.381	1.851 0.122	−1.878 −1.559	0.005 0.087	0.004	115	1.088
第三阶段	1.372*** 21.614	−0.086*** −2.831							0.115	55	−9.594
	1.412*** 19.121	−0.068* −1.942			7.928 1.566	−17.396 −1.277	−0.544 −0.618	0.012 0.196	0.088	55	−0.131
	1.388*** 21.403	−0.086*** −2.809	−0.068 −0.041	−1.127 −0.67					0.119	55	−9.582
	1.351*** 20.056	−0.070*** −2.258	−0.041		9.621** 2.111	−6.317 −0.51	−0.332 −0.421	−0.032 −0.572	0.151	55	−0.343

面板B:

因变量: SSE50的日超额收益率

	C	媒体语气	贸易事件	媒体报道语气	10年期国债收益率变动	汇率变动	经济景气度变动	消费者信心变动	调整后的 R^2	n	赤池信息量准则(AIC)
第四阶段	1.711*** 15.552	−0.031 −0.563							−0.007	98	−7.999
	1.692*** 17.551	−0.013 −0.283			−1.473 −0.197	7.814 0.63	0.368 0.91	0.202* 1.747	−0.017	98	0.896
	1.784*** 15.169	−0.052 −0.918	−0.192 −0.16	−1.647 −1.377					0.011	98	−8.007
	1.799 14.893	−0.066 −1.154	−0.16		0.05 0.006	−8.642 −0.594	0.021 0.045	0.262* 1.913	0.027	98	1.225
第五阶段	1.731*** 17.533	−0.147*** −2.947							0.084	85	−8.218
	1.759*** 20.839	−0.082* −1.953			2.78 0.544	−1.928 −0.14	−1.162 −1.513	−0.147 −1.447	0.039	85	0.685
	1.730*** 17.456	−0.141*** −2.781	−0.094 −0.073	−0.635 −0.499					0.077	85	−8.199
	1.721*** 17.673	−0.137*** −2.768	−0.073		7.418 1.26	23.224 1.44	−1.797** −2.023	−0.277** −2.366	0.146	85	0.978
第六阶段	1.165*** 11.712	−0.018 −0.489							−0.005	151	−8.344
	1.382*** 12.93	0.006 0.155			−7.584 −1.181	17.644 1.39	0.232 0.932	0.054 0.005	−0.002	151	1.029
	1.153*** 11.69	−0.025 −0.678	0.154** 0.147	2.026 1.916					0.015	151	−8.358
	1.171*** 12.114	−0.029 −0.807	0.147		−6.357 −1.09	28.920** 2.518	0.375 1.642	−0.008 −0.104	0.061	151	0.83

注: 本表报告了对"SSE50 超额波动率"的回归结果。位于回归系数下面的是系数的 t 值。*、** 和 *** 分别表示该系数在 10%、5% 和 1% 的统计水平下显著(双尾检验)。

表4-8 媒体语气对中小盘(SME)指数超额波动性的影响

面板A:

	C	媒体语气	贸易事件	10年期国债收益率变动	汇率变动	经济景气度变动	消费者信心变动	调整后的 R^2	n	赤池信息量准则(AIC)
整个特朗普执政时期	1.342***	-0.002	-0.114					-0.001	668	-8.292
	36.488	-0.004	-0.23							
	1.345***	-0.004	-0.249				-0.408	0.003	668	0.92
	36.602	-0.004	-0.334	-2.498	1.822	-0.213	-0.013	0.005	668	-8.297
	1.334***	-0.006		-2.284	1.723	-0.18	-0.011	0.008	668	0.916
	36.218		0.108**							
	1.337***		0.095**							
	36.305		2.38							
			2.071							
第一阶段	0.967***	0.058***	2.907					0.043	165	-0.456
	22.116	0.057***	2.826					0.032	164	-0.418
	0.967***	0.058***	2.910	2.430	-0.221	-0.116	-0.002	0.042	164	-0.446
	21.688	0.058***	2.847	2.315	-0.275	-0.103	-0.004	0.029	164	-0.409
	0.966***		0.077							
	21.957		0.065							
	0.964***		0.881							
	21.497		0.727							
第二阶段	1.301***	-0.109**	-2.004					0.026	115	-8.813
	16.949	-0.116**	-2.092					0.048	115	0.409
	1.321***	-0.109**	-2.011	-10.344*	11.402	-0.687	-0.002	0.027	115	-8.805
	16.919	-0.116**	-2.096	-10.802*	12.228	-0.672	0	0.052	115	0.412
	1.294***		0.129							
	16.823		0.151							
	1.313***		1.053							
	16.811		1.241							
第三阶段	1.434***	-0.081**	-2.404					0.081	55	-9.402
	20.52	-0.068*	-1.942					0.088	55	-0.131
	1.412***	-0.080**	-2.383	7.928	-17.396	-0.544	0.012	0.09	55	-9.394
	19.121	-0.067*	-1.926	7.355	-15.127	-0.612	0.02	0.082	55	-0.11
	1.453***		-0.082							
	20.396		-0.059							
	1.425***		-1.224							
	18.825		-0.847							

因变量: SME日超额收益率

面板B:

	C	媒体语气	贸易事件	10年期国债收益率变动	汇率变动	经济景气度变动	消费者信心变动	调整后的 R^2	n	赤池信息量准则(AIC)
第四阶段	1.690***	-0.01	-0.206					-0.01	98	-8.36
	18.399	-0.013	-0.283					-0.017	98	0.896
	1.692***	-0.033	-0.716	-1.473	7.814	0.368	0.202*	0.034	98	-8.395
	17.551	-0.034	-0.712	-1.03	8.323	0.327	0.173	0.02	98	0.869
	1.773***		-0.222**							
	18.311		-0.205**							
	1.766***		-2.312							
	17.48		-2.11							
第五阶段	1.777***	-0.088**	-2.106					0.039	85	-8.57
	21.466	-0.082	-1.953					0.039	85	0.685
	1.759***	-0.088**	-2.051	2.78	-1.928	-1.162	-0.147	0.028	85	-8.547
	20.839	-0.080*	-1.864	2.789	-2.472	-1.177	-0.146	0.027	85	0.708
	1.777***		-0.008							
	21.332		-0.026							
	1.758***		-0.061							
	20.662		-0.2							
第六阶段	1.373***	0.009	0.222					-0.006	151	-8.203
	12.865	0.006	0.155					-0.002	151	1.029
	1.382***	0.001	0.036	-7.584	17.644	0.232	0.005	0.014	151	-8.217
	12.93	-0.001	-0.017	-6.284	15.899	0.326	0.017	0.018	151	1.016
	1.360***		0.166**							
	12.853		0.165*							
	1.371***		2.026							
	12.937		1.968							

因变量: SME的日超额收益率

注: 本表报告了对"SME超额波动率"的回归结果,收益率省去了百分号。位于回归系数下面的是该系数的t值。*、**和***分别表示该系数在10%、5%和1%的统计水平下显著(双尾检验)。

因此，尽管主流媒体在缓解（主要由国有企业构成的）大盘股（SSE50）投资者的担忧方面发挥了更为显著的作用，基于大盘股和小盘股的实证结果都基本上支持了 H2。对于中小盘股而言，采取正面语气的作用相对较弱，而且在第一阶段提高了股票的波动性。尽管在第一阶段发布的新闻中有三分之二较为高调，要么显示对中美贸易关系的信心，要么展望全球经贸合作的光明前景，但市场（尤其是中小盘股的投资者）对这种说法似乎并不买账。中小盘股在第一阶段下跌了 5.12%，而上证 50 上涨了 13.54%（见表 4-6）。在第三阶段，中小盘股和上证 50 下跌均超过了 7%。总的来看，中小企业的波动性更大，对局势的反应更早、更为负面。在中国，大盘股（尤其是国有企业）具有软预算约束，政府为其提供隐性担保。通常为私营企业的中小企业更容易受到系统性风险的冲击，因此也更敏感、更具波动性。即使贸易摩擦尚未发生，中小企业的投资者却早已表现出了不安情绪。此外，我们还研究了媒体语气对公司层面波动性的影响，具体结果在第五章中呈现。

（三）不同阶段的股票市场反应

在整个贸易摩擦过程中，局势不断发生变化，不同阶段双方的合作基调有所相同。在股票收益方面，整个市场受到媒体基调的影响并不显著，其中对美出口占比大的公司做出不同反应，在大多数情况下反应显著为正，仅在第三阶段为负。尽管国有媒体采用的乐观态度有助于稳定投资者对大盘股的预期，但投资者情绪的波动在一定程度上是不可预测的。开始时（在第一阶段），大盘股的投资者似乎对新闻漠不关心，这从媒体语气不显著的回归系数可以看出。但是，从第二阶段开始（自从美国启动"301 调查"后），较高的媒体语气显著降低了股市的波动性（见表 4-7）。

报道策略对于中小盘股的影响则更为显著，在第一阶段显著增强了股票的波动性。可能的解释是，中小盘股投资者对市场风险更加敏感，对外界噪声的影响更加警惕，即使新闻中只是透露出一些不安的迹象，他们也会采取行动。然而，从第二阶段开始，投资者的判断似乎更加依赖于媒体态度，这一点体现在"媒体语气"负的回归系数上。乐观的新闻发布又降低了投资者预期的不确定性，抑制了股票的波动性。在第三和第六阶段，语气指数最高的新闻展示了中国面对任何压力的强硬立场和对中国经贸发展潜力的信心。在第五阶段，谈判取得了进展并达成停止贸易摩擦的协议,媒体基调更加温和,以更为乐观的态度倡导合作共赢。

可见,媒体语气对于股票波动性的影响在不同阶段的有所不同。这在一定程度上支持了 H3。

(四) 进一步讨论

中美贸易摩擦对多是私营企业的中国中小企业的伤害可能大于大型企业。在美国贸易代表办公室(USTR)公布的第三批(清单三)加征关税的 6000 多种价值 2000 亿美元的中国商品中,大部分是针对中小企业的。关税提高造成的成本上升和订单减少会给出口导向型的中小企业带来巨大损失。如果一个企业发生危机,成百上千的上下游企业将会受到影响,而这些上下游企业大多是中小企业。此外,中美之间的贸易摩擦可能极大地影响在华美资企业的长期经营战略,他们会考虑推迟或取消在华投资,将生产线从中国转移到周边国家,从而严重影响了产业集群的发展。此外,国有企业通常得到国家补贴,而这些私营企业的亏损则必须由他们自己来承担。这些因素都使得小企业比大企业容易遭受更严重的损失,因而对同样的消息两类企业可能产生不同的反应。

特朗普执政时期的早期,大盘股投资者似乎对中美贸易新闻漠不关心,而中小盘投资者已经对未来感到担忧,对发布的相关新闻持警觉态度,即新闻语气越乐观,他们反而越焦躁不安。贸易摩擦开始之后,官方媒体的乐观态度一定程度上缓解了这两类投资者的担忧。从中可以看出,中小盘投资者似乎在特朗普当选之初对媒体报道更为焦虑和怀疑,而大盘股投资者在这个过程中对未来似乎表现出了更加平和的心态。

对于特朗普上任之初无论媒体采取怎样的高调报道,投资者都能从报道中感受到比实际发生的情况更多的不确定性存在几种可能的解释。首先,投资者可能把媒体的高调解读为中国政府绝不妥协的态度或决心,而非乐观。其次,当不同的投资者对相同的信息源因解释不同而持有不同的信念时,投资者信念的异质性可能会导致明显的"过度波动"[①]。还有的可能解释就是,

---

① Hong, H., Stein, J. C., "Disagreement and the Stock Market", *Journal of Economic Perspectives*, Vol. 21, No. 2, 2007.

自特朗普上任之后，投资者担心崛起大国与守成大国之间的冲突不可避免，变得更加情绪化。

此外，本章还试图以真实贸易摩擦事件为主要解释变量、以媒体语气为调节变量，检验媒体基调（语气）发挥的是否仅是调节作用，即检验贸易摩擦事件（虚拟变量）与媒体语气的交互项是否具有新的解释力。但是，从表4-9和表4-10的结果来看，真实贸易事件对市场波动性并不存在显著影响，而且当真实贸易事件与媒体语气共同作用时，亦未对市场产生显著影响[1]。因此，可以排除媒体语气具有调节作用的可能性。可能的解释是，真实贸易事件与主流媒体发布的新闻相比数目较少。同时，由于受到阅读能力（比如无法顺畅阅读英文新闻）和信息渠道的限制，投资者更习惯于通过阅读中文新闻来关注国际事件并做出反应。他们更依赖于新闻媒体的解读获得所需要的信息，并非直接关注贸易摩擦事件本身。

至此，我们在所有的检验中并未对好消息和坏消息做出区分，因为我们关注的重点是媒体语气对市场的影响。但是，市场上的好消息和坏消息可能存在不对称的影响，市场可能对坏消息的反应更为强烈。为了分析市场对这两类事件的反应是否不同，我们根据贸易摩擦进展（通过贸易事件新闻进行体现）是否对中国经济有利对新闻发布日进行了分类。结果见表4-11和表4-12。基本上，好消息带来了更高的收益，而坏消息降低了股票收益（见表4-11）[2]，这与贸易事件整体不显著（见表4-4）的影响相对应，因为这两种影响产生了相互抵消。好消息和坏消息对波动率的影响没有显著差异（表4-12）。从第1组回归中可以看出，好消息和坏消息都会提高股票的波动性，但当加入控制变量并对单个阶段进行研究时，这种影响变得不再显著。这与表4-7中并不显著的结果相一致。当解释变量"贸易事件"用"有利贸易事件"或"不利贸易事件"来代替时，媒体语气对股票收益和波动的影响基本一致。因此，虽然发现了一些贸易事件的不对称效应，但对媒体语气的研究结果仍然成立。

---

[1] 由于篇幅原因，具体结果不在此处汇报。
[2] 对于中小企业（SME）而言，他们对坏消息更为敏感。受篇幅所限，这里没有提供基于中小企业及个别公司的检验结果，可按需要提供。

第四章 媒体语气对股票市场的稳定作用研究

表4-9 对媒体语气是否发挥调节作用的检验——对上证50（SSE50）的回归

因变量：SSE50超额波动率

	C	贸易事件	贸易事件×媒体语气	媒体语气	10年期国债收益率变动	汇率变动	经济景气度变动	消费者信心变动		调整后的R²	n	赤池信息量准则（AIC）
整个特朗普执政时期	1.159*** 63.608	0.068 1.284						-0.019	-0.527	0.006	669	1.201
	1.159*** 63.558	0.075 0.597	-0.004		-2.191 -0.804	12.237* 1.820	-0.220 -1.207	-0.019	-0.527	0.004	668	1.204
第一阶段	0.838*** 64.316	-0.080 -1.076		-0.065	-2.189 -0.802	12.225* 1.816	-0.221 -1.207	0.020	0.627	-0.013	164	-0.763
	0.839*** 64.502	0.239 0.970	-0.159	-1.361	0.942 0.591	-1.170 -0.167	0.129 0.980	0.011	0.336	-0.007	164	-0.762
第二阶段	1.063*** 26.986	-0.084 -0.491			1.016 0.639	-1.348 -0.193	0.116 0.879	0.003	0.047	-0.001	115	1.085
	1.063*** 26.899	0.170 0.339	-0.190	-0.539	-9.962 -1.280	5.555 0.373	-1.574 -1.332	0.003	0.047	-0.007	115	1.099
第三阶段	1.216*** 38.113	-0.043 -0.670			-9.928 -1.271	5.706 0.382	-1.571 -1.324	-0.024	-0.413	0.081	55	-0.278
	1.216*** 37.717	-0.04 -0.286	-0.002	-0.026	11.007** 2.341	-6.653 -0.516	-0.724 -0.904	-0.025	-0.408	0.061	55	-0.242
第四阶段	1.672*** 33.004	-0.133 -1.164			11.025** 2.297	-6.64 -0.509	-0.72 -0.874	0.253	1.851	0.024	98	1.22
	1.671*** 32.816	-0.233 -0.925	0.069	0.446	-0.619 -0.071	-6.377 -0.441	-0.022 -0.047	0.250	1.820	0.015	98	1.238
第五阶段	1.481*** 32.207	-0.153 -1.019			-1.342 -0.150	-5.730 -0.393	-0.046 -0.096	-0.279	-2.286	0.073	85	1.048
	1.481*** 32.039	0.034 0.081	-0.083	-0.478	8.507 1.391	19.123 1.144	-1.959** -2.123	-0.276	-2.252	0.064	85	1.069
第六阶段	1.097*** 33.621	0.141* 1.855			8.326 1.352	20.259 1.194	-2.026** -2.16	-0.005	-0.07	0.063	151	0.822
	1.098*** 33.728	-0.212 -0.770	0.130	1.337	-6.425 -1.103	28.650** 2.498	0.373 1.635	0.000	0.000	0.069	151	0.823

注：本表检验了媒体语气的中介效应，因变量是"SSE50的超额波动率"，收益率省去了百分号。回归系数下面是该系数的t值。*、**、***分别表示该系数在10%、5%和1%的统计水平下显著（双尾检验）。

表 4-10　对媒体语气是否发挥调节作用的检验——对中小盘（SME）的回归

因变量：SME超额波动率

	C	贸易事件		贸易事件×媒体语气	10年期国债收益率变动		汇率变动		经济景气度变动	消费者信心变动		调整后的R²	n	赤池信息量准则(AIC)
整个特朗普执政时期	1.326***	0.094**	2.058		−2.255	−0.955	10.043*	1.725	−0.177	−1.125	−0.011	−0.360	0.010	669	0.913
	84.060		−0.127		−2.292	−0.971	10.225*	1.755	−0.163	−1.029	−0.011	−0.354	0.010	668	0.915
第一阶段	1.084***	−0.014	0.606	1.09	2.222	1.146	−0.694	−0.081	−0.146	−0.913	0.005	0.122	−0.014	164	−0.371
	84.077	0.055	2.113		2.355	1.226	−1.014	−0.120	−0.170	−1.068	−0.012	−0.295	0.005	164	−0.385
第二阶段	1.084***	0.628**	1.225	−2.022											
	68.391														
	1.084***	0.151	1.651		−9.823	−1.747	16.741	1.555	−0.302	−0.353	−0.003	−0.064	0.023	115	0.434
	69.080	0.593	−0.847	−1.309	−9.763*	−1.742	17.004	1.584	−0.295	−0.347	−0.003	−0.063	0.029	115	0.436
第三阶段	1.161***	−0.060	0.129		8.683	1.665	−15.449	−1.080	−0.988	−1.113	0.028	0.432	0.032	55	−0.072
	40.789	0.020	−2.012	−0.587	9.131*	1.722	−15.111	−1.049	−0.886	−0.973	0.022	0.334	0.018	55	−0.043
	1.161***	−0.191**	−1.254	0.385	−1.376	−0.188	9.492	0.789	0.305	0.770	0.169	1.485	0.025	98	0.854
	40.924	−0.263	−0.567		−1.896	−0.254	9.958	0.820	0.288	0.719	0.167	1.458	0.016	98	0.873
第四阶段	1.295***	−0.073	−0.303	0.108	3.430	0.658	−4.886	−0.343	−1.272	−1.618	−0.147	−1.413	−0.004	85	0.728
	36.618	−0.109			3.464	0.659	−5.105	−0.353	−1.260	−1.574	−0.147	−1.408	−0.016	85	0.752
第五阶段	1.296***	0.165**	1.981		−6.286	−0.986	15.893	1.266	0.326	1.303	0.017	0.194	0.024	151	1.002
	36.377														
第六阶段	1.701***	−0.279	−0.929	1.540	−6.319	−0.996	17.944	1.428	0.373	1.488	0.023	0.275	0.034	151	0.999
	40.309														
	1.700***														
	41.263														
	1.617***														
	41.001														
	1.617***														
	38.344														
	1.370***														
	38.542														

注：本表检验了媒体语气的中介效应，因变量是"SME的超额波动率"，收益率省去了百分号。回归系数下面是该系数的t值。*、** 和 *** 分别表示该系数在10%、5%和1%的统计水平下显著（双尾检验）。

第四章 媒体语气对股票市场的稳定作用研究　69

表4-11　交易事件对上证50（SSE50）超额收益率的非对称效应检验

面板A：

因变量：上证50的超额收益率		C	媒体语气		有利贸易事件		不利贸易事件	10年期国债收益率变动	汇率变动	经济景气度变动	消费者信心变动	调整后的R²	n	赤池信息量准则（AIC）
整个特朗普执政时期		0.020	0.187	−0.002	−0.042	0.558**	2.276						0.005	669	3.043
		0.001	0.012	0.002	0.086	0.491**	2.065			2.916	−0.427	−0.966	0.069	668	2.983
		0.055	0.621	0.005	0.197			−0.866***	−4.16	19.35***		0.499	0.022	669	3.025
		0.042	0.486	0.004	0.142			−0.726***	−3.557	18.59***	2.816	−5.977	−0.587	0.044	0.487	0.08	668	2.97
第一阶段		0.073	0.56	−0.01	−0.243	1.176*	1.703				−5.68	−1.333	0.042	0.006	165	2.11
		0.087	0.673	−0.017	−0.439	1.256*	1.852	0.278	0.561	−5.213	−2.209	−1.117	0.192	1.413	0.037	164	2.093
		0.071	0.537	−0.008	−0.192					−0.788	−0.611	−1.117	−0.01	165	2.126
		0.081	0.618	−0.015	−0.368			0.383	0.784	−0.642	−65.23**	−0.617	−1.076	0.19	1.388	0.02	164	2.11
第二阶段		−0.031	−0.147	0.053	0.423	−2.12**	−2.312				−38.03	−2.894	0.003	0.031	115	2.676
		−0.019	−0.086	0.032	0.252	−2.12**	−2.294			16.84	−29.22	−2.653	0.009	0.02	0.021	115	2.72
		−0.068	−0.316	0.074	0.578			−0.769	−1.165	14.64	−16.69	−2.826	0.144	0.063	−0.003	115	2.71
		−0.064	−0.29	0.057	0.435	−0.136	−0.251	−0.424	−0.566	29.841	−23.89	−1.49	0.087	0.262	−0.024	115	2.764
第三阶段		−0.57*	−1.705	0.1289	1.1412	−0.249	−0.428							−0.012	55	3.1828
		−0.616*	−1.692	0.149	1.230			−1.381**	−2.078		−0.222	−0.558	−0.064	0.4024	55	3.2979
		−0.442	−1.355	0.104	0.953					24.142		−0.315	0.0642	55	3.1042
		−0.469	−1.3	0.115	0.980			−1.315*	−1.903		−0.329			0.0069	55	3.229

面板B：

因变量：上证50的超额收益率		C	媒体语气		有利贸易事件		不利贸易事件	10年期国债收益率变动	汇率变动	经济景气度变动	消费者信心变动	调整后的R²	n	赤池信息量准则（AIC）
第四阶段		−0.099	−0.302	0.029	0.259	−0.109	−0.138							−0.020	98	3.724
		0.177	0.524	−0.033	−0.295	−0.127	−0.165			43.516	−101.173**	1.902	0.219	0.465	0.027	98	3.715
		0.091	0.270	−0.006	−0.054			−1.014**	−2.000	42.474	−100.715**	2.144	0.230	0.500	0.021	98	3.683
		0.374	1.090	−0.068	−0.626	3.299***	3.298	−1.025**	−2.068		−2.031	−4.641	−1.286**	−3.023	0.070	98	3.670
第五阶段		0.209	0.562	0.013	0.109	4.775***	4.695			35.922*	−170.014***	−3.297			0.096	85	3.530
		−0.010	−0.030	0.049	0.482			−0.463	−0.435	50.009***	−143.510**	−2.501	−1.615	−0.717	0.291	85	3.332
		0.438	1.106	−0.035	−0.288			−1.464	−1.717		−6.197*	−1.704			−0.021	85	3.652
		0.344	0.924	−0.034	−0.298						−4.900	−0.249		1.821	0.115	85	3.553
第六阶段		−0.026	−0.114	−0.009	−0.178	1.059***	2.890			30.054**	−143.839***	−0.476	0.362*		0.042	151	2.867
		−0.028	−0.137	0.000	0.002	0.693**	2.054	−0.829**	−2.481	28.920**	−149.303***	−5.100	0.310		0.223	151	2.683
		0.068	0.303	−0.005	−0.096							−0.439	−0.810	1.491	0.028	151	2.881
		0.030	0.145	0.002	0.033			−0.498	−1.542						0.213	151	2.695

注：本表报告了对因变量"上证50超额收益率"的回归结果，省略了百分号。回归系数下面是该系数的t值。*、**、***分别表示该系数在10%、5%和1%的统计水平下显著（双尾检验）。

表 4-12　交易事件对上证 50（SSE50）超额波动率的非对称效应检验

面板 A：

		C	媒体语气	有利贸易事件	不利贸易事件	10年期国债收益率变动	汇率变动	经济景气度变动	消费者信心变动	调整后的 R²	n	赤池信息量准则（AIC）
因变量：上证50的超额波动率	整个特朗普执政时期	1.219 ***	−0.020 *							0.012	669	1.190
		1.219 ***	−0.020 *	0.263 ***						0.010	668	1.198
		1.211 ***	−0.019 *	0.154						0.017	668	1.185
		1.220 ***	−0.020 *		2.706					0.009	668	1.200
		34.269	−0.002		1.584	−2.477	12.829 *	−0.259	−1.429	−0.024	−0.657	−0.010	164	−0.783
		34.177	−0.001							−0.026	164	−0.744
		33.969	−0.002		0.271 ***	−2.269	11.897 *	−0.246	−1.352	−0.018	−0.501	−0.007	164	−0.786
		34.087	−0.020 *		0.097							−0.010	164	−0.759
	第一阶段	0.844 ***	−0.002	0.516		0.829	−1.634	0.143	1.075	0.019	0.577			
		0.841 ***	−0.001	0.084										
		0.843 ***	−0.002	−0.045	0.108	0.876	−2.852	0.145	1.099	0.019	0.593			
		0.834 ***	0.000	−0.275	0.185									
	第二阶段	1.107 ***	−0.039	0.766		−10.732	4.086	−1.720	−1.440	0.005	0.076	−0.008	115	1.067
		1.144 ***	−0.055									−0.003	115	1.096
		1.098 ***	−0.041	0.314	0.845 ***	−9.828	2.964	−0.223	−1.455	0.004	0.060	0.063	115	0.994
		1.141 ***	−0.055	−0.035	0.086							−0.003	115	1.095
	第三阶段	1.338 ***	−0.049 **	−0.031			−8.379	−0.685	−0.271	−0.040	−0.685	0.078	55	−0.326
		1.324 ***	−0.044 **									0.144	55	−0.334
		1.317 ***	−0.045 **	0.007	0.142	11.157 **	−0.762	−0.141	−0.181	−0.041	−0.748	0.100	55	−0.350
		1.344 ***	−0.048 **		−0.172	10.517 **	−9.107				0.183	55	−0.380

面板 B：

		C	媒体语气	有利贸易事件	不利贸易事件	10年期国债收益率变动	汇率变动	经济景气度变动	消费者信心变动	调整后的 R²	n	赤池信息量准则（AIC）
因变量：上证50的超额收益率	第四阶段	1.718 ***	−0.024	−0.002		−0.531	−9.944	−0.675	0.109	0.285 **	2.083	−0.015	98	1.229
		1.743 ***	−0.036	0.046								0.012	98	1.241
		1.733 ***	−0.027		−0.552	−0.645	−9.809	−0.671	0.209	0.286 **	2.109	−0.012	98	1.226
		1.777 ***	−0.041		−1.229							0.028	98	1.225
	第五阶段	1.618 ***	−0.057 **	0.718 **	2.538	8.845	23.664	1.435	−1.993	−0.291 **	−2.142	0.076	85	1.012
		1.626 ***	−0.053	0.020	0.062							0.081	85	1.051
		1.618 ***	−0.051		0.020	8.995	23.846	1.452	−1.821	−0.285 **	−2.342	0.004	85	1.088
		1.629 ***	−0.054 **		−0.046							0.081	85	1.051
	第六阶段	1.131 ***	−0.006	0.241 *	1.798	−7.073	33.935 ***	0.296	1.315	−0.034	−0.428	0.009	151	0.859
		1.135 ***	−0.006									0.057	151	0.835
		1.145 ***	−0.009	0.240 *	1.794	−7.498	30.648 ***	0.281	1.200	−0.023	−0.279	−0.003	151	0.871
		1.159 ***	−0.009		0.147							0.037	151	0.856

注：本表报告了对因变量"上证50 超额波动率"的回归结果，省略了百分号。回归系数下面是该系数的 t 值。*、** 和 *** 分别表示该系数在 10%、5% 和 1% 的统计水平下显著（双尾检验）。

五　小结

中国政府有强烈意愿通过选择性地进行新闻报道和采用高调态度来安抚投资者，稳定股票市场和投资者预期。本章研究发现，中美贸易摩擦新闻的媒体基调与股市收益之间总体上并不存在显著关系，即无法通过媒体语气来预测股票收益，媒体语气仅在贸易摩擦的第六阶段对中小盘股（SME）的收益产生了较弱的负面影响。

贸易摩擦的初期，官方媒体发布新闻的正面语气似乎反而加剧了人们对基本面的担忧，尤其对于中小盘股的投资者。由于中小企业通常更容易受到系统性风险的影响，中小盘的投资者会更加敏感，更容易对媒体报道传达的信息做出不同的解读。从第二阶段开始，采用高调语气可以稳定人们的预期，降低股票的波动性。因此，H2 在第二阶段之后基本上得到支持，而在第一阶段则被拒绝，中小盘股尤其是这样。此外，结果显示，在贸易摩擦的不同阶段发布新闻策略（媒体语气）的影响程度有所不同，H3 基本得到了支持。

总的来讲，在中美贸易摩擦期间中，官方媒体的报道策略在一定程度上实现了防止市场崩盘的目标。本章研究有助于了解政府如何通过媒体报道策略的运用来稳定资本市场。

第五章　对美贸易程度与市场反应不对称性[*]

一　中美贸易摩擦与对美贸易强度

本章研究中国媒体报道策略（媒体语调）对对美贸易密集型企业与非对美贸易密集型企业市场表现的影响，以及在好消息（有利事件）和坏消息（不利事件）发生时报道策略产生的影响。

中国对美直接投资从2016年的峰值（465亿美元）到2019年（50亿美元）暴跌了89%[①]。这种影响不仅局限于进入美国的对外直接投资（OFDI），还蔓延到了美国的国内经济。在全球权力和影响力的竞争中，贸易已成为传统军事武器之外维护国家安全和利益的有效工具，并已取代传统的军事行动成为斗争的前沿[②]。正如特朗普竞选时优先考虑"消除美国的长期贸易逆差，特别是对中国的贸易逆差"的经济政策所体现的那样[③]。

中国在贸易摩擦中面临巨大挑战，这场贸易摩擦对中国股市的影响更像是由传染效应引起的系统风险[④]。中国政府有着稳定经济和市场预期的强大动力，

---

[*] 本章主要内容已由张文佳（Wenjia Zhang）和杜巨澜（Julan Du）发表于"Trade War, Media Tone and Market Reaction Asymmetry", *Journal of Chinese Economic and Foreign Trade Studies*, Vol. 16, No. 2, 2023.

[①] 数据来自商务部编《2016年度中国对外直接投资统计公报》和《2019年度中国对外直接投资统计公报》，中国统计出版社2017、2020年版。

[②] ［英］丽贝卡·哈丁、杰克·哈丁：《大国贸易博弈：数字时代的双赢战略》，于冬梅译，当代世界出版社2021年版。

[③] Navarro, P., Ross, W., "Scoring the Trump Economic Plan: Trade, Regulatory & Energy Policy Impacts", *White Paper*, https://assets.donaldjtrump.com/Trump_Economic_Plan.pdf, 2016.

[④] He, C., Chen, R., Liu, Y., "US-China Trade War and China's Stock Market: An Event-Driven Analysis", *Economic Research-Ekonomska Istraživanja*, Vol. 35, No. 1, 2022.

希望通过媒体将信息传达给公众，稳定其预期[①]。像《人民日报》这样的传统纸媒能够及时提供关于最新事件的信息和政府的直接观点，但其对股票市场的影响却很少被检验。

由于不同公司对美出口业务规模各不相同，暴露于贸易摩擦的风险程度也各不相同。有理由相信，对美贸易依赖程度更高的公司会更加关注贸易摩擦的信息，受到报道基调的影响会更大。但到目前为止，对近期中美贸易摩擦的研究主要集中在关键事件对美国股票市场的影响[②]，尚未涉及对美开展业务的具体中国公司。本章研究将弥补这一空白，具体通过区分对美国贸易密集型企业与非对美贸易密集型企业以及区分有利贸易事件与不利贸易事件，检验媒体语气的不对称效应，并对中美贸易摩擦相关新闻的发布强度所产生的可能影响进行分析。

本章剩余部分安排如下：第二部分进行文献综述；第三部分是研究方法和数据来源；第四部分报告了实证结果并进行了进一步讨论；第五部分进行总结。

二　文献综述

目前，关于中美贸易摩擦影响的研究主要集中于美国市场。阿米蒂（Amiti）等[③]研究了中美关税公告对涉及中国业务的公司带来的回报，发现政策导致的股市下跌意味着较低的资本回报和投资率。塞尔米（Selmi）等[④]通过检验2019年5月13日美国股票市场对中国关税威胁的反应，发现信息技术、工业和能源行业的反应比金融、非必需消费品和食品、医疗保健、房地产、航空航天

[①] Zhang, W., Du, J., "Could State-controlled Media Stabilize the Market during the U. S.-China Trade Frictions?", *Credit and Capital Market*, Vol. 55, No. 2, 2022.

[②] 有关于美国市场的研究，例如，Selmi, R., Errami, Y., Wohar, M. E., "What Trump's China Tariffs Have Cost U. S. Companies?" *Journal of Economic Integration*, Vol. 35, No. 2, 2020; Egger, P., Zhu, J., "The U. S.-China Trade War: An Event Study of Stock-Market Responses", CEPR Discussion Papers, 2019. 也有一些关于中国的研究，例如：He, C., Chen, R., Liu, Y., "US-China Trade War and China's Stock Market: An Event-Driven Analysis", *Economic Research-Ekonomska Istraživanja*, Vol. 35, No. 1, 2022; Goulard, S., "The Impact of the US-China Trade War on the European Union", *Global Journal of Emerging Market Economies*, Vol. 12, No. 1, 2020.

[③] Amiti, M., Kong, S. H., Weinstein, D., "The Effect of The U. S.-China Trade War on U. S. Investment", CEPR Discussion Papers, No. 27114, 2020.

[④] Selmi, R., Errami, Y., Wohar, M. E., "What Trump's China Tariffs Have Cost U. S. Companies?", *Journal of Economic Integration*, Vol. 35, No. 2, 2020.

和国防以及公用事业的反应更强烈。也有人[1]评估了市场对 2018 年 3 月 22 日特朗普提出的对中国进口商品征收关税的反应,发现该反应程度取决于企业对中美贸易的直接和间接敞口。更依赖对华出口和对华进口的美国公司在公告发布日前后的短时间窗口内,股票和债券回报更低,违约风险更高;公司通过投入产出联系对中美贸易的间接敞口影响了其对公告的反应。埃格(Egger)等[2]采用美国和中国宣布或实施关税调整时上市公司的股票数据来度量"贸易摩擦"的后果,发现保护主义关税不仅损害了行动方的国内公司(美国的损失甚至超过中国),也损害了未参与"贸易摩擦"或"争端"的第三方。

在对中国市场的研究方面,有学者[3]发现,只有在美国宣布对价值 500 亿美元的中国产品加征关税时,中美贸易摩擦对不同行业的影响存在显著差异,在其他事件发生时行业之间没有明显差异。和文佳、方意和荆中博[4]则认为,系统性金融风险在贸易摩擦之前已经上升,银行业对外部冲击的抵御能力最强,其次是证券行业和保险行业。此外,古拉德(Goulard)[5]分析了中美贸易摩擦对欧洲和中国之间交流的影响以及对欧洲市场可能造成的分流效应。

关于中美贸易摩擦对市场影响的研究已有不少,但一些重要因素可能被忽略了。虽然股市对贸易摩擦事件做出了反应,但这种反应可能受到了媒体新闻报道的影响。不同的报道方式可能带来读者不同的解读和市场反应。大量的金融研究证明,媒体报道(尤其是媒体语气)会影响投资者的情绪,从而显著影响资产定价和公司的财务决策[6]。此外,尽管有研究表明政府政策显著影响股票市场[7],但

---

[1] Huang, Y., Lin, C., Liu, S., Tang, H., "Trade Linkages and Firm Value: Evidence from the 2018 US-China Trade War", CEPR Discussion Paper, DP14173, 2019.

[2] Egger, P., Zhu, J., "The U. S. -China Trade War: An Event Study of Stock-Market Responses", CEPR Discussion Papers, 2019.

[3] He, C., Chen, R., Liu, Y., "US-China Trade War and China's Stock Market: An Event-Driven Analysis", *Economic Research-Ekonomska Istraživanja*, Vol. 35, No. 1, 2022.

[4] 和文佳、方意、荆中博:《中美贸易摩擦对中国系统性金融风险的影响研究》,《国际金融研究》2019 年第 3 期。

[5] Goulard, S., "The Impact of the US-China Trade War on the European Union", *Global Journal of Emerging Market Economies*, Vol. 12, No. 1, 2020.

[6] 例如:Tetlock, P. C., "Giving Content to Investor Sentiment: The Role of Media in the Stock Market", *Journal of Finance*, Vol. 62, No. 3, 2007; Fang, L., Peress, J., "Media Coverage and the Cross-Section of Stock Returns", *Journal of Finance*, Vol. 64, No. 5, 2009.

[7] 例如:Brunnermeier, M. K., Sockin, M., Xiong W., "China's Model of Managing the Financial System", NBER Working Papers, 2020.

金融危机和贸易保护主义抬头等事件迫使各国频繁采取多套政策应对，导致很高的经济政策不确定性。作为新兴经济体，中国在向市场经济转型的过程中也面临着高度的政策和政治不确定性，尤其是在贸易摩擦期间。根据贝克（Baker）等[1]构建的经济政策不确定性指数，中国的政策不确定性指数在2019年达到了破纪录的年平均值（791.87），并在2020年的前5个月保持在776.62的高位[2]。对于政府政策和干预的猜测在推动中国金融市场动态方面发挥着至关重要的作用。

已有研究证明了股票波动性对好消息和坏消息的不对称反应，即面对坏消息市场波动率往往会加剧，面对好消息则会下降。根据杠杆效应的解释，当股票价格下降时，公司杠杆水平上升，就会导致更高的股票收益波动性[3]。坎贝尔（Campbell）等[4]提供了另一种基于波动率反馈效应的解释，认为如果波动率持续存在并被定价，预期波动率和要求回报率因而上升，导致股价的立即下跌。然而，布劳恩（Braun）等[5]断言，预测的不对称主要发生在市场层面，在行业投资组合的非系统性风险中则表现并不明显。他们的结果更多支持了乔普拉（Chopra）等人[6]的结论，对贝塔系数的杠杆效应不足以解释市场对赢者和输者的过度反应。

此外，与美国市场上的研究结果[7]不同，有学者[8]发现，上海证券交易所的波动率在牛市期间呈现出相反的不对称现象，即好消息比坏消息带来了更高的波动率。他们认为，利好消息对波动率的正向影响受到了牛市期间投资者追逐收益行为的驱动，制度因素和行为因素是中国股市观察到的波动模式的

---

[1] Baker, S. R., Bloom, N., Davis, S. J., "Measuring Economic Policy Uncertainty", *Quarterly Journal of Economics*, Vol. 131, No. 4, 2016.

[2] 见，China Policy Uncertainty Indices Based on Mainland Papers, http://www.policyuncertainty.com/china_monthly.html.

[3] 例如：Chan, K. C., "On the Contrarian Investment Strategy", *Journal of Business*, Vol. 61, No. 2, 1988; Ball, R., Kothari, S. P., "Nonstationary Expected Returns: Implications for Tests of Market Efficiency and Serial Correlation in Returns", *Journal of Financial Economics*, Vol. 25, No. 1, 1989.

[4] Campbell, J. Y., Hentschel, L., "No News is Good News: An Asymmetric Model of Changing Volatility in Stock Returns", *Journal of Financial Economics*, Vol. 31, No. 3, 1992.

[5] Braun, P., Nelson, D. B., Sunier, A. M., "Good News, Bad News, Volatility, and Betas", *The Journal of Finance*, Vol. 50, No. 5, 1995.

[6] Chopra, N., Lakonishok, J., Ritter, J. R., "Measuring Abnormal Performance: Do Stocks Overreact?", *Journal of Financial Economics*, Vol. 31, No. 2, 1992.

[7] 比如，Bae, J., Kim, C. J., Nelson, C. R., "Why are Stock Returns and Volatility Negatively Correlated?", *Journal of Empirical Finance*, Vol. 14, No. 1, 2007.

[8] Krishnamurti, C., Tian G. G., Xu, M., Li, G., "No News is not Good News: Evidence from the Intra-Day Return Volatility-Volume Relationship in Shanghai Stock Exchange", *Journal of the Asia Pacific Economy*, Vol. 18, No. 1, 2013.

主要驱动力。

在曲折漫长的贸易摩擦过程中，中方既有妥协，也有对抗。双方在进行反击的同时，又不断举行磋商，时而签署阶段性协议。关税调整的实施频率远低于被用作谈判筹码的频率。由于投资者的推断（心理）过程在不同的情况下可能会发生变化，因此，在不同类型的贸易摩擦事件发生时，相同的报道策略可能产生不同的效果。

此外，鉴于并非所有股票都与中国（对美国）的出口业务有关或者关联程度不同，我们推断，对美贸易密集程度较低的公司受到贸易摩擦带来的风险和不确定性的影响会比较小。本章将结合贸易摩擦是否对中国有利，分析媒体对贸易摩擦的报道策略对具有不同对美贸易依赖程度的企业的不对称影响。

三 数据来源和研究方法

本章中的数据来源和主要变量定义与第四章一致（见表4-1）。在此基础上，对（非）对美贸易密集型企业和有（不）利事件进行了定义。

（一）关键变量

1. 对美贸易密集型企业和非对美贸易密集型企业

本章研究将公司出口美国产生的收入占比最高的100家上市公司定义为对美贸易密集型公司[①]。鉴于上证50（SSE50）在A股市场占比高[②]，与其他股票相比更能体现市场的表现，基于上证50成分股构建一组非对美贸易密集型公司，即从2009年之后被列为上证50成分股的所有股票中剔除出口绝对数额巨大的公司[③]，最终剩下95家公司。

2. 有利事件和不利事件

根据贸易摩擦中的主要事件（基于事实本身所传达的信息）是否为中国经济带来了有利局面，先将关键贸易事件分为四类，包括"对双方都有利"

[①] 本书参考了中国国际金融公司（CICC）的研究报告《中美贸易摩擦升温：可能的影响及应对》，万得资讯，2018年3月23日，表18中列出的2016年美国收入占比最大的100家A股上市公司。

[②] 到2020年底，中国A股的流通市值为64.26万亿元，其中上证50的流通市值为7.6万亿元，占A股的12%。

[③] 本书参考了中国国际金融公司（CICC）的研究报告《中美贸易摩擦升温：可能的影响及应对》表19中列出的2016年美国收入数额最大的100家A股上市公司。

"对双方均不利""对美国有利，对中国不利"，以及"对美国不利，对中国有利"。然后，将"对双方都有利"和"对美国不利，对中国有利"的事件视为对中国经济的"有利事件"，另外两组则同视为对中国经济的"不利事件"［见本书第 135 页附录 B 的第（4）列］。不可否认，由于全球价值链相互交织在一起，向对方征收关税最终可能导致对国内经济不利。由于难以厘清每一次贸易摩擦事件的影响，本章研究更多地从政府在贸易摩擦中的意愿来界定是否为"有利事件"。

与第四章一样，分析中排除了有干扰事件的日子，即剔除国家统计局公布国民经济运行情况新闻发布会、《中国采购经理指数月度报告》等的发布日期，以清除它们对市场可能造成的潜在影响。

（二）基准模型

以媒体语气为主要解释变量分别对上市的日超额收益率和超额波动率进行回归分析，并对其他因素进行控制。

$$超额收益 = \alpha + \beta_0 \times 媒体语气 + \beta_0' \times 贸易事件 + \Sigma \beta_i \times 控制变量 + \varepsilon_i \quad (1)$$

$$波动率 = \alpha + \beta_0 \times 媒体语气 + \beta_0' \times 贸易事件 + \Sigma \beta_i \times 控制变量 + \varepsilon_i \quad (2)$$

"媒体语气"是基于关键词"中美贸易"搜索出的相关新闻的语气指数，在回归中使用其五分位的排序数。加入了另一个关键的解释变量"贸易事件"，以区分国家控制媒体发布的新闻的媒体语气与实际贸易事件。如果在中美贸易摩擦期间的前 1 天（即 t-1 日）实际发生了重要的贸易摩擦事件，则"贸易事件"等于 1，否为 0。

另一组回归检验了当"有利事件"和"不利事件"发生时媒体语气的影响。

$$\begin{aligned}超额收益 = &\alpha + \beta_0 \times 媒体语气 + \beta_0' \times 有利事件 \times 媒体语气 \\ &+ \Sigma \beta_i \times 控制变量 + \varepsilon_i\end{aligned} \quad (1)$$

$$\begin{aligned}波动率 = &\alpha + \beta_0 \times 媒体语气 + \beta_0' \times 有利事件 \times 贸易事件 \\ &+ \Sigma \beta_i \times 控制变量 + \varepsilon_i\end{aligned} \quad (2)$$

这些回归通过使用"有利事件"和"媒体语气"的交叉项进行检验。为了控制宏观经济因素的潜在影响，加入了一些控制变量，包括 10 年期国债收益率、汇率、经济前景和消费者信心指数，具体定义详见表 4-1。

四　实证结果与讨论

(一) 对股票收益率的影响：对美贸易密集型企业与非对美贸易密集型企业

表 5-1 报告了基于对对美贸易密集型公司每日超额收益的回归。结果显示，对美贸易密集型公司对媒体的乐观情绪总体上产生了积极反应，较高的媒体语气在六个阶段中有五个阶段显著地提高了这些公司的回报。只有在第三阶段，较高的媒体语气降低了它们的收益。在这一阶段，特朗普正式下令对中国商品加征关税；中国通过征收关税或反倾销税进行反制；大部分新闻都在显示中国的强硬立场和对中国经贸发展的信心。例如，4 月 19 日的新闻《希望美方不要低估中方决心》断言，中方坚决捍卫国家和人民利益的决心和信心不会有丝毫动摇，并将进行坚决斗争。虽然市场指数在这一阶段没有显著反应（见表 4-4 和表 4-5 的面板 A），但那些出口占比很大的公司的投资者已经开始担忧，并对新闻中的正面态度显示出相反的看法。

表 5-2 报告了对非对美贸易密集型公司每日超额收益的回归。结果表明，在大多数阶段，非对美贸易密集型公司对官方态度表现出漠不关心。但是，与对美贸易密集型企业一样，第三阶段系数为负，表明非对美贸易密集型公司对官方的乐观/强硬姿态反应消极。综合考虑两类公司的不同反应，那么第四章中得出的市场整体没有显著反应也就不足为奇了。

表 5-1 和表 5-2 的结果表明，贸易摩擦主要影响与美国有密切贸易联系的中国企业的商业前景。从经济意义上讲，对美贸易密集型企业比非对美贸易密集型企业更关心政府对贸易摩擦的态度以及随后可能提供的政策支持。

值得注意的是，在前三个阶段，真实贸易事件对美国贸易密集型企业的收益产生了显著为正的影响（见表 5-1）。一个可能的解释是，在贸易摩擦初期，中国金融市场基本认为中美贸易摩擦的威胁只是"说说而已"。美国贸易密集型企业的投资者可能认为，中美两国的相互威胁只是在亮出谈判的筹码，是下一步达成全面协议的前奏。他们甚至可能押注于（乐观的）未来并在贸易消息发布时增持此类股票推高股票价格，带来了正向收益。然而，对美贸易占比不大的公司并未得到投资者同样多的关注，也没有产生显著的市场收益（见表 5-1）。再后来，随着中国和美国正式承诺（在第四阶段）在第五阶段实施关税，"靴子落地了"，投资者似乎很快意识到，早期的想法只是空想而已，贸易摩擦将对两

第五章 对美贸易程度与市场反应不对称性

表 5-1 媒体报道语气对对美贸易密集型企业超额收益率的影响

面板 A：

因变量：对美贸易密集型企业的超额收益率	C	媒体语气	贸易事件	10年期国债收益率变动	汇率变动	经济景气度变动	消费者信心变动	公司固定效应	n	调整后的 R^2
整个特朗普执政时期	1.625*** 103.877	0.052*** 10.998			23.055*** 7.839	−0.483 −6.069	0.002 0.101	Y	64755	0.027
	1.624*** 103.79	0.050** 10.618		2.583** 2.164	23.869*** 8.123	−0.483 −6.074	−0.004 −0.224	Y	64755	0.029
	1.604*** 102.069	0.046*** 9.621	0.281*** 12.199	2.684*** 2.252	9.747 1.459	0.307** 2.411	0.136*** 4.319	Y	64755	0.031
第一阶段	1.267*** 42.644	0.038*** 4.223			6.876 1.028	0.396*** 3.096	0.126*** 3.988	Y	16005	0.058
	1.254*** 41.936	0.036*** 3.95		8.442 7.911				Y	16005	0.063
	1.234*** 41.079	0.039*** 4.225	0.437*** 6.058	12.931*** 12.147***				Y	16005	0.066
第二阶段	1.331*** 34.778	0.107*** 4.72		4.728 1.506	−5.448 −0.9	−6.361*** −13.229	0.183*** 7.561	Y	11155	0.076
	1.366*** 35.527	0.079*** 3.435		2.617	−1.748	−6.471*** −13.496	0.182*** 7.562	Y	11155	0.092
	1.328*** 34.445	0.081*** 3.529	0.590*** 8.509	8.260***	−10.594*			Y	11155	0.098
第三阶段	2.259*** 41.528	−0.165*** −8.93		1.931 3.012	−53.631*** −4.484	0.646 0.832	0.066 1.201	Y	5335	0.125
	2.314*** 39.917	−0.175*** −9.109		8.503* 13.538**	−31.228** −2.468	0.045 0.057	0.085 1.552	Y	5335	0.13
	2.211*** 36.247	−0.172*** −8.973	0.339*** 5.302					Y	5335	0.134

面板 B：

因变量：对美贸易密集型企业的超额收益率	C	媒体语气	贸易事件	10年期国债收益率变动	汇率变动	经济景气度变动	消费者信心变动	公司固定效应	n	调整后的 R^2
第四阶段	2.095*** 44.882	0.028* 1.784			10.7 1.453	0.809*** 3.381	0.066 0.964	Y	9506	0.06
	2.077*** 42.41	0.036** 2.233		−22.533*** −5.103	11.842 1.603	0.765*** 3.184	0.044 0.629	Y	9506	0.064
	2.047*** 39.883	0.039** 2.411	0.111* 1.899	−23.041*** −5.209				Y	9506	0.064
第五阶段	1.923*** 35.342	0.086*** 5.123			3.397 0.398	−0.907* −1.901	0.496*** 7.864	Y	8245	0.061
	1.892*** 34.398	0.088*** 5.227		2.026 4.112	−8 −0.923	−1.556*** −3.212	0.520*** 8.268	Y	8245	0.07
	1.865*** 33.938	0.111*** 6.492	−0.573*** −7.085					Y	8245	0.076
第六阶段	1.792*** 41.161	0.032** 2.318			6.477	−0.783*** −6.451	−0.551*** −13.036	Y	14507	0.057
	1.809*** 41.687	0.023** 2.318		10.000***	40.128*** 6.477			Y	14507	0.072
	1.800*** 41.169	0.021** 2.198	0.067* 1.648	9.758***	39.501*** 6.364	−0.806*** −6.598	−0.552*** −13.068	Y	14507	0.072

注：本表报告了对"对美贸易密集型企业的异常收益"的回归结果，省略了百分比符号。回归系数下面为其 t 统计量。*、**、*** 分别表示采用双尾检验时在10%、5%和1%的统计水平下显著。

表 5-2 媒体报道语气对非对美贸易密集型企业超额收益率的影响

面板 A:

因变量		C		媒体语气		贸易事件	10年期国债收益率变动	汇率变动	经济景气度变动	消费者信心变动		公司固定效应	n	调整后的 R^2
非对美贸易密集型企业的超额收益率	整个特朗普执政时期	0.031 *	1.905	−0.008 *	−1.694							Y	58686	0.004
		0.031 *	1.893	−0.009 *	−1.757	−0.215	−1.358	3.919	−0.057	−0.687	1.522	Y	58686	0.004
		0.031 *	1.905	−0.009 *	−1.733		−1.359	3.903	−0.057	−0.686	1.528	Y	58686	0.004
	第一阶段	0.024	0.699	−0.017	−1.539							Y	13635	0.014
		0.029	0.828	−0.018	−1.627	0.06	0.234	−4.198	−0.243	−1.62	−0.745	Y	13635	0.014
		0.029	0.816	−0.018	−1.623	0.005	0.225	−4.232	−0.242	−1.602	−0.747	Y	13635	0.014
	第二阶段	0.042	0.779	−0.014	−0.425							Y	9751	0.003
		0.042	0.779	−0.009	−0.291	0.013	−6.582	8.768	0.859	1.267	−0.538	Y	9751	0.003
		0.042	0.759	−0.009	−0.289	0.13	−6.505	8.656	0.856	1.263	−0.538	Y	9751	0.003
	第三阶段	0.132 **	2.181	−0.062 ***	−2.999							Y	4767	0.046
		0.124 *	1.925	−0.060 ***	−2.802	1.481	−10.483 **	−15.915	−0.556	−0.643	0.561	Y	4767	0.047
		0.092	1.355	−0.059 ***	−2.758	0.105	−8.909 *	−8.93	−0.742	−0.85	0.657	Y	4767	0.047

面板 B:

因变量		C		媒体语气		贸易事件	10年期国债收益率变动	汇率变动	经济景气度变动	消费者信心变动		公司固定效应	n	调整后的 R^2
非对美贸易密集型企业的超额收益率	第四阶段	−0.042	−0.96	0.017	1.177							Y	8643	0.02
		−0.062	−1.345	0.019	1.284	−0.185 ***	1.206	14.449 **	0.045	0.2	2.562	Y	8643	0.02
		−0.013	−0.272	0.014	0.946	−3.389	2.069	12.537 *	0.118	0.524	3.105	Y	8643	0.021
	第五阶段	0.05	0.914	−0.012	−0.725							Y	7800	0.003
		0.055	0.982	−0.013	−0.784	0.148	0.846	6.578	0.311	0.645	1.887	Y	4767	0.003
		0.055	0.989	−0.014	−0.798	0.012	0.802	6.82	0.324	0.661	1.876	Y	7800	0.003
	第六阶段	0.085 **	2.105	−0.011	−1.261							Y	14090	0.034
		0.085 **	2.093	−0.011	−1.215	−0.096	−0.689	8.284	0.11	0.978	1.889	Y	14090	0.034
		0.085 **	2.089	−0.011	−1.206	−0.004	−0.675	8.317	0.112	0.982	1.891	Y	14090	0.034

注：本表报告了对"非对美贸易密集型企业的异常收益"的回归结果，省略了百分比符号。回归系数下面为其 t 统计量。*、**、*** 分别表示采用双尾检验在 10%、5% 和 1% 的统计水平下显著。

国构成严重威胁，正如第五阶段在对美贸易密集型企业回归中贸易事件显著为负的回归系数体现得那样（见表5-1）。

（二）对股票波动的影响：对美贸易密集型企业与非对美贸易密集型企业

表5-3报告了基于对美国贸易密集型公司异常波动率的回归。结果表明，在特朗普执政时期的大部分时间里，这些公司的波动率都与媒体语气正相关，第三和第四阶段除外。因为在第一、二、五和六阶段，较高的媒体语气显著提高了对美贸易密集型企业的回报；只有在第三阶段，积极的官方态度降低了这些公司的股票收益率（见表5-1）且没有显著影响其波动性。这与投机的稳定破坏效果（即巨大的购买压力使价格脱离基本面[1]），以及克里希纳穆提（Krishnamurti）等人[2]提出的回报追逐理论相一致。官方媒体的乐观报道/强硬立场带来了更高的回报率，市场上随之而来的对这些公司的押注行为加剧了其波动程度。只有在第四阶段，尽管这些公司的收益有所增加但其投资者似乎变得更加犹豫不愿追涨逐利，从而降低了股票的波动性。当然，这也可能是由于投资者的焦虑（担忧）得到了缓解，因为更为乐观的官方立场可能意味着潜在的政府支持（尤其对更容易受到贸易摩擦影响的企业的支持）。

表5-4报告了对非对美贸易密集型公司超额（异常）波动率的回归。结果显示，较高的媒体语气显著降低了这些公司的波动性（第一阶段除外）。与收益率反应不显著相比，更为积极的官方态度确实降低了非对美贸易密集型公司投资者感受到的不确定性，这也与投机的稳定破坏效应相一致。参照表5-3的结果，由于投资者更多地追逐（投机）对美贸易密集型企业，投入非对美贸易密集型公司的投机资金将更少，因为市场上的资金流不太可能突然大幅增加。

总之，就波动性而言，这两类公司的投资者对媒体报道表现出不同的反应，存在不对称效应。

---

[1] 例如：Algieri, Brancaccio 和 Buonaguidi（2020）发现投机与股价波动之间存在因果关系。更多的研究是关于商品市场的。Daigler 和 Wiley（1999）发现，公众（被归类为不知情的交易者）提高了期货市场的波动性。Du, Cindy 和 Hayes（2011），以及 Shear（2021）也发现投机活动对期货价格波动具有正向影响。

[2] Krishnamurti, C., Tian G. G., Xu, M., Li, G., "No News is Not Good News: Evidence from the Intra-Day Return Volatility-Volume Relationship in Shanghai Stock Exchange", *Journal of the Asia Pacific Economy*, Vol. 18, No. 1, 2013.

表 5-3 媒体报道语气对对美贸易密集型企业超额波动率的影响

面板 A:

因变量：对美贸易密集型企业的超额波动率		C	媒体语气	贸易事件	10年期国债收益率变动	汇率变动	经济景气度变动	消费者信心变动	公司固定效应	n	调整后的 R^2
整个特朗普执政时期		−0.034 ***	0.003	1.066					Y	61282	0.004
		−3.756	0.487								
		−0.031 ***	0.001					−0.045 ***	Y	61282	0.008
		−3.394						−4.949			
		−0.039 ***	−0.001	−0.263	−7.136 ***	4.056 **	−0.349 ***	−0.047 ***	Y	61282	0.009
		−4.301			−10.375	2.408	−7.695	−5.201			
第一阶段		−0.424 ***	0.050 ***	0.118 ***	−7.102 ***	4.425 ***	−0.349 ***		Y	14397	0.141
		−20.912	7.963	9.013	−10.331	2.629	−7.716				
		−0.406 ***	0.048 ***		−6.472 ***	22.529 ***	−0.450 ***	−0.102 ***	Y	14397	0.147
		−19.932	7.634		−6.159	4.933	−5.223	−4.716			
		−0.414 ***	0.049 ***	0.165 ***	−6.767 ***	21.460 ***	−0.417 ***	−0.106 ***	Y	14397	0.148
		−20.181	7.778	3.323	−6.419	4.689	−4.815	−4.893			
第二阶段		−0.156 ***	0.093 ***		5.891 ***	5.844 *	−2.130 ***		Y	10232	0.065
		−6.970	7.010		3.225	1.654	−7.613				
		−0.151 ***	0.088 ***		5.203 ***	6.789 *	−2.107 ***	0.056 ***	Y	10232	0.073
		−6.692	6.562		2.823	1.913	−7.532	3.982			
		−0.144 ***	0.088 ***	−0.112 ***			−1.473 ***	0.056 ***	Y	10232	0.073
		−6.345	6.542	−2.769			−4.692	3.987			
第三阶段		0.168 ***	−0.008		−6.284 ***	10.275 **	−1.460 ***		Y	4885	0.186
		7.591	−1.013			2.129					
		0.109 ***	0.006					−0.026	Y	4885	0.197
		4.645	0.837					−1.152			
		0.111 ***	0.006	−0.008	−6.399 ***	9.768 *	−1.460 ***	−0.026	Y	4885	0.197
		4.497	0.827	−0.297		1.908	−4.599	−1.168			

面板 B:

因变量：对美贸易密集型企业的超额收益率		C	媒体语气	贸易事件	10年期国债收益率变动	汇率变动	经济景气度变动	消费者信心变动	公司固定效应	n	调整后的 R^2
第四阶段		0.479 ***	−0.086 ***						Y	9089	0.139
		19.992	−10.782								
		0.447 ***	−0.083 ***					−0.133 ***	Y	9089	0.155
		17.980	−10.335					−3.855			
		0.474 ***	−0.086 ***	−0.104 ***	−7.889 ***	−10.571 ***	−1.502 ***	−0.111 ***	Y	9089	0.157
		18.221	−10.636	−3.511	−7.412 ***	−3.549	−2.830	−3.184			
						−3.33	−3.105				
第五阶段		−0.131 ***	0.069 ***		0.788	−3.140	−0.706		Y	8232	0.075
		−4.637	7.922			1.232					
		−0.139 ***	0.070 ***					−0.117 ***	Y	8232	0.077
		−4.845	8.022					−3.547			
		−0.129 ***	0.062 ***	0.220 ***	−0.014	−0.009	−0.752 ***	−0.126 ***	Y	8232	0.080
		−4.487	6.901	5.219			0.477	−0.502 **	−1.989	−3.837		
第六阶段		−0.216 ***	0.035 ***						Y	14447	0.064
		−9.218	6.578								
		−0.204 ***	0.034 ***					−0.033	Y	14447	0.072
		−8.697	6.479		−14.637 ***	−3.124	0.461	−1.439			
		−0.214 ***	0.033 ***	0.082 ***	−14.931 ***	−3.904	0.433 ***	−0.035	Y	14447	0.074
		−9.097	6.209	3.741			−8.816	6.559	−1.164	−1.514		

注：本表报告了对"对美贸易密集型企业的异常波动率"的回归结果，省略了百分比符号。回归系数下面为其 t 统计量。*、**、*** 分别表示采用双尾检验时在10%、5%和1%的统计水平下显著。

表 5-4 媒体报道语气对非对美贸易密集型企业波动率的影响

面板 A：

因变量：非对美贸易密集型企业的超额收益率		C	媒体语气	贸易事件	10 年期国债收益率变动	汇率变动	经济景气度变动	消费者信心变动	公司固定效应	n	调整后的 R^2
整个特朗普执政时期		0.181 *** 28.729	−0.075 *** −39.482			1.963 * 1.667	−0.075 ** −2.377	−0.006 −0.889		58713	0.067
		0.182 *** 28.906	−0.075 *** −39.643		−3.288 *** −6.816	2.314 ** 1.967	−0.077 *** −2.428	−0.008 −1.236		58713	0.068
		0.174 *** 27.466	−0.077 *** −40.606	0.117 *** 12.710	−3.258 *** −6.764				Y	58713	0.070
第一阶段		−0.490 *** −38.082	0.058 *** 14.604			−23.232 *** −8.017	−0.095 *** −1.736	−0.052 *** −3.777	Y	13635	0.306
		−0.491 *** −37.951	0.059 *** 14.957		−2.286 *** −3.448	−25.201 *** −8.704	−0.035 −0.635	−0.059 *** −4.322	Y	13635	0.311
		−0.505 *** −38.896	0.061 *** 15.433	0.298 *** 9.566	−2.824 *** −4.258				Y	13635	0.315
第二阶段		0.421 *** 28.874	−0.052 *** −5.948			4.445 * 1.943	−1.283 *** −7.029	0.012 1.323	Y	9751	0.453
		0.447 *** 30.602	−0.063 *** −7.177		−13.415 *** −11.290	3.314 1.443	−1.308 *** −7.172	0.012 1.314	Y	9751	0.464
		0.439 *** 29.877	−0.062 *** −7.133	0.129 *** 4.899	−12.641 *** −10.558				Y	9751	0.465
第三阶段		0.297 *** 22.622	−0.048 *** −10.666			−8.646 *** −2.997	−0.366 *** −1.951	0.036 *** 2.726	Y	4767	0.506
		0.296 *** 21.164	−0.046 *** −10.011		3.243 *** 3.047	−10.990 *** −3.591	−0.304 −1.601	0.034 ** 2.571	Y	4767	0.508
		0.307 *** 20.803	−0.047 *** −10.078	−0.035 ** −2.287	2.715 ** 2.494				Y	4767	0.509

面板 B：

因变量：非对美贸易密集型企业的超额收益率		C	媒体语气	贸易事件	10 年期国债收益率变动	汇率变动	经济景气度变动	消费者信心变动	公司固定效应	n	调整后的 R^2
第四阶段		0.287 *** 23.486	−0.031 *** −7.514			4.327 ** 2.262	0.311 *** 5.004	0.220 *** 12.415		8643	0.330
		0.291 *** 22.851	−0.034 *** −8.216		−1.480 −1.294	3.361 * 1.755	0.348 *** 5.587	0.239 *** 13.320		8643	0.341
		0.316 *** 23.710	−0.037 *** −8.803	−0.094 *** −6.207	−1.043 −0.912				Y	8643	0.344
第五阶段		0.085 *** 5.171	−0.022 *** −4.352			12.124 *** 4.753	−1.319 *** −9.241	−0.232 *** −12.322		7800	0.425
		0.087 *** 5.323	−0.023 *** −4.592		6.110 *** 6.435	14.311 *** 5.519	−1.196 *** −8.238	−0.237 *** −12.569		7800	0.442
		0.092 *** 5.623	−0.027 *** −5.372	0.110 *** 4.537	5.711 *** 5.997				Y	7800	0.444
第六阶段		−0.226 *** −18.386	−0.014 *** −4.921			10.638 *** 6.054	0.104 *** 3.038	0.002 0.149		14117	0.249
		−0.222 *** −18.103	−0.014 *** −5.189		−5.706 *** −6.412	9.376 *** 5.353	0.058 * 1.682	−0.001 −0.084		14117	0.254
		−0.241 *** −19.520	−0.017 *** −6.024	0.136 *** 11.879	−6.206 *** −7.000				Y	14117	0.034

注：本表报告了对"非对美贸易密集型企业的异常波动率"的回归结果，省略了百分比符号。回归系数下面为其 t 统计量。*、**、*** 分别表示采用双尾检验时在 10%、5% 和 1% 的统计水平下显著。

(三) 有利/不利事件发生时媒体基调对股票收益的影响

表 5-5 和表 5-6 报告了对超额回报率的回归结果，其中包含媒体语气和不同类型事件的交互项。由于媒体发布日不一定与关键贸易事件日重合，因此一些媒体报道/新闻在没有贸易事件发生的情况下发布，故回归中同时设置三个交互项来代表这三种情况。

表 5-5 的结果表明，对于具有太多对美出口业务的公司，在全样本回归中较高的媒体语气在这三种情况下都会带来更高的股票收益。也就是说，不论面对好消息还是坏消息，官方媒体在稳定贸易密集型企业投资者的预期和提振信心方面都发挥了作用。

表 5-6 显示，对于没有过多对美贸易业务的公司，当面对正面事件或者没有事件发生的时候，媒体语气整体上基本没有显著影响；当不利事件发生时，较高的媒体基调则降低了这些股票的收益。在第三阶段没有贸易摩擦事件以及在第四阶段有利事件发生时，投资者对官方的积极态度表现出担忧和消极态度。但投资者的焦虑后面得到了缓解，并在下一阶段做出积极反应。当面临不利的贸易事件时，六个阶段中有四个阶段无论官方的态度如何，非贸易密集型企业都会做出负面反应，这很可能是因为投资者对贸易摩擦之下的经济前景感到担忧。

整体而言，贸易密集型企业和非贸易密集型企业对官方媒体的报道态度反应有所不同，对美贸易密集型企业通常对官方媒体报道更为敏感。相反，非对美贸易密集型企业通常对贸易摩擦似乎不太关心，只在贸易摩擦形势对中国不利时表现出担忧。

(四) 有利/不利事件发生时媒体语气对波动率的影响

表 5-7 报告了对美贸易密集型企业异常波动率的回归结果，其中包含媒体语气和不同类型事件的交互项。尽管在对于全样本进行回归时媒体语气的影响并不显著，但在单个阶段却表现出不同的特征。在贸易摩擦的六个阶段中有四个阶段，在面对不利事件和有利事件时，媒体语气对这类企业的影响产生了分化。

表 5-8 显示，较高的媒体语气在三种情况下都降低了这类企业的波动率。在六个阶段中的三个无论是面对有利事件还是不利事件，较高的媒体语气都显

表5-5 在有利/不利事件发生时媒体语气对对美贸易密集型企业收益的影响

面板A: 因变量:对美贸易密集型企业超额收益率

	整个特朗普执政时期			第一阶段				第二阶段				第三阶段			
C	1.763*** 125.914	1.731*** 118.028	1.666*** 112.162	1.629*** 104.339	1.305*** 45.759	1.232*** 42.449	1.314*** 44.587	1.253*** 41.942	1.437*** 40.023	1.308*** 36.165	1.461*** 38.761	1.271*** 33.391	2.164*** 48.229	2.367*** 44.409	2.121*** 41.964	2.294*** 39.590
媒体语气×无贸易事件	0.005 1.183	0.012*** 2.614	0.030*** 6.427	0.039*** 8.215	0.026*** 2.984	0.041*** 4.571	0.018* 1.952	0.035*** 3.823	0.040*** 1.837	0.099*** 4.543	0.014 0.608	0.117*** 5.182	−0.149*** −9.042	−0.203*** −11.024	−0.129*** −7.279	−0.181*** −9.196
媒体语气×有利事件	0.071*** 5.544		0.096*** 7.451		0.589*** 11.108		0.582*** 10.967		3.444*** 20.874		3.488*** 21.073			−0.201*** −6.768		−0.182*** −6.034
媒体语气×不利事件		0.199*** 17.779		0.208*** 18.465		−0.177*** −3.456		−0.152*** −2.977		0.115 1.326		0.268*** 3.136			0.212*** 4.437	0.156*** 3.217
10年期国债收益率变动	2.347** 1.965	3.018*** 2.531	2.885*** 2.421	11.859*** 7.754	12.776*** 8.335	11.695*** 7.643	5.968* 1.934	6.121* 1.729	11.015*** 3.166	9.245*** 2.104	8.968*** 2.034	10.028*** 2.280
汇率变动	24.089*** 8.169	19.084*** 6.480	20.279*** 6.878	8.492 1.276	12.906* 1.921	10.652 1.591	0.109 0.018	−9.163 −1.484	−2.909 −0.480	−57.951*** −4.859	−58.255*** −4.861	−60.889*** −5.095
经济景气度变动	−0.535*** −6.732	−0.344*** −4.293	−0.336*** −4.203	0.325*** 2.568	0.281*** 2.209	0.318*** 2.508	−6.193*** −13.107	−6.568*** −13.644	−6.208*** −13.142	0.794 1.029	0.120 0.155	0.481 0.619
消费者信心变动	−0.001 −0.044	0.023 1.449	0.021 1.301	0.138*** 4.386	0.140*** 4.428	0.138*** 4.405	0.187*** 7.884	0.182*** 7.504	0.182*** 7.672	0.062 1.127	0.061 1.108	0.068 1.233
公司固定效应	Y	Y	Y	Y	Y	Y	Y	Y	Y	Y	Y	Y	Y	Y	Y	Y
n	64755	64755	64755	64755	16005	16005	16005	16005	11155	11155	11155	11155	5335	5335	5335	5335
调整后的R²	0.026	0.028	0.032	0.033	0.057	0.070	0.064	0.071	0.075	0.125	0.091	0.133	0.125	0.137	0.139	0.138

面板 B:

因变量：对美贸易密集型企业超额收益率

	第四阶段			第五阶段			第六阶段		
C	2.174***	2.225***	1.975***	2.020***	2.070***	1.757***	2.049***	1.815***	1.974***	1.835***	1.820***
	56.981	52.587	43.566	41.055	42.062	33.044	38.970	32.345	54.012	47.955	41.950
媒体语气×无贸易事件	−0.003	−0.014	0.058***	0.045***	0.038**	0.121***	0.038**	0.104***	−0.019**	0.011	0.014
	−0.197	−0.965	3.788	2.755	2.457	7.500	2.381	6.093	−2.196	1.252	1.444
媒体语气×有利事件		−0.131***		−0.077**		1.088***		1.015***	−0.016		0.015
		−4.086		−2.372		12.566		11.346	−0.818		0.730
媒体语气×不利事件			0.295***	0.278***			−0.559***	−0.294***		0.101***	0.104***
			8.731	8.067			−6.243	−3.199		6.601	6.590
10年期国债收益率变动		−22.219***	−24.666***	−24.519***			5.196	0.012	10.094***	9.922***	9.902***
		−5.037	−5.598	−5.566			1.629	0.004	3.217	3.168	3.161
汇率变动		7.107	12.634*	11.752		−0.497	6.973	−4.121	40.363***	35.028***	35.907***
		0.968	1.723	1.601		−5.947	0.818	−0.484	6.343	5.582	5.619
经济景气度变动		0.895***	0.692***	0.729***		−0.700	−2.613***	−2.446***	−0.745***	−0.586***	−0.587***
		3.751	2.904	3.051		−1.665***	−4.832	−4.557	−6.071	−4.691	−4.701
消费者信心变动		0.079	0.065	0.068		−3.481	0.560***	0.182**	−0.541***	−0.464***	−0.464***
		1.162	0.956	1.002		0.138**	8.791	2.555	−12.687	−10.487	−10.489
						1.974					
公司固定效应	Y	Y	Y	Y	Y	Y	Y		Y	Y	Y
n	9506	9506	9506	9506	8245	8245	8245	8245	14507	14507	14507
调整后的 R²	0.059	0.065	0.071	0.071	0.061	0.087	0.073	0.088	0.057	0.072	0.075

注：本表报告了对"对美贸易密集型企业超额收益率"的回归结果，省略了百分比符号。回归系数下面为其 t 统计量。*、**、***分别表示采用双尾检验时在10%、5%和1%的统计水平下显著。

表5-6 在有利/不利事件发生时媒体语气对非对美贸易密集型企业收益的影响

面板 A:

	整个特朗普执政时期			因变量:非对美贸易密集型企业超额收益率 第一阶段			第二阶段			第三阶段			
C	0.003	0.009	0.021	0.030*	-0.001	0.009	0.033	0.039	0.021	0.028	0.038	0.060	0.091*	0.123**	0.080	0.124*
	0.224	0.587	1.328	1.810	-0.016	0.257	0.940	1.105	0.421	0.536	0.708	1.089	1.832	2.067	1.415	1.910
媒体语气×无贸易事件	0.001	-0.001	-0.004	-0.006	-0.008	-0.011	-0.017	-0.019*	0.000	0.002	-0.001	-0.013	-0.053**	-0.064**	-0.051**	-0.064***
	0.284	-0.116	-0.775	-1.227	-0.795	-1.005	-1.609	-1.754	-0.004	0.069	-0.029	-0.396	-2.918	-3.094	-2.561	-2.905
媒体语气×有利事件		-0.018		-0.023*		-0.050		-0.060		-0.356		-0.393*		-0.046		-0.046
		-1.371		-1.743		-0.804		-0.966		-1.515		-1.669		-1.397		-1.376
媒体语气×不利事件			-0.039***	-0.041***			-0.213***	-0.216***			-0.209*	-0.226*			0.013	-0.001
			-3.376	-3.543			-3.527	-3.567			-1.711	-1.849			0.241	-0.025
10年期国债收益率变动		-1.302	-1.436	-1.402		0.297	0.045	0.069		-6.851	-10.546**	-11.102**		-10.399**	-10.677**	-10.406**
		-1.038	-1.144	-1.118		0.164	-0.025	0.038		-1.550	-2.122	-2.229		-2.119	-2.174	-2.117
汇率变动		3.654	4.720	4.410		-4.375	-1.517	-1.276		8.823	12.093	11.376		-16.950	-16.276	-16.924
		1.190	1.536	1.433		-0.554	-0.191	-0.161		1.030	1.396	1.312		-1.275	-1.221	-1.269
经济景气度变动		-0.048	-0.086	-0.088		-0.234	-0.240	-0.244		0.882	0.937	0.896		-0.540	-0.628	-0.537
		-0.578	-1.038	-1.057		-1.560	-1.606	-1.631		1.300	1.381	1.321		-0.626	-0.724	-0.618
消费者信心变动		0.026	0.021	0.021		-0.030	-0.029	-0.029		-0.019	-0.015	-0.015		0.032	0.030	0.032
		1.549	1.236	1.272		-0.798	-0.780	-0.777		-0.551	-0.432	-0.434		0.520	0.489	0.518
公司固定效应	Y	Y	Y	Y	Y	Y	Y	Y	Y	Y	Y	Y	Y	Y	Y	Y
n	58686	58686	58686	58686	13635	13635	13635	13636	9751	9751	9751	9751	4767	4767	4767	4767
调整后的 R^2	0.004	0.004	0.005	0.005	0.014	0.014	0.015	0.015	0.003	0.003	0.003	0.004	0.046	0.047	0.046	0.047

面板 B：

因变量：非对美贸易密集型企业超额收益率

	第四阶段				第五阶段				第六阶段		
C	−0.092***	−0.078*	−0.106**	−0.059	0.062	0.009	0.088*	0.040	0.014	0.028	0.066*	0.082**
	−2.584	−1.973	−2.489	−1.271	1.252	0.171	1.658	0.699	0.463	0.832	1.849	2.020
媒体语气×无贸易事件	0.042***	0.034**	0.042***	0.029*	−0.017	−0.001	−0.024	−0.011	0.006	0.003	−0.005	−0.008
	3.277	2.519	2.953	1.883	−1.092	−0.089	−1.479	−0.619	0.899	0.401	−0.594	−0.891
媒体语气×有利事件		−0.075**	−0.080***			0.247***		0.208**		−0.005		−0.015
		−2.492	−2.605			2.804		2.286		−0.267		−0.825
媒体语气×不利事件		−0.009	−0.026				−0.211**	−0.157*			−0.033**	−0.036**
		−0.279	−0.807				−2.333	−1.676			−2.318	−2.446
10年期国债收益率变动		1.392	1.462	1.612		−0.250	1.659	0.594		−0.722	−0.674	−0.653
		0.337	0.353	0.389		−0.078	0.514	0.182		−0.247	−0.231	−0.223
汇率变动		15.764**	16.236**	15.327**		3.973	7.222	4.943		7.479	9.928*	8.996
		2.287	2.351	2.217		0.460	0.839	0.571		1.260	1.694	1.508
经济景气度变动		0.076	0.054	0.092		0.211	−0.239	−0.204		0.105	0.049	0.050
		0.341	0.243	0.409		0.433	−0.438	−0.373		0.918	0.421	0.434
消费者信心变动		0.159**	0.156**	0.160**		0.025	0.126**	0.049		0.075*	0.048	0.048
		2.477	2.442	2.493		0.357	1.965	0.673		1.877	1.160	1.163
公司固定效应	Y	Y	Y	Y	Y	Y	Y	Y	Y	Y	Y	Y
n	8643	8643	8643	8643	7800	7800	7800	7800	14090	14090	14090	14090
调整后的 R²	0.021	0.022	0.021	0.022	0.003	0.004	0.004	0.004	0.034	0.034	0.034	0.034

注：本表报告了对"非对美贸易密集型企业超额收益率"的回归结果。回归系数下面为其 t 统计量。*、**、*** 分别表示采用双尾检验时在10%、5%和1%的统计水平下显著。

表 5-7 在有利/不利事件发生时媒体语气对对美贸易密集型企业波动率的影响

面板 A：

因变量：对美贸易密集型企业异常波动率

	整个特朗普执政时期				第一阶段				第二阶段				第三阶段			
C	−0.011	−0.025***	−0.015*	−0.030***	−0.397***	−0.375***	−0.421***	−0.416***	−0.160***	−0.179***	−0.124***	−0.156***	0.171***	0.159***	0.077***	0.097***
	−1.351	−2.975	−1.799	−3.291	−20.408	−18.874	−21.001	−20.372	−7.613	−8.282	−5.610	−6.846	9.360	7.362	3.770	4.131
媒体语气× 无贸易事件	−0.005**	−0.002	−0.004*	−0.001	0.041***	0.038***	0.051***	0.050***	0.098***	0.106***	0.078***	0.095***	−0.010	−0.010	0.015**	0.009
	−2.137	−0.730	−1.693	−0.242	6.846	6.234	8.281	7.907	7.775	8.144	5.940	7.077	−1.503	−1.339	2.066	1.119
媒体语气× 有利事件		0.036***		0.037		−0.067*		−0.053		0.616***		0.588***		−0.037***		−0.021*
		4.926		0.000		−1.830		−1.461		6.183		5.886		−3.050		−1.725
媒体语气× 不利事件			0.006	0.009			0.295***	0.293***			−0.188***	−0.162***			0.137***	0.131***
			0.906	0.151			8.450	8.377			−3.738	−3.224			7.190	6.731
10年期国债收益率变动	−7.209***	−7.136***	−7.186***	−6.295***	−6.080***	−5.980***	4.344**	0.421	1.211	−6.062***	−5.531***	−5.412***
	−10.481	−10.372	−10.445	−5.976	−5.793	−5.687	2.378	0.203	0.586	−3.396	−3.109	−3.041
汇率变动	4.554***	3.912**	4.384***	23.615***	19.207***	−0.101***	8.450***	9.195***	10.207***	9.535**	7.241**	6.954**
	2.699	2.316	2.592	5.170	4.191	4.235	2.377	2.556	2.839	1.975	1.502	1.442
经济景气度变动	−0.351***	−0.345***	−0.342***	−0.465***	−0.448***	−0.451***	−2.042***	−2.088***	−2.032***	−1.350***	−1.657***	−1.617***
	−7.762	−7.550	−7.493	−5.403	−5.211	−5.248	−7.307	−7.464	−7.273	−4.313	−5.290	−5.148
消费者信心变动	−0.046***	−0.044***	−0.045***	−0.100***	−0.101***	−0.101***	0.058***	0.061***	0.061***	−0.025	−0.021	−0.020
	−5.025	−4.795	−4.899	−4.632	−4.707	−4.701	4.140	4.314	4.331	−1.127	−0.946	−0.906
公司固定效应	Y	Y	Y	Y	Y	Y	Y	Y	Y	Y	Y	Y	Y	Y	Y	Y
n	61282	61282	61282	61282	14397	14397	14397	14397	10232	10232	10232	10232	4885	4885	4885	4885
调整后的 R^2	0.004	0.008	0.008	0.008	0.140	0.147	0.151	0.151	0.066	0.077	0.074	0.078	0.186	0.199	0.206	0.206

面板 B:

因变量：对美贸易密集型企业异常波动率

	第四阶段				第五阶段			第六阶段		
C	0.347 ***	0.352 ***	0.403 ***	0.459 ***	−0.108 ***	−0.104 ***	−0.141 ***	−0.130 ***	−0.081 ***	−0.137 ***	−0.100 ***	−0.205 ***
	17.676	16.324	17.489	18.307	−4.218	−3.740	−5.134	−4.394	−4.648	−6.974	−4.823	−8.787
媒体语气×无贸易事件	−0.042 ***	−0.052 ***	−0.066 ***	−0.082 ***	0.063 ***	0.061 ***	0.072 ***	0.069 ***	0.002	0.015 ***	0.008 *	0.030 ***
	−5.978	−7.064	−8.640	−10.060	7.951	7.202	8.525	7.674	0.583	3.388	1.686	5.655
媒体语气×有利事件		−0.064 ***		−0.092 ***		−0.080 *		−0.049		0.090 ***		0.104 ***
		−3.965		−5.605		−1.765		−1.035		8.591		9.611
媒体语气×不利事件			−0.124 ***	−0.144 ***			0.141 ***	0.128 ***			0.027 ***	0.046 ***
			−7.268	−8.281			3.012	2.651			3.252	5.392
10年期国债收益率变动	−8.590 ***		−7.497 ***	−7.348 ***	1.699		0.760	1.009		−14.633 ***	−14.580 ***	−14.718 ***
	−3.854		−3.363	−3.301	1.023		0.457	0.600		−8.655	−8.605	−8.714
汇率变动	−8.138 **	−9.526 ***		−10.542 ***	−1.423	−2.744 ***		−2.218		4.067	−4.134	2.105
	−2.177	−2.549		−2.822	−0.319	−0.617		−0.495		1.184	−1.216	0.610
经济景气度变动	−1.560 ***	−1.516 ***	−1.472 ***		−0.869 ***	−0.521 ***	−1.851	−0.529 *		0.422 ***	0.501 ***	0.491 ***
	−12.873	−12.516	−12.145		−3.462			−1.878		6.369	7.415	7.289
消费者信心变动	−0.140 ***	−0.138 ***	−0.134 ***		−0.058	−0.095 ***		−0.077 **		−0.055 **	−0.020	−0.020
	−4.055	−4.016	−3.913		−1.578	−2.868		−2.061		−2.370	−0.817	−0.854
公司固定效应	Y	Y	Y	Y	Y	Y	Y	Y	Y	Y	Y	Y
n	9089	9089	9089	9089	8232	8232	8232	8232	14447	14447	14447	14447
调整后的 R²	0.131	0.150	0.154	0.157	0.075	0.077	0.078	0.078	0.061	0.075	0.071	0.077

注：本表报告了对"对美贸易密集型企业超额波动率"的回归结果。回归系数下面为其 t 统计量。*、**、*** 分别表示采用双尾检验时在 10%、5% 和 1% 的统计水平下显著。

著削弱了非对美贸易密集型企业的波动率（这种影响从第三阶段开始）。

因此，在面对有利事件和不利事件时，媒体语气对非对美贸易密集型企业的影响分化并不明显。面对乐观的官媒态度，对美贸易密集型企业（非对美贸易密集型企业）更可能（不可能）成为投机者追逐的对象。

（五）考虑媒体发布强度情况下媒体语气的影响

不可否认，仅依靠新闻报道中正、负面短语的数量计算出的语气指数来衡量媒体的态度而不考虑媒体报道发布的频率（强度），可能会影响分析结果。由于媒体报道的强度可以表明主流媒体对每个事件的关注程度甚至政府对该问题的立场和态度，因此，我们基于媒体发布的强度进行稳健性检验。我们有理由相信，在同一日多次的媒体报道将吸引更多投资者的关注，并加强媒体语气对市场的影响。

表5-9在同时考虑媒体报道语气以及媒体语气与媒体报道强度（"多次报道"）交互项的情况下，对对美贸易密集型企业和非对美贸易密集型企业的"异常收益"（面板A）和"异常波动率"（面板B）进行了回归。表5-9的面板A显示，对于对美贸易密集型企业，考虑媒体发布强度之后并未改变媒体语气的影响。媒体发布强度增强了媒体语气的影响，因为"媒体语气"与"多次报道"的交互项比"媒体语气"本身产生了更为重要的影响。也就是说，政府控制的媒体更为密集的报道行为体现出的乐观态度向贸易密集型企业传递了积极信号。但对于非对美贸易密集型企业来讲，乐观情绪的增强并未对市场产生显著影响。这与表5-2的结果相一致，即，在控制了发布强度后较高的媒体基调对这类公司产生了负面影响。

表5-9的面板B报告了对公司层面波动率的回归结果。对于对美贸易密集型企业来说，尽管在控制媒体发布强度后媒体语气本身并没有显著影响，但"媒体语气"与"多次报道"的交互作用显著提高了对美贸易密集型企业的整体波动性。也就是说，强化的媒体发布可能增强了投资者的逐利行为。对于非对美贸易密集型企业，在控制媒体的发布强度后，媒体语气仍显著降低了企业的波动性；与表5-4的结果相一致，交互项"媒体语气×多次报道"的系数显著为正。频繁的报道似乎传递了太多的不确定性，相较于单次发布使投资者感到了更多的不安。

表5-8 在有利/不利事件发生时媒体语气对非对美贸易密集型企业波动率的影响

面板A：

	因变量：非对美贸易密集型企业异常波动率												
	整个特朗普执政时期				第一阶段				第二阶段			第三阶段	
C	0.125***	0.144***	0.158***	0.183***	−0.442***	−0.454***	−0.491***	−0.508***	0.441***	0.436***	0.450***	0.439***	0.231***	0.283***	0.220***	0.289***
	22.153	24.427	26.307	28.930	−35.672	−35.902	−38.772	−39.476	32.381	31.120	31.456	29.772	21.137	21.981	17.882	20.615
媒体语气×无贸易事件	−0.060***	−0.065***	−0.069***	−0.076***	0.042***	0.047***	0.057***	0.062***	−0.066***	−0.058***	−0.066***	−0.060***	−0.026***	−0.040***	−0.022***	−0.042***
	−34.148	−35.786	−37.360	−39.399	10.978	11.997	14.624	15.661	−8.089	−6.856	−7.711	−6.819	−6.388	−9.029	−4.961	−8.818
媒体语气×有利事件		−0.054***		−0.064***		0.141***		0.159***		0.208***		0.204***		−0.071***		−0.073***
		−10.686		−12.472		6.189		7.055		3.283		3.208		−9.914		−9.930
媒体语气×不利事件			−0.069***	−0.075***			0.380***	0.388***			−0.033	−0.024			0.010	−0.012
			−15.713	−16.981			17.286	17.620			−1.006	−0.725			0.861	−1.039
10年期国债收益率变动	−3.124***	−3.403***	−3.311***		−2.478***	−1.764***	−2.070***		−12.007***	−12.743***	−12.456***		3.784***	3.299***	3.724***
	−6.460	−7.042	−6.861		−3.721	−2.679	−3.141		−9.094	−9.519	−9.288		3.558	3.069	3.497
汇率变动	0.734	2.985**	2.132*		−22.600***	−27.529***	−28.168***		4.025*	3.924*	4.294*		−10.123***	−8.880***	−9.893***
	0.621	2.524	1.802		−7.782	−9.517	−9.751		1.746	1.681	1.839		−3.514	−3.044	−3.425
经济景气度变动	−0.002	−0.071**	−0.076**		−0.111**	−0.102*	−0.092*		−1.280***	−1.299***	−1.278***		−0.491***	−0.608***	−0.466***
	−0.051	−2.234	−2.373		−2.018	−1.875	−1.690		−7.008	−7.114	−6.999		−2.626	−3.204	−2.476
消费者信心变动	0.002	−0.008	−0.006		−0.048***	−0.049***	−0.050***		0.011	0.012	0.012		0.042***	0.039***	0.041***
	0.384	−1.183	−0.927		−3.508	−3.622	−3.654		1.230	1.269	1.273		3.143	2.862	3.107
公司固定效应	Y	Y	Y	Y	Y	Y	Y	Y	Y	Y	Y	Y	Y	Y	Y	Y
n	58713	58713	58713	58713	13635	13635	13635	13635	9751	9751	9751	9751	4767	4767	4767	4767
调整后的 R^2	0.061	0.063	0.065	0.068	0.302	0.308	0.321	0.323	0.453	0.465	0.464	0.465	0.498	0.511	0.501	0.511

第五章　对美贸易程度与市场反应不对称性　93

面板 B：

因变量：非对美贸易密集型企业异常波动率

	第四阶段				第五阶段				第六阶段			
C	0.236***	0.242***	0.282***	0.301***	0.062***	0.079***	0.082***	0.101***	-0.252***	-0.253***	-0.221***	-0.224***
	23.566	21.904	23.865	23.423	4.191	4.924	5.214	5.991	-27.509	-24.392	-20.368	-18.212
媒体语气×无贸易事件	-0.013***	-0.017***	-0.029***	-0.034***	-0.015***	-0.020***	-0.021***	-0.027***	-0.008***	-0.008***	-0.015***	-0.014***
	-3.626	-4.583	-7.283	-8.114	-3.211	-4.082	-4.398	-5.188	-3.718	-3.473	-5.975	-5.185
媒体语气×有利事件		-0.016*		-0.031***		-0.055***		-0.083***		0.008		0.003
		-1.908		-3.696		-2.116		-3.097		1.529		0.491
媒体语气×不利事件			-0.073***	-0.079***			-0.092***	-0.114***			-0.020***	-0.019***
			-8.289	-8.877			-3.448	-4.124			-4.560	-4.323
10年期国债收益率变动		-1.764	-1.153	-1.094		6.144***	6.332***	6.759***		-5.751***	-5.712***	-5.715***
		-1.538	-1.007	-0.956		6.434	6.623	7.001		-6.461	-6.421	-6.425
汇率变动	5.621***	4.650**	4.293**		12.290***	12.082***	12.996***		11.454***	12.104***	12.272***	
	2.938	2.435	2.247		4.797	4.739	5.067		6.346	6.797	6.766	
经济景气度变动	0.283***	0.316***	0.331***		-1.251***	-1.539***	-1.5528***		0.122***	0.093***	0.093***	
	4.550	5.091	5.321		-8.661	-9.509	-9.5976		3.506	2.626	2.618	
消费者信心变动	0.2159***	0.2178***	0.219***		-0.22***	-0.2339***	-0.2029***		0.011	-0.004	-0.004	
	12.144	12.297	12.375		-10.419	-12.293	-9.439		0.884	-0.292	-0.293	
公司固定效应	Y	Y	Y	Y	Y	Y	Y	Y	Y	Y	Y	Y
n	8643	8643	8643	8643	7800	7800	7800	7800	14117	14117	14117	14117
调整后的 R^2	0.326	0.338	0.343	0.344	0.425	0.442	0.443	0.443	0.249	0.254	0.255	0.255

注：本表报告了对"非对美贸易密集型企业超额波动率"的回归结果。回归系数下面为其 t 统计量。*、**、*** 分别表示双尾检验时在 10%、5% 和 1% 的统计水平下显著。

表 5-9　　考虑新闻发布强度时媒体语气对超额收益率和波动率的影响

面板 A：对收益率的回归

	因变量：异常收益率					
	对美贸易密集型企业			非对美贸易密集型企业		
C	1.625***	1.612***	1.595***	0.031*	0.033**	0.033**
	103.877	102.905	101.446	1.905	1.992	1.973
媒体语气	0.052***	0.051***	0.045***	-0.008*	-0.008*	-0.009*
	10.998	10.723	9.496	-1.694	-1.663	-1.717
媒体语气 × 多次报道		0.146***	0.127***		-0.017	-0.017
		11.452	9.799		-1.292	-1.253
贸易事件			0.245***			0.000
			10.522			-0.021
10 年期国债收益率变动			2.708**			-1.360
			2.273			-1.084
汇率变动			23.703***			3.928
			8.072			1.282
经济景气度变动			-0.499***			-0.054
			-6.283			-0.659
消费者信心变动			-0.002			0.025
			-0.126			1.515
公司固定效应	Y	Y	Y	Y	Y	Y
n	64755	64755	64755	58686	58686	58686
调整后的 R^2	0.027	0.029	0.033	0.004	0.004	0.004

表 5-10 检验媒体语气和媒体报道强度在有利事件/不利事件发生时的共同影响，其结果与表 5-9 基本一致。对于对美贸易密集型企业，无论是有利事件、不利事件还是没有贸易事件发生时，媒体语气和媒体报道强度的联合影响均显著为正，与表 5-5 的结果一致。但对于非对美贸易密集型企业来讲，媒体

面板 B：对波动率的回归

	因变量：异常波动率					
	对美贸易密集型企业			非对美贸易密集型企业		
C	-0.034***	-0.051***	-0.052***	0.181***	0.172***	0.167***
	-3.756	-5.666	-5.755	28.729	27.290	26.447
媒体语气	0.003	0.001	-0.002	-0.075***	-0.076***	-0.078***
	1.066	0.390	-0.624	-39.482	-40.110	-40.970
媒体语气×多次报道		0.196***	0.191***		0.105***	0.097***
		27.065	26.147		20.606	18.935
贸易事件			0.065***			0.090***
			4.926			9.692
10年期国债收益率变动			-7.088***			-3.251***
			-10.369			-6.768
汇率变动			4.152**			2.168*
			2.480			1.849
经济景气度变动			-0.375***			-0.090***
			-8.321			-2.841
消费者信心变动			-0.045***			-0.007
			-4.971			-1.057
公司固定效应	Y	Y	Y	Y	Y	Y
n	61282	61282	61282	58713	58713	58713
调整后的 R^2	0.004	0.016	0.020	0.067	0.073	0.076

注：该表报告了对对美贸易密集型企业和非对美贸易密集型企业"异常收益率"和"异常波动率"的回归结果。回归中考虑了媒体报道的强度，"多次报道"。回归系数下面为其t统计量。*、**、***分别表示采用双尾检验时在10%、5%和1%的统计水平下显著。

语气和多次媒体发布的联合作用在两类贸易事件发生时都基本较弱；与表5-6中交互项"媒体语气×不利事件"的回归系数为负不同，交互项"媒体语气×不利事件×多次报道"的不显著的回归系数说明，媒体乐观态度的多次发布缓解了投资者在逆境中的负面情绪。

表 5-10 在有利/不利事件发生时考虑新闻发布强度的情况下媒体语气的影响

面板 A：媒体语气对异常收益率的影响

	因变量：异常收益率							
	对美贸易密集型企业				非对美贸易密集型企业			
C	1.625***	1.614***	1.612***	1.611***	0.031*	0.032	0.031	0.032
	103.877	102.939	102.918	102.858	1.905	1.925	1.909	1.944
媒体语气	0.052***	0.050***	0.049***	0.049***	-0.008*	-0.009*	-0.009*	-0.008*
	10.998	10.484	10.331	10.285	-1.694	-1.725	-1.727	-1.695
媒体语气 × 无贸易事件 × 多次报道		0.132***	0.134***	0.134***		-0.001	-0.001	-0.001
		8.545	8.631	8.653		-0.037	-0.034	-0.051
媒体语气 × 有利事件 × 多次报道		0.063**		0.064**		-0.052*		-0.052*
		2.120		2.189		-1.686		-1.696
媒体语气 × 不利事件 × 多次报道			0.319***	0.319***			-0.046	-0.047
			9.614	9.629			-1.361	-1.373
10 年期国债收益率变动		2.519**	2.703**	2.720**		-1.370	-1.387	-1.400
		2.111	2.267	2.281		-1.092	-1.105	-1.116
汇率变动		23.658***	23.599***	23.170***		4.258	3.999	4.344
		8.024	8.026	7.863		1.386	1.304	1.413
经济景气度变动		-0.496***	-0.503***	-0.504***		-0.056	-0.055	-0.055
		-6.236	-6.328	-6.339		-0.678	-0.672	-0.663
消费者信心变动		0.003	0.003	0.003		0.026	0.025	0.026
		0.187	0.211	0.186		1.541	1.523	1.542
公司固定效应	Y	Y	Y	Y	Y	Y	Y	Y
n	64755	64755	64755	64755	58686	58686	58686	58686
调整后的 R^2	0.027	0.030	0.031	0.031	0.004	0.004	0.004	0.004

面板 B：媒体语气对异常波动率的影响

因变量：异常波动率

	对美贸易密集型企业				非对美贸易密集型企业			
C	-0.034***	-0.044***	-0.045***	-0.047***	0.181***	0.173***	0.174***	0.173***
	-3.756	-4.913	-5.043	-5.213	28.729	27.508	27.644	27.436
媒体语气	0.003	0.000	0.000	-0.001	-0.075***	-0.076***	-0.076***	-0.076***
	1.066	0.102	-0.175	-0.333	-39.482	-40.160	-40.038	-40.276
媒体语气×无贸易事件×多次报道		0.174***	0.175***	0.176***		0.106***	0.105***	0.106***
		19.751	19.929	20.022		17.162	17.092	17.222
媒体语气×有利事件×多次报道		0.134***		0.137***		0.129***		0.130***
		8.019		8.189		10.929		10.970
媒体语气×不利事件×多次报道			0.365***	0.366***			0.068***	0.069***
			19.711	19.782			5.223	5.308
10年期国债收益率变动		-7.233***	-7.037***	-6.998***		-3.334***	-3.323***	-3.290***
		-10.553	-10.294	-10.242		-6.934	-6.906	-6.843
汇率变动		4.539***	4.786***	3.877**		1.932	2.658**	1.805
		2.697	2.857	2.311		1.641	2.260	1.533
经济景气度变动		-0.367***	-0.375***	-0.377***		-0.087***	-0.087***	-0.089***
		-8.129	-8.318	-8.367		-2.762	-2.759	-2.820
消费者信心变动		-0.044***	-0.043***	-0.044***		-0.005	-0.004	-0.005
		-4.802	-4.734	-4.828		-0.798	-0.677	-0.801
公司固定效应	Y	Y	Y	Y	Y	Y	Y	Y
n	61282	61282	61282	61282	58713	58713	58713	58713
调整后的 R^2	0.004	0.015	0.020	0.021	0.067	0.074	0.073	0.074

注：本表报告了对对美贸易密集型企业和非对美贸易密集型企业"和"异常波动率"的回归结果。回归中考虑了媒体语气、不同的贸易事件类型以及媒体报道的强度。回归系数下面为其 t 统计量。*、**、***分别表示采用双尾检验时在10%、5%和1%的统计水平下显著。

此外，对于对美贸易密集型企业，尽管媒体语气本身并不显著，但媒体语气和多次报道的交互作用显著加剧了美国贸易密集型企业在每种情况下的波动性（面板B）。考虑到表5-7中媒体语气和事件类型的联合作用（对于全样本）基本上并不显著，我们可以认为，提高媒体报道的频率增强了市场上的逐利行为。

对于非对美贸易密集型的企业，在控制媒体发布强度后，乐观的媒体语气本身显著降低了公司的波动率，这与表5-4的结果一致。所有"媒体语气""多次报道"和各类事件交互项的回归系数均显著为正，其中以"媒体语气×多次报道×有利事件"的系数为最高。考虑到表5-8中"媒体语气"和各类贸易事件交互项的系数多为负或者不显著，我们有理由相信，官方乐观报道的多次发布改变了投资者对那些非对美贸易密集型企业的态度，即从无所谓（或规避）到不安（或投机）。

结果显示，媒体报道频率的提高维持（有时甚至增强）了媒体语气的原本影响。大多数包含虚拟变量"多次报道"的交互项对于两类企业的影响要比"媒体语气"本身更为显著。

（六）进一步讨论

本章研究利用企业层面的数据，探讨了媒体语气的影响及影响渠道。我们根据贸易事件的预期影响将其分为两组，"有利事件"和"不利事件"。然而，"有利事件"和"不利事件"的划分并不是绝对的，在本章中，"有利事件"更多体现为中国政府在贸易摩擦中对抗美国的行动。已有研究也表明，贸易摩擦对中美和第三方都产生了一些意想不到的影响，美国和中国的关税不仅直接损害了海外的标的公司/行业，也损害了国内的公司[1]，本章未对全球价值链的相互依赖问题进行讨论。这方面可能是未来研究一个值得探讨的主题。

在这一特殊的历史时期，投资者心理是一个复杂的过程。本章研究在探讨贸易摩擦背景下投资者的心理过程方面做出了初步尝试。面对好消息和坏消息时的投资者的异常行为可能来自逐利行为[2]（羊群行为），也可能来自贸易摩擦过程中的焦虑心理。当"焦虑"影响投资者对媒体报道的反应时，他们变得多

---

[1] Egger, P., Zhu, J., "The U.S.-China Trade War: An Event Study of Stock-Market Responses", CEPR Discussion Papers, 2019.

[2] Krishnamurti, C., Tian G. G., Xu, M., Li, G., "No News is not Good News: Evidence from the Intra-Day Return Volatility-Volume Relationship in Shanghai Stock Exchange", *Journal of the Asia Pacific Economy*, Vol. 18, No. 1, 2013.

疑（警惕），甚至怀疑正在发生的事情。他们可能会用不同于字面意思的方式来解读媒体的报道，并急于止损或者害怕交易。

不可否认，量化国管媒体报道的影响，甚至是贸易摩擦事件本身都是困难的事情。其他事件往往也会影响市场，比如持续的金融去杠杆、新兴市场的经济放缓，以及2018年以来的美元利率上升。此类事件给股票市场带来的压力在研究中很难排除。因此，除了文中的计算方式，我们还采用不同的估计期来控制季节性影响[1]，并得到了一致的结果。可以大胆地认为，本章的结果反映了中国官方报道策略和贸易强度的主要影响。我们的研究结果为如何定义贸易摩擦事件、报道策略和检验投资者的交易行为增添了较为谨慎的解释。

五　小结

本章考察了在有利事件和不利事件发生时，媒体语气对对美贸易密集型企业与非对美贸易密集型企业市场表现的影响，并从以下几个方面做出了创新。首先，虽然有研究考察了贸易摩擦事件对股票市场的影响，但鲜有研究考察媒体报道策略的影响，特别是在公司层面的影响。其次，本章研究首次将对美国贸易密集型企业与非对美贸易密集型企业进行了区分，以检验媒体语气的不对称效应。再次，本章研究将主要贸易摩擦事件区分为有利事件和不利事件，并研究在有利事件和不利事件发生时媒体语气的不对称影响。最后，首次对中美贸易摩擦相关新闻的发布强度进行了考察。

我们发现，这两类公司的投资者对媒体报道做出了不同的反应，存在不对称效应。对美贸易密集型企业比非对美贸易密集型企业更关心政府对贸易摩擦的态度，以及官方媒体报道中隐含的潜在政策支持。本章研究将贸易事件进一步划分为有利事件和不利事件，并通过构建其与媒体语气的交互项来考察媒体语气在不同状况下的影响。总的来说，对美贸易密集型企业和非对美贸易密集型企业对官方媒体报道的反应有所不同。从股票回报率来看，对美贸易密集型企业通常对官媒报道更为敏感。相比之下，非对美贸易密集型企业对贸易摩擦

---

[1] 为了控制检验结果的季节性，本书还使用了两个月（61天）窗口（-280，-220）的实际收益来估计正常（预期）收益，这样得出的估计和新闻发布日具有相同的季度。在相同的季度，我们认为，市场更可能受到类似因素的影响，比如基金经理的择时选择，以及宏观经济信息的发布。我们用这种方法做稳健检验得到了类似的结果。

的消息似乎无动于衷,但在贸易形势对中国不利时表现出了担忧情绪。从股票波动率来看,在贸易摩擦的六个阶段中有四个阶段,在面对不利事件和有利事件时,媒体语气对对美贸易密集型企业的影响出现了分化。本章研究还分析了报道强度(频率)的影响,发现在媒体进行多次报道的情况下,"媒体语气"的作用更为显著。

第六章 双方行动选择与股票市场反应

一 引言：媒体报道、双方行动与股票市场

本章主要考察中美双方在贸易摩擦中所采取的行动和媒体语气对中国股票市场的共同影响。新闻媒体在解读和传播可能影响整个经济或市场的具体事件最新信息（比如双边贸易摩擦）方面发挥着至关重要的作用。在全球经济增长放缓的情况下，中美贸易摩擦对全球经济以及资本市场的影响可能会被大幅放大，甚至严重影响全球生产和价值链。自特朗普就职以来，投资者对于未来的担忧显得更为突出。自从2018年7月6日美国对第一批中国商品加征25%的关税以来，中美两国已经无数次卷入"反反复复的谈判，针锋相对的关税战，引进外国技术限制，打了几次WTO官司，因此导致中美贸易紧张局势到达了一场全面贸易战的边缘"[1]。目前为止，美国已对价值5500亿美元的中国产品征收关税，中国则已经对价值1850亿美元的美国商品征收关税。

金融危机和贸易保护主义的抬头等事件迫使各国频繁采取多套政策应对，加剧了经济政策的不确定性。在中国，经济和股票市场深受政府及其政策的影响，个股受到市场层面信息的影响较大，绝大多数个股都跟着市场走，坊间流传着这样一种说法："站在风口，猪也能飞。"随着中美贸易摩擦的升级，几乎每次一有贸易摩擦信息发布，股票市场都会出现大幅波动。

研究发现，在资本市场上，新闻媒体具有迎合读者偏好的动机，因而与投资者情绪存在显著关联[2]。新闻报道的语气往往会刺激投资者的神经，要么加深

---

[1] 《中美贸易战：时间表（2020年5月13日）》，参见，https://www.china-briefing.com/news/the-us-china-trade-war-a-timeline/。

[2] 例如：Kindleberger, C. P., *Manias, Panics, and Crashes: A History of Financial Crises*, John Wiley and Sons, Inc., 1978; Galbraith, J., *A Short History of Financial Euphoria*, New York: Viking Press, 1990; Shiller, R. J., *Irrational Exuberance*, 3rd Edition: Princeton University Press, 2015.

他们的恐慌情绪，从而加剧股市的波动性；要么缓解他们的不确定感，从而降低股票的波动水平、异常交易量或者异常回报。由于政策制定过程相对缺乏透明度[1]，投资者经常需要通过阅读媒体报道等方式来了解政府的意图和计划。而媒体活动和股票市场变动（如股票回报、波动率）之间的简单关联可能来自新闻事件的冲击，这就产生了一个遗漏变量的偏差[2]。关于中美贸易谈判/摩擦的媒体报道以及背后的真实事件冲击都可能成为影响投资者预期和激励投资者在市场上行动的关键因素。

在贸易摩擦不确定性增大的情况下，中国政府有意愿通过媒体向公众传达积极信息，稳定经济和市场预期。投资者在不同的形势下（双方采取不同的行动策略时）又如何解读和预测政府的战略部署与应对策略？本章将结合中方行动研究政府对报道策略的运用能否稳定市场预期以及对市场流动性和资金流向有什么样的影响。

本章研究中具体将新闻发布日基于两个维度分为八组，考察不同状况下媒体新闻中传达的官方态度是否带来了显著的市场反应。结果表明，市场总体上的异常回报并不显著。当中国在谈判中做出让步时，无论新闻报道采取何种姿态，市场都做出负面反应。当形势对中国不利而且新闻释放消极信号时，市场也做出负面的反应；当形势对中国不利而且新闻发出积极信号时，市场的负面反应得到了缓解。在中国采取反制措施且官媒传递负面信息时，大盘股（CSI300）的成交量有所下降。无论是在全样本期间，还是在两个子样本期间，中小盘股（SME）交易量的变化则更为显著。

就股市波动而言，当中国采取应对措施或当贸易摩擦形势对中国经济不利时，市场上无论大盘股还是是小盘股都会做出迅速反应，而反应的方式在两个子期间有所不同。对于北上和南下的资金，本章研究发现，新闻中采用积极语气对于投资的影响有限，尤其在摩擦加剧之后。相反，采用低调语气确实向市场释放了不利的信号，减少了北上和南下的投资。此外，北上资金在"对中国有利且媒体采用高调语气"的情况下显著增加。但在贸易摩擦"对中国不利且媒体采用高调语气"的情况下，北上和南下资金在贸易摩擦加剧前显著增加，

---

[1] 例如：Relly J. E., Sabharwal M., "Perceptions of Transparency of Government Policymaking: A Cross-National Study", *Government Information Quarterly*, Vol. 26, No. 1, 2009; Zhang, L., Mo, A., He, G., "Transparency and Information Disclosure in China's Environmental Governance", *Current Opinion in Environmental Sustainability*, Vol. 18, 2016.

[2] Peress, J., "The Media and the Diffusion of Information in Financial Markets: Evidence from Newspaper Strikes", *The Journal of Finance*, Vol. 69, No. 5, 2014.

而在贸易摩擦升级后显著减少,这与大盘股和中小盘的波动反应情况相呼应。这表明,贸易摩擦过程中,如何在不利的形势下增强投资者的信心是个富有挑战性的问题。

本章研究的创新之处包括:首次包括中方行动和媒体报道策略两个维度对新闻发布日进行分类;首次从大盘股和中小盘股的收益、交易量、波动率等方面对特朗普执政期间不同状况下媒体报道所产生的股票市场反应进行全面研究;首次结合贸易摩擦的背景,将北上(和南下)资金流动与国管媒体的报道策略联系起来。

本章的其余内容安排如下:第二部分介绍了数据和研究方法;第三部分报告并讨论了实证结果;第四部分进行总结。

二 数据与研究方法

(一) 对新闻发布日的划分

本章的研究数据从2016年11月9日特朗普当选美国总统开始,持续至2019年12月31日。在此期间,共有147天中(中国)官方报纸/期刊发布了与贸易摩擦有关的新闻。首先,根据发生的重大事件的类型,即结合包括中方行动在内的贸易摩擦进展事件是否对中国经济发展有利将中美贸易摩擦主要事件(及其对应的主要日期)分为四类。当双方达成新协议(例如,一方或双方为对方公司提供更大程度的市场准入),当特朗普对中国发出友好信号(例如,在推文中承诺帮助中兴通讯或者对中国进行"国事访问"),或者双方要重启谈判等事件发生时,则被定义为"好消息",即"对中国有利的消息"。当美国对中国采取了一些制裁措施(如对中国或中国技术转让发起"301"调查),对中国加征关税,特朗普提议加征关税等情况发生时,则被定义为"坏消息",即"对中国不利的消息"。当中国采取一些措施报复美国时,比如对美国出口商品进行调查、对美国商品征收关税、建立自己的不可靠实体清单、向WTO提起针对美国的诉讼,或暂停购买美国农产品等,中国这些事件被定义为"反制措施"。当中国商务部宣布取消或降低对美国商品的关税、购买某些美国商品或者两国同意解决贸易分歧或暂停贸易摩擦时,我们认为,中国"做出让步"。如附录B第(5)列所示,不利事件多过有利事件,反制措施多过让步行动。一个重要事件发生日(未必与新闻发布日一致)之后的数天被归为相同的类型,直到下一个不同类型的事件发生才得以改变。这样，就将落在这四类区间中的 147 个新闻发布日分成了四类。

然后，按照媒体报道语气是否高于平均水平划分为八组："对中国有利且媒体采用高调语气"（Good High）与"对中国有利且媒体采用低调语气"（Good Low），"对中国不利且媒体采用高调语气"（Bad High）与"对中国不利且媒体采用低调语气"（Bad Low），"中国采取反制措施且媒体采用高调语气"（Counter-attack High）与"中国采取反制措施且媒体采用低调语气"（Counter-attack Low），"中国做出让步且媒体采用高调语气"（Concession High）与"中国做出让步且媒体采用低调语气"（Concession Low）。

当贸易摩擦形势有利于中国经济时，基于媒体语气是否高于样本的平均水平，可将相关新闻发布日（事件日）划分为"对中国有利且媒体采用高调语气"和"对中国有利且媒体采用低调语气"两类。例如，2017 年 5 月 22 日，美国和中国达成了一项贸易协议，为双方的公司提供更大的市场准入（"对中国有利"），此后，中国媒体发布了大量社论/实时评论，显示他们对贸易前景的乐观态度（"采用高调语气"），其中有一篇分析了贸易不平衡原因和美国的再工业化（"采用低调语气"）。在对中国经济有利的情况下，新闻更可能采用高调（23）而非低调（12）语气。

当贸易摩擦形势不利于中国经济时，基于媒体语气是否高于样本的平均水平，可将相关事件日划分为"对中国不利且媒体采用高调语气"和"对中国不利且媒体采用低调语气"两类。例如，特朗普于 2017 年 8 月 14 日下令使用"301 条款"对中国侵犯知识产权的行为进行调查（这被称为他对北京的首个直接贸易措施）和美国贸易代表办公室于 2017 年 8 月 18 日发起对中国技术转让的调查之后，中国媒体发布了一些批评特朗普加剧中美贸易紧张局势、强行发动贸易摩擦的新闻（"采用低调语气"）。除了这些在不利情况下以低调为主的报道外，也有一些主要表达中国政府强硬立场的高调发布。当贸易摩擦形势对中国经济不利时，新闻更多地采用高调语气（43）而不是低调语气（36）进行发布。例如，美国贸易代表办公室于 2021 年 4 月 3 日公布了一份需加征 25% 关税、价值 500 亿美元的初步产品清单后，中国连续 5 天高调发布新闻/报道以显示中国对摩擦的强硬态度和击败美国的信心。当中国采取反制措施报复美国时，基于媒体语气是否高于样本的平均水平，可将相关事件日划分为"采取反制措施且媒体采用高调语气"与"采取反制措施且媒体采用低调语气"。例如，2018 年 4 月 14 日，为了报复美国加征额外关税和对中兴通讯进行制裁，中国宣布对从美国进口的高粱加征 178.6% 的反倾销关税，大多数发布的新闻采用低调语气讨论了贸易前景，只有少数采用高调语气表露积极迹象。一般来讲，当中国采取反制措施时，新闻更可能采用低调（27）而非高调（16）语气进行发布，表明媒体变得更加谨慎，因为反制措施往往会加剧摩擦给双方都造成损失。在这种情况下的新闻大多是谴责美国或是关于贸易形势的较为冷静的分析，较少出现情绪化的口号式宣传。

当中国做出单边让步，或者中美双方都做出让步时，基于媒体语气是否高于样本的平均水平，可将相关事件日划分为"中国做出让步且媒体采用高调语气"和"中国做出让步且媒体采用低调语气"。2018 年 5 月 18 日，中国商务部宣布停止对美国高粱加征关税，双方于 2018 年 5 月 20 日同意暂停战争（做出让步），媒体用高调语气对能源贸易和资本市场表示乐观。例如，2018 年 8 月 8 日，中国修订了 500 亿美元的关税清单并将原油从中移除，官方媒体采用了低调语气谴责美国发动贸易摩擦并分析严重后果。在"中国做出让步"的情况下，新闻媒体同样倾向于采用高调（7）和低调（7）语气进行报道。

（二）对于市场反应的度量

数据来源和主要变量定义与第四章一致（参见表 4-1）。本章采用事件研究法来分析贸易摩擦事件对股票收益、交易量和收益率二阶矩（波动率）的影响。宣告日的超额收益率（如 CSI300 的收益率）是用事件发生当日的收益率减去预期收益率，具体计算详见第四章。采用同样的方法来度量交易量、波动率、北上和南下资金的变动（相关具体计算见本书附录 C）。

三 实证结果

（一）新闻发布与股票市场反应

在贸易摩擦期间，中国市场参与者的社会心理预期变得复杂和敏感，决定了他们是否扩大或减少投资或消费。因此，中国政府有很强的动力来稳定人们的预期，以增强市场主体的活力，带动中国经济的发展。我们预计在贸易摩擦形势"不利于中国"、中国政府"做出让步"或"采取反制措施"的情况下，他们有强烈的意愿来这样做。

表 6-1、表 6-2[1] 报告了在中美贸易摩擦期间新闻发布时 CSI300（SME）的

---

[1] 超额收益率、波动率、交易量、北上（南下）资金等的日数据参见附录 D-1 和 D-2。

表6-1　　　　　　　CSI300的累积平均超额收益率（CAARs,%）

面板A：全样本

	Bad High	T-value (n=35)	Bad Low	T-value (n=43)	Concession High	T-value (n=4)	Concession Low	T-value (n=5)
CAAR_CSI300 (0,1)	-0.159	-0.585	0.009	0.034	-1.075*	-2.939	-0.960*	-2.242
CAAR_CSI300 (0,2)	-0.108	-0.359	-0.371	-1.082	-0.960*	-2.556	-1.951**	-3.732
CAAR_CSI300 (0,3)	-0.024	-0.073	-0.640	-1.678	-1.467**	-3.543	-2.816**	-4.490
CAAR_CSI300 (0,4)	-0.167	-0.464	-0.913**	-2.093	-1.771	-1.916	-3.427**	-3.777
CAAR_CSI300 (0,5)	0.087	0.190	-1.127**	-2.416	-1.489**	-5.778	-3.780***	-4.749

面板B：贸易摩擦加剧之前（2016年11月11日至2018年6月14日）

	Bad High	T-value (n=16)	Bad Low	T-value (n=23)	Concession High	T-value (n=3)	Concession Low	T-value (n=2)
CAAR_CSI300 (0,1)	0.064	0.249	-0.309	-1.043	-0.851	-2.195	-0.450	-0.872
CAAR_CSI300 (0,2)	0.232	0.743	-0.762*	-1.799	-0.909	-1.634	-1.429**	-16.298
CAAR_CSI300 (0,3)	0.350	0.822	-0.812	-1.701	-1.758**	-4.846	-1.632	-1.765
CAAR_CSI300 (0,4)	0.470	0.906	-1.077*	-1.805	-2.310	-2.251	-1.771	-1.426
CAAR_CSI300 (0,5)	0.884	1.513	-1.173*	-1.970	-1.602**	-4.815	-2.139*	-9.758

面板C：贸易摩擦加剧之后（2018年6月15日至2019年12月31日）

	Bad High	T-value (n=19)	Bad Low	T-value (n=20)	Concession High	T-value (n=1)	Concession Low	T-value (n=3)
CAAR_CSI300 (0,1)	-0.346	-0.751	0.375	0.781	-1.747	-0.813	-1.301	-1.940
CAAR_CSI300 (0,2)	-0.393	-0.799	0.079	0.140	-1.111	-0.422	-2.299	-2.473
CAAR_CSI300 (0,3)	-0.338	-0.681	-0.443	-0.698	-0.594	-0.195	-3.606**	-8.262
CAAR_CSI300 (0,4)	-0.704	-1.438	-0.725	-1.082	-0.156	-0.046	-4.531**	-5.744
CAAR_CSI300 (0,5)	-0.584	-0.862	-1.074	-1.401	-1.148	-0.308	-4.873**	-9.224

注：本表报告了在中美贸易摩擦期间新闻发布时CSI300指数的累积平均超额收益率（CAARs,%），即各组事件中各家公司累积超额收益率（CAR,%）的平均值。将149个新闻发布日划分为八组："对中国有利且媒体采用高调语气"（Good High）与"对中国有利且媒体采用低调语气"（Good Low），"对中国不利且媒体采用高调语

Counter-attack High	T-value (n=15)	Counter-attack Low	T-value (n=20)	Good High	T-value (n=17)	Good Low	T-value (n=8)	All News	T-value (n=147)
-0.360	-0.658	0.176	0.273	-0.053	-0.138	0.193	0.322	-0.096	-0.639
-0.166	-0.261	-0.171	-0.252	-0.122	-0.382	0.352	0.732	-0.251	-1.487
0.024	0.032	-0.542	-0.578	-0.330	-1.206	0.429	0.602	-0.400	-1.960
0.026	0.035	-0.606	-0.628	-0.156	-0.495	0.383	0.479	-0.524	-2.348
-0.040	-0.044	-0.346	-0.352	-0.126	-0.319	0.723	0.690	-0.483	-1.941

Counter-attack High	T-value (n=1)	Counter-attack Low	T-value (n=7)	Good High	T-value (n=6)	Good Low	T-value (n=4)	All News	T-value (n=62)
-1.229	-1.070	-0.391	-0.359	-0.297	-0.855	-0.607	-0.922	-0.286	-1.644
0.802	0.570	-1.018	-0.954	-0.426	-1.219	-0.340	-0.755	-0.478**	-2.225
0.399	0.246	-1.206	-0.684	-0.850**	-2.826	-0.838	-1.154	-0.615**	-2.176
-1.531	-0.843	-0.793	-0.475	-1.101***	-6.409	-0.704	-0.771	-0.713**	-2.221
-1.512	-0.760	-0.746	-0.526	-1.444***	-5.200	-0.210	-0.182	-0.615*	-1.897

Counter-attack High	T-value (n=14)	Counter-attack Low	T-value (n=13)	Good High	T-value (n=11)	Good Low	T-value (n=4)	All News	T-value (n=85)
-0.298	-0.509	0.482	0.565	0.080	0.137	0.993	1.020	0.026	0.112
-0.235	-0.345	0.286	0.316	0.044	0.094	1.044	1.314	-0.104	-0.414
-0.003	-0.004	-0.184	-0.156	-0.047	-0.123	1.696	1.877	-0.269	-0.917
0.138	0.172	-0.505	-0.395	0.360	0.890	1.470	1.162	-0.428	-1.365
0.065	0.066	-0.131	-0.095	0.592	1.261	1.657	0.841	-0.423	-1.149

气"（Bad High）与"对中国不利且媒体采用低调语气"（Bad Low），"中国采取反制措施且媒体采用高调语气"（Counter-attack High）与"中国采取反制措施且媒体采用低调语气"（Counter-attack Low），"中国做出让步且媒体采用高调语气"（Concession High）与"中国做出让步且媒体采用低调语气"（Concession Low）。表中省略了百分比符号。

表6-2　　　　　　　　　SME 的累积平均超额收益率（CAARs,%）

面板 A：全样本

	Bad High	T-value (n=35)	Bad Low	T-value (n=43)	Concession High	T-value (n=4)	Concession Low	T-value (n=5)
CAAR_SME (0,1)	-0.207	-0.564	0.319	0.981	-1.634**	-4.966	0.008	0.012
CAAR_SME (0,2)	-0.103	-0.257	0.079	0.204	-1.966*	-3.472	-0.825	-0.919
CAAR_SME (0,3)	-0.149	-0.346	0.051	0.138	-2.799	-2.083	-1.825*	-2.145
CAAR_SME (0,4)	-0.423	-0.910	-0.090	-0.215	-3.273	-1.988	-2.844**	-2.788
CAAR_SME (0,5)	-0.176	-0.321	-0.119	-0.262	-3.143	-2.148	-3.937**	-3.475

面板 B：贸易摩擦加剧之前（2016 年 11 月 11 日至 2018 年 6 月 14 日）

	Bad High	T-value (n=16)	Bad Low	T-value (n=23)	Concession High	T-value (n=3)	Concession Low	T-value (n=2)
CAAR_SME (0,1)	-0.221	-0.428	0.073	0.193	-1.747*	-3.856	-0.088	-0.035
CAAR_SME (0,2)	-0.151	-0.279	-0.338	-0.721	-2.329*	-4.076	-1.181	-0.459
CAAR_SME (0,3)	-0.220	-0.346	-0.138	-0.311	-3.884**	-5.347	-1.416	-0.568
CAAR_SME (0,4)	-0.200	-0.293	-0.248	-0.447	-4.687***	-15.043	-2.243	-1.014
CAAR_SME (0,5)	0.333	0.483	-0.210	-0.404	-4.364**	-7.473	-3.618	-0.974

面板 C：贸易摩擦加剧之后（2018 年 6 月 15 日至 2019 年 12 月 31 日）

	Bad High	T-value (n=19)	Bad Low	T-value (n=20)	Concession High	T-value (n=1)	Concession Low	T-value (n=3)
CAAR_SME (0,1)	-0.195	-0.359	0.602	1.069	-1.295	-0.537	0.073	0.155
CAAR_SME (0,2)	-0.062	-0.102	0.559	0.866	-0.878	-0.297	-0.587	-0.487
CAAR_SME (0,3)	-0.090	-0.145	0.267	0.429	0.457	0.134	-2.098	-1.916
CAAR_SME (0,4)	-0.610	-0.918	0.092	0.140	0.969	0.254	-3.244	-1.997
CAAR_SME (0,5)	-0.605	-0.714	-0.015	-0.019	0.521	0.125	-4.149*	-3.282

注：本表报告了在中美贸易摩擦期间新闻发布时 SME 指数的累积平均超额收益率（CAARs,%），即各组事件中各家公司累积超额收益率（CAR,%）的平均值。将 149 个新闻发布日划分为八组（同表6-1）。表中

Counter-attack High	T-value (n=15)	Counter-attack Low	T-value (n=20)	Good High	T-value (n=17)	Good Low	T-value (n=8)	All News	T-value (n=147)
-1.362*	-1.971	0.259	0.392	0.406	0.849	0.021	0.028	-0.050	-0.273
-1.311	-1.500	0.024	0.039	0.684	1.562	0.048	0.085	-0.127	-0.635
-1.208	-1.106	-0.463	-0.511	0.744	1.377	-0.194	-0.199	-0.269	-1.149
-1.270	-1.172	-0.421	-0.419	0.984	1.744	-0.324	-0.319	-0.395	-1.544
-1.234	-0.977	0.045	0.040	0.906	1.455	-0.319	-0.270	-0.315	-1.093

Counter-attack High	T-value (n=1)	Counter-attack Low	T-value (n=7)	Good High	T-value (n=6)	Good Low	T-value (n=4)	All News	T-value (n=62)
-2.672*	-1.845	-0.313	-0.293	-0.395	-1.493	-0.722	-1.000	-0.281	-1.211
-0.349	-0.197	-0.725	-0.906	-0.067	-0.197	-0.314	-0.531	-0.430	-1.749
-0.080	-0.039	-0.977	-0.783	0.099	0.183	-1.629	-1.348	-0.549	-1.872
-1.707	-0.746	-0.077	-0.078	0.400	1.179	-1.925*	-2.590	-0.564	-1.769
-1.220	-0.486	0.161	0.154	0.291	1.131	-2.078	-1.860	-0.427	-1.304

Counter-attack High	T-value (n=14)	Counter-attack Low	T-value (n=13)	Good High	T-value (n=11)	Good Low	T-value (n=4)	All News	T-value (n=85)
-1.269	-1.722	0.567	0.642	0.842	1.183	0.763	0.537	0.108	0.395
-1.379	-1.470	0.428	0.488	1.093	1.708	0.410	0.366	0.086	0.286
-1.289	-1.099	-0.186	-0.145	1.097	1.373	1.241	0.899	-0.066	-0.188
-1.239	-1.062	-0.606	-0.401	1.302	1.500	1.277	0.765	-0.286	-0.740
-1.235	-0.908	-0.018	-0.011	1.241	1.280	1.440	0.757	-0.257	-0.573

省略了百分比符号。

累积平均超额收益率。实证分析中，我们不仅对全样本进行了检验，还将其以2018年6月15日贸易摩擦加剧（特朗普公布340亿美元的中国商品关税清单）为界划分成了两个子样本分别进行检验。

表6-1面板A显示，大盘股整体上没有做出显著反应，只是在特定情况下出现了负的超额回报。当贸易摩擦局势"对中国不利且媒体采用低调语气"、在谈判中"中国做出让步且媒体采用高调语气"或"中国做出让步且媒体采用低调语气"时，大盘股随即经历了一些负的收益。在贸易摩擦加剧之前（面板B），总体上沪深300的回报为负，但对于单个组别（类型）的新闻事件，除了在"对中国不利且媒体采用低调语气"和"中国做出让步"时显著为负，其他情况下则并不显著。在贸易摩擦加剧之后（面板C），对大盘股收益的影响并不显著，仅在"做出让步时采用低调语气"的情况下其收益显著为负。在"对中国不利"和"采取反制措施"的情况下，沪深300回报为负但并不显著。

总的来说，媒体报道策略的运用对于沪深300的影响并不显著，仅在"中国做出让步"时起到了一定的稳定市场、防止市场崩溃的作用。

中小盘股（SME）新闻发布时表现出了类似的反应（见表6-2面板A）。在贸易摩擦加剧之前，当中国"做出让步且采用高调语气"时，中小盘经历了显著为负的回报（面板B）。在贸易摩擦加剧前，在2017年4月7日中国国家主席习近平访问了特朗普位于佛罗里达州的海湖庄园（Mar-a-Lago）并达成了"100天行动计划"来解决贸易分歧（即双方做出了让步）之后，媒体发布的三条新闻中有两条采用了高调的语气。但可能由于中小企业通常更容易受到系统性风险的影响，其投资者似乎对这种让步持怀疑态度，害怕以后会有更糟糕的事情发生，因而做出了负面的反应。

总的来说，当中国在谈判中做出让步时，市场的反应是消极的。中国主要通过对农产品、汽车等多种商品免征关税或从美国购买商品的方式做出让步，这将会压低国内商品的价格，对国内产业的发展造成伤害。

附录D-1和D-2显示[①]，以CAAR（5,5）为例，在贸易摩擦形势"对中国不利且采用低调语气"时市场倾向于做出负面反应，而在"对中国有利且采用高调语气"市场做出了积极反应。这表明，当这些好消息（和坏消息）得到中国官方立场的证实时，国内投资者在一定程度上受到了对称性的影响。

---

① 附录D列出了本书涉及的各市场反应指标详细的日数据和累积日数据。

(二) 交易量与贸易摩擦新闻

流动性（交易量）通常随着投资者情绪的上升而增加，这可以被定义为投资者对未来资产基本面的错误解读[1]，预期的系统性偏差[2]，对未来收益的错误先验信念[3]，以及对未来资产价格的乐观或悲观预期[4]。在一个有做空限制的市场上，只有当非理性投资者持乐观态度时才会参与交易，从而提高了市场的流动性[5]。沃格勒（Wurgler）和贝克（Baker）[6] 构建的综合性情绪指数将纽交所股票换手率作为其中的一个组成部分。有研究发现，当情绪指数上升时，股市具有更高的流动性[7]。也就是说，当投资者看涨时，市场交易量会随着投资者情绪的上升而增加。

我们通过研究新闻语气对交易量的影响[8]，检验国管媒体能否安抚投资者的情绪和提升其乐观态度。表6-3、表6-4[9] 报告了中美贸易摩擦新闻发布时CSI300（SME）的超额和累积超额交易量。

表6-3面板A显示，大盘股（CSI300）的交易量总体变化不大，仅在中国"采取反击措施且媒体采取低调语气"发布新闻时出现下降，说明此时投资者变得更加悲观，更不愿意交易。但是，中小盘似乎更容易受到贸易摩擦的影响，交易量变化更明显。在表6-4面板A显示，在全样本的八种情况下，中小盘的交易量在四种情况下发生了显著下降。这表明中小盘投资者情绪受到了贸易摩擦的影响，其市场流动性（成交量）显著下降，这与关于投资者情绪的已有研

---

[1] DeLong, J., Shleifer, A., Summers, L., Waldmann, R., "Noise Trader Risk in Financial Markets", *Journal of Political Economy*, Vol. 98, No. 4, 1990; Baker, M., Stein, J., "Market Liquidity as a Sentiment Indicator", *Journal of Financial Markets*, Vol. 7, No. 3, 2004.

[2] Stein, J. C., "Rational Capital Budgeting in an Irrational World", *Journal of Business*, Vol. 69, No. 4, 1996.

[3] Barberis, N., Shleifer, A., Vishny R., "A Model of Investor Sentiment", *Journal of Financial Economics*, Vol. 3, No. 1, 1998.

[4] 见，Baker, M., Wurgler, J., "Investor Sentiment in the Stock Market", *Journal of Economic Perspective*, Vol. 21, No2., 2007; Yu, J., Yuan, Y., "Investor Sentiment and the Mean Variance Relation", *Journal of Financial Economics*, Vol. 100, No. 2, 2011.

[5] Baker, M., Stein, J., "Market Liquidity as a Sentiment Indicator", *Journal of Financial Markets*, Vol. 7, No. 3, 2004.

[6] Wurgler, J. A., Baker, M. P., "Investor Sentiment and the Cross-Section of Stock Returns", *Economic Management Journal*, Vol. 61, No. 4, 2006.

[7] Liu, S., "Investor Sentiment and Stock Market Liquidity", *Journal of Behavioral Finance*, Vol. 16, No. 1, 2015.

[8] 当使用换手率（成交量除以上市股票的平均股份数），得到了相似的结果。如有需要，可提供底稿数据。

[9] 超额交易量的日数据参见附录D-3和附录D-4。

表6-3　　　　　　　　　CSI300 的累积平均超额交易量（%）

面板A：全样本

	Bad High	T-value (n=35)	Bad Low	T-value (n=43)	Concession High	T-value (n=4)	Concession Low	T-value (n=5)
CAA_Volume_CSI300 (0, 1)	-1.364	-0.126	1.196	0.131	82.719	1.582	-39.857	-1.028
CAA_Volume_CSI300 (0, 2)	-3.878	-0.238	4.263	0.308	102.791	1.457	-61.759	-1.036
CAA_Volume_CSI300 (0, 3)	-5.302	-0.242	3.715	0.200	126.781	1.440	-88.025	-1.168
CAA_Volume_CSI300 (0, 4)	-10.261	-0.381	5.285	0.223	155.281	1.406	-120.338	-1.348
CAA_Volume_CSI300 (0, 5)	-12.510	-0.386	3.637	0.129	175.729	1.318	-150.073	-1.456

面板B：贸易摩擦加剧之前（2016年11月11日至2018年6月14日）

	Bad High	T-value (n=16)	Bad Low	T-value (n=23)	Concession High	T-value (n=3)	Concession Low	T-value (n=2)
CAA_Volume_CSI300 (0, 1)	10.796	0.595	40.703***	4.166	41.198	1.318	40.832	1.895
CAA_Volume_CSI300 (0, 2)	17.002	0.604	65.330***	4.498	46.214	1.159	63.122	2.197
CAA_Volume_CSI300 (0, 3)	23.695	0.624	85.917***	4.352	56.128	1.129	70.082	1.560
CAA_Volume_CSI300 (0, 4)	26.690	0.575	111.755***	4.447	64.877	1.201	67.370	1.636
CAA_Volume_CSI300 (0, 5)	32.610	0.586	131.604***	4.535	64.288	1.230	67.317	1.549

面板C：贸易摩擦加剧之后（2018年6月15日至2019年12月31日）

	Bad High	T-value (n=19)	Bad Low	T-value (n=20)	Concession High	T-value (n=1)	Concession Low	T-value (n=3)
CAA_Volume_CSI300 (0, 1)	-11.604	-0.883	-44.238***	-5.456	207.280***	5.110	-93.650**	-4.310
CAA_Volume_CSI300 (0, 2)	-21.460	-1.135	-65.964***	-5.499	272.520***	5.486	-145.013**	-4.533
CAA_Volume_CSI300 (0, 3)	-29.721	-1.179	-90.817***	-5.873	338.740***	5.906	-193.430**	-5.192
CAA_Volume_CSI300 (0, 4)	-41.378	-1.330	-117.156***	-6.312	426.490***	6.650	-245.477**	-5.393
CAA_Volume_CSI300 (0, 5)	-50.506	-1.342	-143.526***	-6.325	510.050***	7.260	-295.000**	-5.710

注：本表报告了在中美贸易摩擦期间新闻发布时CSI300指数的累积平均超额交易量（CAA_volume,%），即各组事件中各家公司累积超额交易量（CA_volume,%）的平均值。将149个新闻发布日划

Counter-attack High	T-value (n=15)	Counter-attack Low	T-value (n=20)	Good High	T-value (n=17)	Good Low	T-value (n=8)	All News	T-value (n=147)
-18.984	-0.659	-22.070	-1.313	44.720	1.660	19.771	0.520	2.178	0.333
-32.667	-0.754	-38.341	-1.601	62.789	1.582	35.540	0.586	1.687	0.173
-42.981	-0.754	-52.257	-1.651	80.792	1.596	57.805	0.694	1.365	0.106
-57.011	-0.820	-67.879*	-1.789	100.402	1.632	64.333	0.623	-0.570	-0.036
-71.131	-0.879	-80.760*	-1.801	119.778	1.646	83.179	0.641	-1.908	-0.101

Counter-attack High	T-value (n=1)	Counter-attack Low	T-value (n=7)	Good High	T-value (n=6)	Good Low	T-value (n=4)	All News	T-value (n=62)
47.850	1.154	61.693***	4.110	42.966	2.014	24.895	0.740	34.697***	5.125
70.740	1.393	77.909***	4.493	63.210*	2.269	32.478	0.684	51.045***	5.122
86.970	1.484	97.328***	4.445	95.543*	2.420	51.280	0.754	67.910***	5.045
97.450	1.487	108.718***	4.564	124.741**	2.689	54.385	0.653	83.085***	4.993
105.141	1.464	119.051***	4.979	154.960**	2.606	59.630	0.622	96.499***	4.912

Counter-attack High	T-value (n=14)	Counter-attack Low	T-value (n=13)	Good High	T-value (n=11)	Good Low	T-value (n=4)	All News	T-value (n=85)
-23.758	-0.778	-67.173***	-5.963	45.677	1.094	14.648	0.179	-21.456**	-2.228
-40.054	-0.872	-100.936***	-5.376	62.559	1.009	38.603	0.290	-34.352**	-2.389
-52.263	-0.864	-132.803***	-4.958	72.745	0.928	64.330	0.353	-47.332**	-2.518
-68.044	-0.921	-162.970***	-4.835	87.127	0.914	74.280	0.329	-61.823***	-2.678
-83.722	-0.974	-188.351***	-4.309	100.587	0.897	106.728	0.373	-74.028***	-2.674

分为八组（同表6-1）。表中省略了百分比符号。

表6-4　　　　　　　　　　SME的累积平均超额交易量（%）

面板A：全样本

	Bad High	T-value (n=35)	Bad Low	T-value (n=43)	Concession High	T-value (n=4)	Concession Low	T-value (n=5)
CAA_Volume_SME (0,1)	-28.627**	-2.721	-25.928***	-3.872	37.164	0.467	-64.386**	-2.732
CAA_Volume_SME (0,2)	-44.870***	-2.917	-36.729***	-3.597	38.193	0.346	-98.570*	-2.648
CAA_Volume_SME (0,3)	-60.265***	-2.947	-50.994***	-3.805	41.971	0.298	-135.396**	-2.990
CAA_Volume_SME (0,4)	-78.792***	-3.150	-63.534***	-3.737	51.770	0.290	-176.960**	-3.237
CAA_Volume_SME (0,5)	-94.828***	-3.157	-78.570***	-3.851	55.033	0.255	-216.142**	-3.422

面板B：贸易摩擦加剧之前（2016年11月11日至2018年6月14日）

	Bad High	T-value (n=16)	Bad Low	T-value (n=23)	Concession High	T-value (n=3)	Concession Low	T-value (n=2)
CAA_Volume_SME (0,1)	-44.783**	-2.794	-9.689	-1.025	-31.415	-2.787	-17.370	-0.494
CAA_Volume_SME (0,2)	-67.204**	-2.827	-11.222	-0.793	-56.623	-2.492	-24.229	-0.433
CAA_Volume_SME (0,3)	-89.323**	-2.846	-16.349	-0.884	-78.518	-2.324	-43.829	-0.659
CAA_Volume_SME (0,4)	-114.185***	-2.999	-17.273	-0.745	-100.186	-2.069	-68.720	-0.762
CAA_Volume_SME (0,5)	-137.299***	-3.049	-22.641	-0.832	-129.060	-2.257	-92.210	-0.839

面板C：贸易摩擦加剧之后（2018年6月15日至2019年12月31日）

	Bad High	T-value (n=19)	Bad Low	T-value (n=20)	Concession High	T-value (n=1)	Concession Low	T-value (n=3)
CAA_Volume_SME (0,1)	-15.022	-1.082	-44.602***	-5.613	242.900	3.374	-95.730***	-11.441
CAA_Volume_SME (0,2)	-26.062	-1.293	-66.063***	-5.361	322.640	3.660	-148.130***	-11.881
CAA_Volume_SME (0,3)	-35.796	-1.323	-90.835***	-5.687	403.440	3.963	-196.440***	-18.510
CAA_Volume_SME (0,4)	-48.988	-1.470	-116.733***	-5.849	507.640	4.460	-249.120***	-19.977
CAA_Volume_SME (0,5)	-59.062	-1.455	-142.889***	-5.772	607.310	4.871	-298.763***	-25.651

注：本表报告了在中美贸易摩擦期间新闻发布时SME指数的累积平均超额交易量（CAA_volume,%），即每组事件中累积超额交易量（CAA_volume,%）的平均值。将149个新闻发布日划分为八组

Counter-attack High	T-value (n=15)	Counter-attack Low	T-value (n=20)	Good High	T-value (n=17)	Good Low	T-value (n=8)	All News	T-value (n=147)
-29.168	-0.938	-40.785***	-2.899	26.021	0.905	4.987	0.122	-20.842***	-3.241
-47.712	-1.021	-65.595***	-3.223	34.996	0.823	13.862	0.211	-32.674***	-3.412
-62.972	-1.021	-88.262***	-3.252	42.478	0.795	27.973	0.309	-44.590***	-3.552
-81.785	-1.087	-112.335***	-3.422	51.800	0.801	27.764	0.246	-57.890***	-3.748
-100.732	-1.152	-133.488***	-3.367	60.606	0.798	39.919	0.281	-70.414***	-3.814

Counter-attack High	T-value (n=1)	Counter-attack Low	T-value (n=7)	Good High	T-value (n=6)	Good Low	T-value (n=4)	All News	T-value (n=62)
12.918	0.425	23.960*	2.045	-35.268**	-3.020	-20.512	-0.908	-19.054***	-3.059
18.488	0.497	23.508	1.777	-52.380	-2.819	-34.976	-1.194	-29.401***	-3.222
18.339	0.427	25.752	1.553	-61.674	-2.264	-40.822	-0.974	-39.728***	-3.319
13.246	0.276	21.158	1.195	-73.135	-2.189	-59.014	-1.182	-51.222***	-3.478
5.759	0.109	15.725	0.907	-84.303	-2.029	-74.624	-1.285	-64.155***	-3.705

Counter-attack High	T-value (n=14)	Counter-attack Low	T-value (n=13)	Good High	T-value (n=11)	Good Low	T-value (n=4)	All News	T-value (n=85)
-32.174	-0.965	-75.647***	-6.213	59.451	1.427	30.485	0.340	-22.114**	-2.129
-52.441	-1.048	-113.573***	-5.674	82.655	1.335	62.700	0.438	-35.162**	-2.267
-68.780	-1.040	-149.653***	-5.271	99.288	1.270	96.768	0.492	-48.375**	-2.379
-88.573	-1.098	-184.216***	-5.127	119.946	1.265	114.543	0.468	-63.087**	-2.522
-108.339	-1.155	-213.833***	-4.559	139.648	1.256	154.463	0.502	-75.430**	-2.516

(同表6-1)。表中省略了百分比符号。

究相一致。但同时也可以看到,在中国"采取反击措施"和"做出让步"时,媒体的高调语气起到了稳定中小投资者情绪的作用,相对于进行低调报道时显著提高了其交易量,这一作用在贸易摩擦加剧后依然成立(见表6-4面板C)。

对于前后两个子期间,大盘股和中小盘股的交易量在第二个时期都显著下降(见表6-3和表6-4的面板C)。在"对中国不利""中国做出让步"和"中国采取反制措施"的情况下,相较于采用高调语气,低调语气更显著地降低了股票的交易量。但在贸易摩擦加剧之前,大盘股和中小盘股呈现出不同的变动模式(表6-3和表6-4面板B),大盘股的交易量显著上升,但中小盘股的交易量显著下降。可能的原因是,中小盘股投资者认为,中小企业受到的保护较少,因而倾向于对收到的信号做出过度反应,担心一旦摩擦爆发,他们会遭受严重损失。在贸易摩擦升级之前,他们已变得更不愿意冒险,涌入了大盘股。在贸易摩擦形势"对中国不利并采用低调语气"时,尤其如此(大盘股交易量大幅上升,而中小盘股交易量大幅下降)。同样,当中国政府"采取反制措施时采用低调语气"时,大盘股的投资者依然表现乐观,在贸易摩擦加剧之前交易活跃。不过,在贸易摩擦加剧之后,不论媒体语气如何,大盘股和中小盘股的投资者往往表现出了悲观情绪,多数情况下更不愿意交易。

当媒体采取高调语气时,仅在贸易摩擦加剧前"对我国有利"的情况下和在贸易摩擦加剧后"中国做出让步"的情况下提振了大盘股投资者的交易信心。相较于大盘股的投资者,贸易摩擦更为显著地影响了中小盘投资者的交易热情,这在贸易摩擦加剧之前似乎更为突出。这与表6-2面板B中SME负的超额回报率相呼应。与大盘股一样,中小盘股的交易量在贸易摩擦加剧后当中国"做出让步且采用高调语气"时大幅上升。

国管媒体在某些情况下对两类投资者发挥了相似的积极作用,比如当"中国做出让步"时。此外,媒体在缓解中小盘投资者的担忧方面显得更为有效,尤其在贸易摩擦加剧之后。

(三)新闻发布与股票波动

表6-5、表6-6[①]报告了CSI300、SME在新闻发布时的异常波动情况。对于整个样本期间,CSI300的波动性在"对中国不利并采用低调语气""采取反

---

① 异常波动的日数据参见附录D-5和附录D-6。

制措施且媒体采用高调语气"与"采取反制措施且媒体采用低调语气"三种情况下显著加剧（见表6-5面板A）。在对"对中国不利"和"中国做出让步"的情况下，采用高调语气有助于减缓采用低调语气时波动性的加剧，这与我们的预期相一致。表6-6面板A显示，中小盘股的波动率在"采取反制措施且媒体采用高调语气"与"采取反制措施且媒体采用低调语气"两种情况下显著加剧。对于大盘股和中小盘，波动率在"中国采取反制措施且媒体采用高调语气"时比在"中国采取反制措施且媒体采用低调语气"时的上升幅度都有所降低但差异并不显著，可见，"中国采取反制措施"时，行动本身对市场波动性的影响起到了主导作用。

在贸易摩擦升级之前（见表6-5和表6-6的面板B），当"对中国不利并采用高调语气"发布新闻时，两个指数的波动性均显著降低，表现出媒体的高调语气发挥了积极的作用。在贸易摩擦加剧之后（见表6-5和表6-6面板C），两个指数的波动在"对中国不利"和"中国采取反制措施"时，不论媒体语气高低，都出现显著加剧，而且在"对中国不利并采用高调语气"和"采取反制措施且采用高调语气"时比在"对中国不利并采用低调语气"和"采取反制措施且采用低调语气"时的加剧幅度有一定程度的下降。而在"中国做出让步"的时候，媒体能够更好地安抚中小盘投资者的不安情绪。这表明，一旦贸易摩擦加剧，投资者变得更加焦虑、更难安抚，媒体能够发挥的作用更为有限。

（四）新闻发布时的北上/南下资金

表6-7、表6-8[①]报告了新闻发布前后北上、南下资金的异常变动情况。表6-7的面板A显示，对于整个样本期间，在"做出让步且媒体采用低调语气"发布新闻的情况下，北上资金出现了显著下降，而在媒体采用高调语气时有所回升，这一结果对于样本的第二个子期间依然成立（见表6-7面板C）。此外，当贸易摩擦的形势"不利于中国经济而媒体采用高调语气"发布新闻时，北上资金在贸易摩擦加剧前会更为显著地增加（见面板B），而在贸易摩擦加剧后略有下降（见面板C），这与大盘股（CSI300）和中小盘（SME）贸易摩擦加剧前后的股票波动情况变动相呼应（见表6-5和表6-6）。这说明，在贸易摩

---

① 资金异常变动的日数据参见附录D-7和D-8。

表6-5　　　　　　　　　CSI300 的累积平均超额波动率（%）

面板 A：全样本

	Bad High	T-value (n=35)	Bad Low	T-value (n=43)	Concession High	T-value (n=4)	Concession Low	T-value (n=5)
CAAV_CSI300 (0,1)	-0.157	-0.598	0.440**	2.020	-0.862	-1.344	0.528	0.717
CAAV_CSI300 (0,2)	-0.225	-0.569	0.691**	2.106	-1.304	-1.368	0.717	0.667
CAAV_CSI300 (0,3)	-0.312	-0.593	0.941**	2.159	-1.765	-1.402	0.922	0.650
CAAV_CSI300 (0,4)	-0.410	-0.628	1.179**	2.169	-2.204	-1.418	1.123	0.635
CAAV_CSI300 (0,5)	-0.511	-0.657	1.416**	2.178	-2.589	-1.356	1.281	0.606

面板 B：贸易摩擦加剧之前（2016 年 11 月 11 日至 2018 年 6 月 14 日）

	Bad High	T-value (n=16)	Bad Low	T-value (n=23)	Concession High	T-value (n=3)	Concession Low	T-value (n=2)
CAAV_CSI300 (0,1)	-1.166**	-2.739	-0.245	-0.740	-1.033	-1.128	-0.721	-0.448
CAAV_CSI300 (0,2)	-1.748**	-2.757	-0.338	-0.676	-1.569	-1.159	-1.112	-0.467
CAAV_CSI300 (0,3)	-2.348**	-2.793	-0.400	-0.595	-2.125	-1.192	-1.462	-0.455
CAAV_CSI300 (0,4)	-2.946**	-2.821	-0.473	-0.561	-2.650	-1.205	-1.826	-0.452
CAAV_CSI300 (0,5)	-3.542**	-2.836	-0.530	-0.522	-3.104	-1.141	-2.222	-0.458

面板 C：贸易摩擦加剧之后（2018 年 6 月 15 日至 2019 年 12 月 31 日）

	Bad High	T-value (n=19)	Bad Low	T-value (n=20)	Concession High	T-value (n=1)	Concession Low	T-value (n=3)
CAAV_CSI300 (0,1)	0.693***	4.177	1.228***	8.392	-0.35	-0.769	1.360	2.894
CAAV_CSI300 (0,2)	1.057***	4.070	1.874***	8.807	-0.509	-0.914	1.937*	2.992
CAAV_CSI300 (0,3)	1.403***	4.086	2.484***	8.988	-0.687	-1.068	2.511*	2.938
CAAV_CSI300 (0,4)	1.725***	4.074	3.080***	9.048	-0.865	-1.203	3.089	2.822
CAAV_CSI300 (0,5)	2.040***	4.107	3.653***	9.088	-1.044	-1.325	3.616	2.719

注：本表报告了在中美贸易摩擦期间新闻发布时 CSI300 指数的累积平均超额波动率（CAAVs,%），即每组事件中累积超额波动率（CAVs,%）的平均值，波动率用 GARCH 模型计算得到。将 149 个新闻发布日划分

Counter-attack High	T-value (n=15)	Counter-attack Low	T-value (n=20)	Good High	T-value (n=17)	Good Low	T-value (n=8)	All News	T-value (n=147)
1.325***	5.034	1.465***	6.603	0.384	1.552	0.398	1.749	0.491***	4.362
2.005***	5.087	2.286***	6.813	0.562	1.504	0.591	1.758	0.756***	4.450
2.681***	5.133	3.098***	6.913	0.711	1.439	0.791	1.756	1.011***	4.464
3.387***	5.173	3.948***	7.131	0.854	1.405	0.974	1.752	1.267***	4.477
4.077***	5.169	4.817***	7.294	0.970	1.356	1.116	1.709	1.516***	4.472

Counter-attack High	T-value (n=1)	Counter-attack Low	T-value (n=7)	Good High	T-value (n=6)	Good Low	T-value (n=4)	All News	T-value (n=62)
0.920**	2.426	0.912***	21.174	-0.172	-0.770	0.159	0.476	-0.353*	-1.902
1.331***	2.866	1.426***	28.627	-0.277	-0.812	0.232	0.471	-0.518*	-1.851
1.882***	3.509	1.917***	20.681	-0.388	-0.851	0.297	0.453	-0.676*	-1.805
2.369***	3.951	2.523***	12.747	-0.503	-0.907	0.355	0.427	-0.826*	-1.756
2.976***	4.531	3.091***	9.867	-0.628	-0.944	0.379	0.381	-0.972*	-1.716

Counter-attack High	T-value (n=14)	Counter-attack Low	T-value (n=13)	Good High	T-value (n=11)	Good Low	T-value (n=4)	All News	T-value (n=85)
1.354***	4.807	1.763***	5.573	0.687*	2.021	0.637	1.841	1.099***	10.798
2.053***	4.876	2.750***	5.779	1.019*	1.988	0.950	1.870	1.675***	10.858
2.738***	4.899	3.733***	5.925	1.310*	1.931	1.286	1.899	2.230***	10.859
3.460***	4.940	4.716***	6.054	1.594*	1.907	1.593	1.974	2.782***	10.852
4.156***	4.919	5.747***	6.248	1.842*	1.877	1.853	2.007	3.320***	10.827

为八组（同表6-1）。表中省略了百分比符号。

表6-6　　　　　　　　SME 的累积平均超额波动率（%）

面板 A：全样本

	Bad High	T-value (n=35)	Bad Low	T-value (n=43)	Concession High	T-value (n=4)	Concession Low	T-value (n=5)
CAAV_SME (0,1)	-0.304	-1.000	0.336	1.274	-1.288	-1.591	0.102	0.132
CAAV_SME (0,2)	-0.456	-1.021	0.519	1.309	-1.926	-1.585	0.079	0.069
CAAV_SME (0,3)	-0.640	-1.088	0.682	1.298	-2.581	-1.591	0.064	0.043
CAAV_SME (0,4)	-0.855	-1.178	0.819	1.254	-3.165	-1.589	0.040	0.021
CAAV_SME (0,5)	-1.072	-1.245	0.948	1.219	-3.707	-1.533	-0.001	0.000

面板 B：贸易摩擦加剧之前（2016 年 11 月 11 日至 2018 年 6 月 14 日）

	Bad High	T-value (n=16)	Bad Low	T-value (n=23)	Concession High	T-value (n=3)	Concession Low	T-value (n=2)
CAAV_SME (0,1)	-1.418**	-2.755	-0.401	-0.949	-1.717	-1.787	-1.310	-0.804
CAAV_SME (0,2)	-2.087**	-2.755	-0.597	-0.939	-2.567	-1.775	-1.984	-0.813
CAAV_SME (0,3)	-2.784**	-2.793	-0.779	-0.919	-3.440	-1.786	-2.626	-0.804
CAAV_SME (0,4)	-3.505**	-2.853	-0.975	-0.921	-4.218	-1.782	-3.304	-0.807
CAAV_SME (0,5)	-4.236**	-2.919	-1.153	-0.911	-4.940	-1.686	-3.976	-0.801

面板 C：贸易摩擦加剧之后（2018 年 6 月 15 日至 2019 年 12 月 31 日）

	Bad High	T-value (n=19)	Bad Low	T-value (n=20)	Concession High	T-value (n=1)	Concession Low	T-value (n=3)
CAAV_SME (0,1)	0.635***	3.556	1.184***	7.240	-0.973*	-1.768	1.043*	4.043
CAAV_SME (0,2)	0.917***	3.411	1.803***	7.644	-0.003	-0.004	1.454*	3.996
CAAV_SME (0,3)	1.166***	3.275	2.362***	7.662	-1.936**	-2.487	1.858*	3.942
CAAV_SME (0,4)	1.377***	3.140	2.881***	7.600	-2.456***	-2.822	2.269*	3.826
CAAV_SME (0,5)	1.593***	3.050	3.364***	7.507	-2.993***	-3.140	2.649*	3.651

注：本表报告了在中美贸易摩擦期间新闻发布时 SME 指数的累积平均超额波动率（CAAVs,%），即每组事件中累积超额波动率（CAVs,%）的平均值，波动率用 GARCH 模型计算得出。将 149 个新闻发布日划分为

Counter-attack High	T-value (n=15)	Counter-attack Low	T-value (n=20)	Good High	T-value (n=17)	Good Low	T-value (n=8)	All News	T-value (n=147)
1.092***	4.537	1.227***	5.692	0.128	0.506	0.244	0.727	0.301**	2.395
1.644***	4.478	1.891***	5.847	0.161	0.433	0.335	0.679	0.454**	2.421
2.182***	4.398	2.519***	5.945	0.155	0.319	0.427	0.658	0.583**	2.347
2.740***	4.371	3.205***	6.189	0.130	0.217	0.546	0.691	0.708**	2.290
3.277***	4.335	3.920***	6.495	0.073	0.103	0.632	0.689	0.826**	2.242

Counter-attack High	T-value (n=1)	Counter-attack Low	T-value (n=7)	Good High	T-value (n=6)	Good Low	T-value (n=4)	All News	T-value (n=62)
0.655*	1.849	0.895***	7.447	−0.250	−1.240	−0.101	−0.240	−0.559**	−2.470
1.005**	2.316	1.374***	7.056	−0.432	−1.486	−0.169	−0.267	−0.830**	−2.456
1.483***	2.960	1.828***	7.150	−0.639	−1.725	−0.261	−0.312	−1.107**	−2.468
1.886***	3.367	2.325***	6.486	−0.873	−1.927	−0.257	−0.243	−1.385**	−2.479
2.347***	3.825	2.802***	5.858	−1.118*	−2.089	−0.264	−0.209	−1.659**	−2.485

Counter-attack High	T-value (n=14)	Counter-attack Low	T-value (n=13)	Good High	T-value (n=11)	Good Low	T-value (n=4)	All News	T-value (n=85)
1.123***	4.373	1.405***	4.344	0.334	0.891	0.589	1.029	0.928***	8.993
1.690***	4.309	2.169***	4.497	0.485	0.883	0.839	1.003	1.393***	9.001
2.232***	4.201	2.892***	4.582	0.589	0.820	1.114	1.031	1.798***	8.613
2.801***	4.170	3.678***	4.821	0.678	0.766	1.350	1.036	2.212***	8.526
3.344***	4.124	4.521***	5.178	0.723	0.695	1.528	1.017	2.613***	8.458

八组（同表6-1）。表中省略了百分比符号。

表6-7　　　　　　　　　　　北上资金的累积平均超额交易额

面板A：全样本

	Bad High	T-value (n=35)	Bad Low	T-value (n=43)	Concession High	T-value (n=4)	Concession Low	T-value (n=5)
CAA_NCF (0,1)	-6.004	-0.519	8.085	1.016	5.238	0.467	-25.547**	-3.664
CAA_NCF (0,2)	-7.246	-0.495	12.418	1.364	20.039	1.270	-33.702*	-2.208
CAA_NCF (0,3)	-7.972	-0.475	15.932	1.440	27.620	1.742	-34.032	-1.612
CAA_NCF (0,4)	-9.854	-0.501	17.516	1.393	69.221	1.657	-32.601	-1.383
CAA_NCF (0,5)	-5.267	-0.243	22.082	1.555	77.418	2.084	-20.015	-0.706

面板B：贸易摩擦加剧之前（2016年11月11日至2018年6月14日）

	Bad High	T-value (n=16)	Bad Low	T-value (n=23)	Concession High	T-value (n=3)	Concession Low	T-value (n=2)
CAA_NCF (0,1)	15.267***	3.702	10.218	1.178	11.945	0.980	-11.668	-1.987
CAA_NCF (0,2)	24.543***	3.723	19.150*	1.881	21.742	0.926	-1.155	-3.075
CAA_NCF (0,3)	31.464***	4.441	31.419**	2.793	26.010	1.102	11.361**	40.065
CAA_NCF (0,4)	36.958***	3.899	38.258**	2.728	35.079	1.691	18.807	2.780
CAA_NCF (0,5)	43.474***	3.784	47.880***	2.927	54.248	1.404	34.050	1.183

面板C：贸易摩擦加剧之后（2018年6月15日至2019年12月31日）

	Bad High	T-value (n=19)	Bad Low	T-value (n=20)	Concession High	T-value (n=1)	Concession Low	T-value (n=3)
CAA_NCF (0,1)	-23.916	-1.161	5.633	0.390	-14.882	-0.292	-34.800**	-6.918
CAA_NCF (0,2)	-34.016	-1.341	4.675	0.290	14.928	0.239	-55.400**	-7.905
CAA_NCF (0,3)	-41.181	-1.430	-1.879	-0.095	32.448	0.450	-64.293**	-7.983
CAA_NCF (0,4)	-49.274	-1.475	-6.338	-0.299	171.648**	2.130	-66.872***	-21.959
CAA_NCF (0,5)	-46.312	-1.253	-7.585	-0.328	146.928*	1.664	-56.058	-2.343

注：本表报告了在中美贸易摩擦期间新闻发布时北上资金的累积平均超额变动额（CAA_NCF，单位：亿元人民币），即每组事件中超额交易额（CA_NCF）的平均值。将149个新闻发布日划分为八组（同表6-1）。

Counter-attack High	T-value (n=15)	Counter-attack Low	T-value (n=20)	Good High	T-value (n=17)	Good Low	T-value (n=8)	All News	T-value (n=147)
4.363	0.247	-10.144	-0.635	8.992	0.728	3.051	0.273	0.882	0.188
8.426	0.360	-8.390	-0.441	5.315	0.339	4.439	0.433	2.528	0.438
2.328	0.082	-15.264	-0.619	3.009	0.164	-0.698	-0.044	1.933	0.277
-1.953	-0.055	-24.500	-0.907	18.550	0.918	-4.006	-0.201	3.554	0.434
-6.992	-0.168	-24.138	-0.803	31.354	1.179	-15.528	-0.445	7.184	0.764

Counter-attack High	T-value (n=1)	Counter-attack Low	T-value (n=7)	Good High	T-value (n=6)	Good Low	T-value (n=4)	All News	T-value (n=62)
-4.000	-0.161	18.189	0.701	16.570*	2.411	-3.866	-0.266	11.275**	2.578
27.130	0.893	24.851	1.154	26.086**	3.584	-1.570	-0.083	20.119***	4.162
33.053	0.942	26.668	0.931	30.034*	2.480	-13.531	-0.532	26.978***	4.717
-5.817	-0.148	34.083	0.985	44.459**	3.405	-9.340	-0.282	33.488***	4.747
11.343	0.264	37.527	1.007	57.297**	3.971	-4.009	-0.099	42.410***	5.193

Counter-attack High	T-value (n=14)	Counter-attack Low	T-value (n=13)	Good High	T-value (n=11)	Good Low	T-value (n=4)	All News	T-value (n=85)
4.961	0.261	-25.401	-1.252	4.859	0.252	9.968	0.483	-7.394	-0.989
7.090	0.282	-26.289	-0.986	-6.015	-0.250	10.449	0.781	-11.423	-1.236
0.133	0.004	-37.842	-1.098	-11.732	-0.427	12.136	0.514	-18.248	-1.653
-1.677	-0.044	-56.045	-1.570	4.418	0.144	1.329	0.041	-21.060	-1.650
-8.301	-0.185	-57.343	-1.418	17.202	0.418	-27.047	-0.387	-21.571	-1.475

表中省略了百分比符号。

表6-8 南下资金的累积平均超额变动量

面板A：全样本

	Bad High	T-value (n=35)	Bad Low	T-value (n=43)	Concession High	T-value (n=4)	Concession Low	T-value (n=5)
CAA_SCF (0,1)	3.340	0.756	-11.956**	-2.365	-25.029	-1.778	-21.521*	-2.391
CAA_SCF (0,2)	5.404	0.846	-23.207***	-3.726	-30.971	-1.735	-40.337*	-2.238
CAA_SCF (0,3)	5.563	0.644	-34.328***	-4.439	-41.755	-1.751	-56.786	-1.962
CAA_SCF (0,4)	5.199	0.495	-44.993***	-5.323	-43.439	-1.455	-72.604	-1.827
CAA_SCF (0,5)	7.518	0.609	-54.535***	-5.559	-45.600	-1.208	-86.244	-1.988

面板B：贸易摩擦加剧之前（2016年11月11日至2018年6月14日）

	Bad High	T-value (n=16)	Bad Low	T-value (n=23)	Concession High	T-value (n=3)	Concession Low	T-value (n=2)
CAA_SCF (0,1)	-1.023	-0.164	-12.569	-1.488	-26.489	-1.264	-15.728***	-15.193
CAA_SCF (0,2)	-0.708	-0.081	-25.630**	-2.638	-32.968	-1.241	-33.423	-4.087
CAA_SCF (0,3)	-3.427	-0.291	-38.394***	-3.200	-47.429	-1.379	-45.622	-1.836
CAA_SCF (0,4)	-6.689	-0.474	-51.366***	-3.935	-50.318	-1.166	-60.005	-1.060
CAA_SCF (0,5)	-5.160	-0.312	-62.218***	-4.042	-50.336	-0.899	-70.048	-1.108

面板C：贸易摩擦加剧之后（2018年6月15日至2019年12月31日）

	Bad High	T-value (n=19)	Bad Low	T-value (n=20)	Concession High	T-value (n=1)	Concession Low	T-value (n=3)
CAA_SCF (0,1)	7.015	1.097	-11.251*	-2.086	-20.647	-1.170	-25.383	-1.476
CAA_SCF (0,2)	10.550	1.115	-20.420**	-2.591	-24.982	-1.156	-44.946	-1.275
CAA_SCF (0,3)	13.133	1.030	-29.651***	-3.011	-24.733	-0.991	-64.229	-1.155
CAA_SCF (0,4)	15.210	0.977	-37.664***	-3.512	-22.800	-0.817	-81.003	-1.104
CAA_SCF (0,5)	18.194	0.988	-45.699***	-3.801	-31.393	-1.027	-97.041	-1.221

注：本表报告了在中美贸易摩擦期间新闻发布时南下资金的累积平均超额变动量（CA_SCF，单位：亿元人民币），即每组事件中超额交易额（CA_SCF）的平均值。将149个新闻发布日划分为八组（同表6-1）。

第六章 双方行动选择与股票市场反应　125

Counter-attack High	T-value (n=15)	Counter-attack Low	T-value (n=20)	Good High	T-value (n=17)	Good Low	T-value (n=8)	All News	T-value (n=147)
-8.480	-0.822	-7.223	-1.046	-3.097	-0.502	-5.230	-0.561	-6.589***	-2.700
-10.358	-0.805	-17.373*	-1.754	-4.325	-0.549	-0.908	-0.086	-11.774***	-3.575
-13.104	-0.842	-23.635*	-1.965	-6.388	-0.644	4.816	0.328	-17.142***	-4.034
-16.102	-0.856	-23.915	-1.637	-8.048	-0.683	4.420	0.224	-21.755***	-4.284
-17.019	-0.797	-29.017	-1.664	-10.004	-0.715	3.138	0.130	-25.712***	-4.314

Counter-attack High	T-value (n=1)	Counter-attack Low	T-value (n=7)	Good High	T-value (n=6)	Good Low	T-value (n=4)	All News	T-value (n=62)
-63.650***	-3.081	-22.606**	-3.030	-11.682*	-2.545	-4.364	-0.206	-11.707***	-2.967
-64.595**	-2.553	-42.780***	-3.926	-19.754**	-3.330	0.882	0.041	-20.090***	-4.086
-78.285***	-2.680	-55.207***	-5.502	-31.033***	-5.551	8.022	0.259	-28.875***	-4.609
-91.975***	-2.816	-59.510***	-3.996	-41.912***	-5.032	8.359	0.197	-36.871***	-5.031
-105.665***	-2.953	-74.259***	-4.929	-50.204**	-3.715	7.642	0.149	-43.561***	-4.992

Counter-attack High	T-value (n=14)	Counter-attack Low	T-value (n=13)	Good High	T-value (n=11)	Good Low	T-value (n=4)	All News	T-value (n=85)
-4.539	-0.445	1.060	0.113	1.586	0.172	-6.097	-1.222	-2.885	-0.919
-6.484	-0.492	-3.692	-0.285	4.090	0.362	-2.698	-0.239	-5.557	-1.250
-8.448	-0.530	-6.635	-0.409	7.054	0.515	1.611	0.113	-8.016	-1.398
-10.683	-0.553	-4.749	-0.242	10.423	0.685	0.480	0.028	-9.704	-1.410
-10.687	-0.489	-4.656	-0.198	11.923	0.682	-1.365	-0.061	-11.474	-1.433

表中省略了百分比符号。

擦加剧之后，媒体报道策略的有效性受到了贸易局势的抑制。

表6-7显示，当有"对中国有利且媒体采用高调语气"的新闻发布时，北上资金显著增加。当贸易摩擦"对中国不利并采用高调语气"时，北上资金在贸易摩擦加剧前显著增加（见面板B），而在贸易摩擦加剧后略有下降（见面板C），与沪深300和中小盘股波动率的变动情况相呼应。

表6-8对南下资金的变动情况进行了分析。当贸易摩擦的形势"不利于中国经济且新闻发布较为低调"时，南下资金大幅下降，对于全样本（见面板A）和两个子样本（见面板B和面板C）均如此。此外，南下资金在中国采取反制措施（或者让步）且媒体基调较低时，也出现显著下降（见面板A）。虽然南下资金投资标的为在香港交易所上市的公司，但超过80%的资金流向了中国公司[①]。因此，当国管媒体表现出悲观立场时，投资者也认为，贸易摩擦会加大在港上市中国企业的风险，并放慢了南下投资的步伐。

因此，在新闻报道时采用高调语气（相比于采用低调预期）在特定情况下对吸引投资和减缓投资下降方面发挥了一定的作用。

（五）进一步讨论

本章对于解释投资者情绪的形成机制和影响渠道做出了新的尝试。我们基于两个维度将新闻发布日分为八组。诚然，关键事件发生日的分类是基于我们的判断，可能比较主观；"较高"和"较低"语气的划分参照所有新闻的平均值，也可能会由于样本的选择偏差而造成向上或向下的偏差。

本章采用事件研究的方法考察了不同类型的中美贸易摩擦新闻报道策略对中国股票市场的影响，包括股票收益、交易量、波动性、北上和南下资金等。除了对同一类新闻事件从不同角度分别进行检验，本章还跟第五章一样采用了改变估计期的方法来控制股票市场的季节性，并得到了类似的结果。本章研究努力谨慎地在判断贸易摩擦局势和检验市场走势方面为已有研究增添了新的解释。

[①] "中国公司"这里指在中国内地注册并在香港上市的公司，或虽在海外（或香港）注册但其50%以上的收入来自内地的公司。数据来自Wind数据库，截止2020年4月。

四 小结

本章以中美贸易摩擦为背景，基于（包括双方行动和贸易摩擦事件对经济预期影响在内的）贸易摩擦局势和新闻报道基调两个维度将贸易摩擦新闻发布日分为八类，并在此基础上探讨国管媒体语气对中国股票市场的影响。

除了一些特定情况，中美贸易摩擦新闻的基调对股市收益没有显著影响。当贸易摩擦形势对中国经济不利且新闻发布较为低调时，或当中国在谈判中做出让步时，大盘股超额收益为负。大盘股的异常回报在贸易摩擦加剧前后没有显著差异。中小盘股（SME）在新闻发布时表现出了与大盘股相似但更为显著的反应。当中国在谈判中做出让步时，投资者做出了负面反应，且不受新闻语气的影响。在贸易摩擦局势"对中国不利且媒体采用低调语气"时，市场倾向于做出负面反应，而当"对中国有利且媒体采用高调语气"时，市场则倾向于做出积极反应，媒体的报道策略在防止市场崩盘方面发挥了一定的作用。

本章研究还发现，在整个特朗普执政时期大盘股的成交量没有呈现出一致性变化，只是在中国"采取反击措施且媒体采用低调语气"时出现了下降。大盘股的交易量在贸易摩擦加剧前大幅增长，但在加剧后则出现了显著下降，中小盘股的交易量却一直在下降，说明两类股指间存在交易转移效应。与大盘股相比，中小盘在整个研究期间和两个子期间的交易量变化都更为显著。在贸易摩擦加剧前形势"对中国不利且采用高调语气"时，中小盘股交易量的下降更为显著。CSI300的成交量在贸易摩擦加剧后才有所下降，说明中小盘股的投资者对贸易摩擦进展更加敏感。在贸易摩擦升级后，当媒体在中国"做出让步且采用高调语气"时，两类股票的交易量都出现了大幅上升。国管媒体所体现的官方态度多数情况下在稳定投资者情绪方面发挥了作用。

当中国"采取反制措施"或者贸易摩擦形势"对中国不利"时，无论新闻发布采取怎样的基调，两类股票的波动都做出了显著反应，但在两个子时期所呈现的反应模式有所不同。此外，当贸易摩擦的形势"对中国不利"时，媒体采用高调/乐观的报道方式在贸易摩擦加剧前的确能够较好地缓解股票市场（包括大盘股和中小盘）的紧张情绪，但在加剧之后这一作用则并不明显。

本章研究还发现，在"对中国不利"和"对中国有利"的情况下，采用高调语气进行报道在贸易摩擦加剧前都能吸引更多的北上资金。考虑到南下资金投资标的多为在香港交易所上市的中国公司,在"对中国不利"的情况下,采用高调语气进行报道有效防止了南下资金减少对于中国公司的投资,且在贸易摩擦加剧前后均显著。相反,采用低调语气进行报道时更多地向市场发出了消极信号,减少了北上和南下资金对中国上市公司的投资。

第七章　结论与展望

冷战结束后，中美关系一直是中国对外关系的"重中之重"。中美贸易关系对中国经济发展前景、中国与西方的整体关系乃至国际格局的调整和重构都具有重要影响，"关乎世界和平、繁荣、稳定"①。五分之一的中国产品销往美国，22%的美国进口产品来自中国。本书研究了中美贸易关系及贸易摩擦对股票市场投资者行为的影响，以及中国政府是否能够通过主流媒体释放的信号来稳定投资者对实体经济的预期。

一　主要结论

互联网的搜索频率从侧面反映了投资者对中美贸易关系及其经济后果的关注，并体现了他们情绪的波动。第二章的研究发现，中美两国投资者对贸易相关问题的关注推动了两国股市的整体波动性，而这一点在特朗普执政期间尤为突出。中美股票市场的波动溢出效应在特朗普执政期间尤为显著，证明使用公开的互联网搜索数据来衡量投资者的关注程度（甚至其风险态度）具有有效性。

第三章探讨了特朗普执政时期中美贸易摩擦、异质信念与中国股票市场反应之间的关系。研究发现，总体上贸易摩擦显著加剧了大盘股的波动性，但对中小盘股的影响在美国进行"301调查"前后有所不同。对于大盘股而言，异质信念在贸易摩擦与市场波动之间具有部分中介作用。贸易摩擦提高了异质信念，而异质信念在"301调查"前降低了股票市场的波动性，而在之后加剧了市场的波动性。该结果在控制了异质信念的内生性后依然稳健。对于中小盘股，虽然不存在中介效应，但异质信念本身对股票波动率有显著影响，"301调查"前为负，而之

---

① 中国发布《关于中美经贸摩擦的事实与中方立场》白皮书（2018年9月24日），参见 http://www.xinhuanet.com/politics/2018-09/24/c_1123475262.htm。

后为正。

面对特朗普执政时期贸易摩擦带来的巨大不确定性,中国政府有稳定市场预期、从而促进政治和谐和经济增长的强烈意愿。早在2018年7月31日召开的中共中央政治局会议就提出了"六稳"方针。而新闻媒体是政府对包括这次贸易摩擦在内的各种重大事件表达意见的重要工具,在解读和传播重大事件的最新信息方面发挥着至关重要的作用,并影响着公众对待重要事件的看法和态度。第四章对这一作用进行了检验,结果表明,媒体的报道策略(新闻语气)对股票收益没有显著影响,但积极的媒体态度整体上降低了大盘股的波动性,并在贸易摩擦的不同阶段表现出不同的影响模式。在贸易摩擦开始之后,国管媒体传递的积极信号在多数事件发生时能够缓解人们的焦虑、稳定市场(特别是大盘股),降低其波动性。总的来说,主流媒体对于报道策略的运用在一定程度上有效地防止了市场崩盘,缓解了投资者的焦虑。

第五章检验了媒体报道策略(媒体语气)在好消息(有利事件)和坏消息(不利事件)发生时对于对美贸易密集型企业和非对美贸易密集型企业市场表现的不同影响,并发现媒体语气对两类公司的影响存在不对称效应。对美贸易密集型企业比非对美贸易密集型企业更关心政府对贸易摩擦的态度,相关结果支持了回报追逐理论。国管媒体对于报道策略的运用能够一定程度上提振对美贸易密集型企业投资者的信心。当同一天有多个报道发布时,这种效应会进一步增强。

第六章在前面分析基础上结合双方行动和媒体报道策略将贸易摩擦局势分为八类,考察不同状况下主流媒体新闻中传达的官方态度是否产生了显著的市场效应。结果显示,中美贸易摩擦新闻的基调对股市收益基本没有显著影响。从市场流动性(交易量)来看,国管媒体所体现的官方态度多数情况下在维持市场流动性(激励投资者进行交易)方面发挥了作用。从市场波动来看,在贸易摩擦形势"对中国不利"时,媒体的高调/乐观报道在贸易摩擦加剧前能够较好地缓解股票市场(包括大盘股和中小盘)的焦虑情绪,但在贸易摩擦加剧之后则不明显。此外,该章节还研究了北上和南下资金的变动情况。

二 展望

中国之所以能够成为强大的国家,不仅是因为它在21世纪初加入了世界贸易组织并融入了自由经济秩序,更是因为它长期不断地坚持改革与创新。习近平

"新时代中国特色社会主义思想"将中国悠久的贸易历史与人类关于未来全球化的、开放的世界贸易体系的美好愿景创造性地结合在了一起。

"十四五"是 2020 年全面建成小康社会后开启全面建设社会主义现代化国家新征程的第一个五年规划。中国将实施更大范围、更宽领域、更深层次的对外开放，建设更高水平开放型经济新体制。如何建立开放、竞争和成熟的金融市场、更好地发挥资本市场优化资源配置的功能以促进经济的稳定平衡发展将成为每一位金融从业者和研究者不断思考的课题。

附录 A 对特朗普执政时期的阶段划分

第一阶段（特朗普胜选至"301调查"前）：2016年11月9日至2017年8月17日

从特朗普宣布被选举为美国总统（2016年11月9日），到2017年8月18日美国贸易代表办公室（USTR）根据《1974年贸易法》"301条款"正式启动对中国调查的前一天。

在第一阶段，大多数新闻报道显示，中国政府希望阻止贸易摩擦的加剧，并呼吁合作和相互理解，媒体语气总体上是乐观的（高于平均水平）。

第二阶段（正式加征关税之前）：2017年8月18日至2018年3月7日

从美国对中国发起"301调查"至2018年3月8日特朗普正式下令对进口钢铁和铝加征关税[①]的前一天。

第二阶段，事情开始发生变化。2017年8月18日，美国贸易代表办公室（USTR）根据《1974年贸易法》"301条款"正式启动对中国的调查[②]。2018年2月5日，中国开始通过对美国高粱出口进行调查采取反击措施。在这一短暂的阶段，共发布了6条新闻，其中仅有1条报道中美元首会晤的新闻语气高于平均值。其他新闻则态度较为悲观，分析了贸易摩擦的有害后果、持续性等。如此大量的负面信息可能预示着贸易摩擦加剧的可能性很高。

第三阶段（中美贸易摩擦初期）：2018年3月8日至2018年6月14日

2018年3月8日特朗普正式下令对钢铁和铝进口征收关税[③]，到2018年6

[①] 参见美国国家公共电台（National Public Radio）网站，https://www.npr.org/2018/03/08/591744195/trump-expected-to-formally-order-tariffs-on-steel-aluminum-imports。

[②] 参见美国贸易代表办公室网站，https://ustr.gov/about-us/policy-offices/press-office/press-releases/2017/august/ustr-announces-initiation-section。

[③] 参见美国国家公共电台（National Public Radio）网站，https://www.npr.org/2018/03/08/591744195/trump-expected-to-formally-order-tariffs-on-steel-aluminum-imports。

月 15 日特朗普公布 340 亿美元的中国商品关税清单之前。出于报复，中国政府宣布通过征收关税或反倾销税采取更多反击措施。5 月 20 日，中国和美国同意暂缓贸易摩擦，此前有报道称中国同意购买更多美国商品。6 月 15 日，特朗普公布了一份从 7 月 6 日开始对价值 340 亿美元的中国商品征收 25% 关税的清单，和另外一份实施日期为 8 月 23 日的价值 160 亿美元的中国商品清单。

该阶段发布的消息更多，总共 73 条，其中多数内容是批评贸易保护主义、贸易霸权主义、单边主义以及贸易摩擦。这表明中美关系变得更加紧张。这一阶段的媒体基调变得更为消极（低于平均水平）。多数发布的新闻显示了中国的强硬立场和对中国经济和贸易的信心。这些高调的新闻报道还乐观地表示，鉴于中美贸易伙伴关系的重要性，贸易摩擦不会加剧。他们还强调了双边谈判取得振奋人心的进展。

第四阶段（中美贸易摩擦进一步加剧）：2018 年 6 月 15 日至 2018 年 11 月 30 日

从 2018 年 6 月 15 日美国公布价值 340 亿美元的准备加征关税的中国商品清单，到 2018 年 12 月 1 日特朗普和习近平主席同意搁置双边贸易争议之前。

自 2018 年 2 月以来，双方已举行了七轮高层经济谈判。中美贸易摩擦的一个重要转折点发生在 2018 年 12 月的 G20 峰会期间，两国元首达成了 90 天的停止加征新关税共识。该共识以及"频繁的密切磋商表明，贸易摩擦正处于关键的最后阶段"。

在第四阶段，"靴子落地"。2018 年 5 月 29 日，美国在短暂停止贸易摩擦后恢复了关税计划。6 月 15 日，特朗普公布了一份从 7 月 6 日开始对价值 340 亿美元的中国商品征收 25% 关税的清单，和一份实施日期为 8 月 23 日的价值 160 亿美元的中国商品清单。在这一阶段，中国主要采取了反制措施，关于反制措施的报道语气也是这六个阶段中最为消极的。6 月 16 日，中国修订了对 106 种商品征收 25% 关税的初步清单，加入对 545 种产品（价值 340 亿美元）征收 25% 的关税，并提议对 114 种（价值 160 亿美元）商品征收第二轮 25% 的关税。

在这一阶段，媒体共发布了 80 条新闻，高调报道主要表达了中国政府对于贸易摩擦前景的乐观态度，对中国经济形势的信心，以及贸易摩擦对中国经济影响的有限性。同时，这些报道表达了对贸易保护主义的谴责，和对合作共赢的倡导。在批评贸易保护主义/贸易霸权/单边主义/贸易摩擦的同时，更多文章分析了贸易摩擦对中国经济的影响。随着贸易摩擦的升级，关于其影响和中国应对措施的新闻变得更加具体和客观。随着中美两国正式承诺将于近期加征关税，股票市场似乎很快意识到早期的看法只是空想，贸易摩擦对两国确是严重威胁。市场大幅下跌，特别是在2018年7月中美贸易摩擦中两轮关税落地后。这一阶段的媒体基调悲观（低于平均水平），甚至低于第三阶段。

第五阶段（停止贸易摩擦）：2018年12月1日至2019年5月4日

从2018年12月1日中美元首达成协议，到2019年5月4日特朗普总统和习近平主席达成协议暂时停止双边贸易分歧。

随着全球经济的放缓，停止贸易摩擦并未让中国投资者足够兴奋并提振股市，但中国官媒的乐观态度确实缓解了投资者的不确定感。本阶段共发布8条新闻，媒体语气远高于平均水平。语气高调的新闻主要报道和解读了中美贸易谈判的新进展和形势的好转。例如，2018年12月12日，《证券日报》就发表了一篇题为《中美经贸谈判的"暖色调"正在提升》的评论文章。中国同样做出了一些让步，暂时降低美国汽车关税，并于2018年12月14日起恢复购买美国出口的大豆。其他采用乐观语气的新闻内容包括，对停止贸易摩擦的期待以及对中国对世界经济增长的贡献的赞扬。

第六阶段（新的冲突阶段）：从2019年5月5日至2020年1月17日

从2019年5月5日至2020年1月15日第一阶段贸易协定签署后的两天（2020年1月17日）。

5月5日，特朗普发推特表示，将在5月10日对2000亿美元中国商品的关税提高到25%。5月8日，特朗普政府正式宣布将于5月10日起对价值2000亿美元中国出口美国的商品加征关税，从10%提高至25%。这些举动增加了贸易摩擦的不确定性。在该阶段，中国媒体发布的新闻大多是声明政府的立场和分析双边贸易的形势。高调的新闻主要是显示中国对于贸易摩擦绝不妥协，谴责美国加征关税和经济霸凌，表达对中国经济实力和韧性的信心等。

附录 B 中美贸易摩擦期间的主要事件

	（1）时间	（2）事件	（3）事件介绍及关联问题	（4）事件类型	（5）结合中方行动的事件分类
1	2016/5/2	特朗普在竞选中尖锐批评中国	特朗普在竞选共和党总统候选人提名时表示："不能再允许中国强奸我们的国家，这就是他们正在做的。这是世界历史上最大的盗窃案。"特朗普在竞选期间就中国的贸易行为发表了许多声明，这只是其中之一	（3）对美国有利；对中国不利	
2	2016/6/28	特朗普提出了对抗中国的计划	在竞选总统期间，特朗普在宾夕法尼亚州的一次集会上提出了反击中国不公平贸易行为的计划。他还提出了根据《1974年贸易法》第201和301条实施关税的最终举措。他说，中国加入世界贸易组织使"史上最大的就业盗窃"成为可能	（3）对美国有利；对中国不利	不利事件
3	2017/3/31	特朗普签署了两项行政命令	其中一项呼吁在反补贴和反倾销贸易案件中加强关税执行。另一项要求对美国贸易逆差及其原因进行审查	（3）对美国有利；对中国不利	不利事件
4	2017/4/7	习近平访问特朗普在佛罗里达州的海湖庄园	特朗普和中国国家主席习近平同意制定"百日谈判计划"来解决贸易分歧	（1）对双方都有利	让步
5	2017/4/28	美国贸易代表办公室被授权调查进口钢铁和铝是否对美国的国家安全构成威胁		（3）对美国有利；对中国不利	不利事件

续表

	（1）时间	（2）事件	（3）事件介绍及关联问题	（4）事件类型	（5）结合中方行动的事件分类
6	2017/5/22	双方达成贸易协定	中、美两国达成了一项贸易协议，该协议将使美国公司更大程度地进入中国的农业、能源和金融市场，而中国则可以向美国出售熟禽	（1）对双方都有利	有利事件
7	2017/7/19	经过100天的谈判，双方未能就如何减少中美贸易逆差达成一致意见		（2）对双方都不利	有利事件
8	2017/8/14	美国发起针对中国的"301条款"调查	特朗普下令动用"301条款"调查所谓的中国侵犯知识产权的行为，这被称为他针对中国的首次直接贸易行动	（3）对美国有利；对中国不利	不利事件
9	2017/8/18	美国开始针对中国技术转让问题进行调查	美国贸易代表办公室对中国政府有关技术转让、知识产权和创新的某些行为、政策和做法展开调查	（3）对美国有利；对中国不利	不利事件
10	2017/11/10	特朗普对中国进行了"国事访问+"	中美关系有所缓和	（1）对双方都有利	有利事件
11	2018/1/17	特朗普威胁要对中国处以巨额"罚款"	在接受路透社采访时，特朗普威胁就所谓的知识产权盗窃对中国处以巨额"罚款"，但没有提供细节	（3）对美国有利；对中国不利	不利事件
12	2018/1/22	特朗普对所有进口洗衣机和太阳能电池板征收关税，不仅限于中国的		（3）对美国有利；对中国不利	不利事件
13	2018/2/5	中国调查美国的高粱出口		（4）对美国不利；对中国有利	反制措施

续表

	（1）时间	（2）事件	（3）事件介绍及关联问题	（4）事件类型	（5）结合中方行动的事件分类
14	2018/2/7	美国征收"全球保障关税"	美国对进口的太阳能电池板（价值85亿美元）和洗衣机（价值18亿美元）分别征收30%和20%的关税	（3）对美国有利；对中国不利	不利事件
15	2018/3/8	特朗普下令对从所有供应商（不仅仅是中国）进口的钢材和铝材分别征收25%和10%的关税		（3）对美国有利；对中国不利	不利事件
16	2018/3/22	特朗普签署了一份指导一些法案的备忘录	就中国的歧视性许可做法向WTO提起诉讼；限制对关键技术领域的投资；对中国产品（如航空航天、信息通信技术和机械）加征关税	（3）对美国有利；对中国不利	不利事件
17	2018/3/23	美国对进口钢铁和铝征收关税	美国对所有进口钢铁（阿根廷、澳大利亚、巴西和韩国除外）征收25%的关税，对所有进口铝（阿根廷和澳大利亚除外）征收10%的关税	（3）对美国有利；对中国不利	不利事件
18	2018/4/2	中国对美国商品征收的关税	出于对美国加征钢铁和铝关税的报复，中国对128种商品（价值30亿美元）征收关税（15%至25%不等），包括水果、葡萄酒、无缝钢管、猪肉和回收铝	（4）对美国不利；对中国有利	反制措施
19	2018/4/3	美国公布初步名单	美国贸易代表办公室公布了一份包含1334种拟议产品（价值500亿美元），初步清单，未来可能征收25%的关税（在6月15日进行修订）	（3）对美国有利；对中国不利	不利事件

续表

	（1）时间	（2）事件	（3）事件介绍及关联问题	（4）事件类型	（5）结合中方行动的事件分类
20	2018/4/4	中国对美国商品征收关税	出于对美国贸易代表办公室初步清单的回击，中国提议对大豆、汽车、化学品等106种产品（价值500亿美元）征收25%的关税（在6月16日进行修订）	（4）对美国不利；对中国有利	反制措施
21	2018/4/5	特朗普提议额外加征关税	特朗普指示贸易官员考虑是否应该对美国从中国额外进口的1000亿美元商品加征关税	（3）对美国有利；对中国不利	不利事件
22	2018/4/16	美国商务部认为，中国电信设备商中兴通讯违反了美国的部分禁令	美国公司被禁止在七年内与中兴通讯开展业务	（3）对美国有利；对中国不利	不利事件
23	2018/4/17	中国宣布要对从美国进口的高粱征收178.6%的反倾销税		（4）对美国不利；对中国有利	反制措施
24	2018/5/7	中美两国在北京进行贸易谈判	美方要求中国在两年内减少2000亿美元的贸易逆差。会谈没有达成任何决议	（5）对双方的影响不明确	不清楚
25	2018/5/13	特朗普在推特上承诺帮助中兴		（4）对美国不利；对中国有利	有利事件
26	2018/5/18	中国商务部宣布将停止对谈判中的美国高粱征收关税		（3）对美国有利；对中国不利	让步
27	2018/5/20	贸易摩擦暂时停止	在中国同意购买更多美国商品后，中美两国同意停止互相加征关税	（1）对双方都有利	让步

续表

	（1）时间	（2）事件	（3）事件介绍及关联问题	（4）事件类型	（5）结合中方行动的事件分类
28	2018/5/29	短暂停止贸易摩擦后，美国恢复了关税计划		（2）对双方都不利	不利事件
29	2018/6/5	为期两天的中美贸易谈判在北京举行		（1）对双方都有利	有利事件
30	2018/6/7	美国和中兴通讯达成允许中兴通讯恢复业务的协议		（4）对美国不利；对中国有利	有利事件
31	2018/6/15	美国减少并最终确定了加征关税的产品清单	美国对缩减后的第一份清单的818种商品（原1334种）征收25%的关税，将于2018年7月6日生效。美国公布了包括284项新商品的第二份清单，并在考虑在中	（3）对美国有利；对中国不利	不利事件
32	2018/6/18	特朗普要求加征更多关税	6月16日，中国修订其初步关税清单（对106种商品征收25%的关税），将对545种商品（价值340亿美元）征收25%的关税，并于2018年7月6日生效。中国还提议对114种商品（价值160亿美元）征收第二轮25%的关税。特朗普总统以此作为对中国2018年6月15日宣布的报复性关税的回应	（2）对双方都不利	不利事件
33	2018/7/6	美国对中国加征首批关税		（3）对美国有利；对中国不利	不利事件

续表

	(1) 时间	(2) 事件	(3) 事件介绍及关联问题	(4) 事件类型	(5) 结合中方行动的事件分类
34	2018/7/10	美国公布第二份关税清单（美国计划对2000亿美元中国出口美国的商品征收10%的关税）	美国贸易代表办公室公布第三份清单（清单三），对6000多种源自中国的商品（价值2000亿美元）征收10%的关税	（3）对美国有利；对中国不利	不利事件
35	2018/7/16	特朗普政府向世界贸易组织提出无理要求	美国贸易代表分别向世界贸易组织提交了针对加拿大、中国、欧盟、墨西哥与土耳其等国对美国采取报复性关税措施的申诉	（3）对美国有利；对中国不利	不利事件
36	2018/7/20	特朗普威胁对所有从中国进口的商品征收关税		（3）对美国有利；对中国不利	不利事件
37	2018/8/1	特朗普命令美国贸易代表办公室对2000亿美元中国进口商品的关税从最初提议的10%提高到25%		（3）对美国有利；对中国不利	不利事件
38	2018/8/2	美国关税修正（2000亿美元）	美国商务部还将44家对美国国家安全构成"重大风险"的中国实体列入其出口控制名单	（3）对美国有利；对中国不利	不利事件
39	2018/8/3	中国宣布对美国产品征收第二轮关税		（4）对美国不利；对中国有利	反制措施
40	2018/8/7	美国确定并公布了第二轮关税清单	美国公布了价值160亿美元的中国输美商品关税最终清单的修订版	（3）对美国有利；对中国不利	不利事件

续表

	(1) 时间	(2) 事件	(3) 事件介绍及关联问题	(4) 事件类型	(5) 结合中方行动的事件分类
41	2018/8/8	中国修订了500亿美元的关税清单，取消了原油		(3) 对美国有利；对中国不利	让步
42	2018/8/14	中国向世界贸易组织对美国提出申诉	中国商务部宣布，中国已就美国对太阳能电池板征收关税向世界贸易组织提起正式诉讼，称美国的关税损害了中国的贸易利益	(4) 对美国不利；对中国有利	反制措施
43	2018/8/23	中美两国实施第二轮关税，中国向世界贸易组织提出第二次对美国提出申诉		(2) 对双方都不利	不利事件
44	2018/9/7	特朗普威胁加征关税	特朗普威胁要再对2670亿美元商品征收关税	(3) 对美国有利；对中国不利	不利事件
45	2018/9/12	美国邀请中国重新开启谈判	白宫首席经济顾问拉里·库德洛表示，美国已邀请中国在对2000亿美元中国商品（清单三）加征关税之前重启贸易谈判	(4) 对美国不利；对中国有利	有利事件
46	2018/9/17	美国最终确定对2000亿美元中国商品征收关税		(3) 对美国有利；对中国不利	不利事件
47	2018/9/18	中国宣布对美国的关税进行报复	中国宣布，将在9月24日美国对中国2000亿美元的商品加征关税后对600亿美元的美国商品（清单三）加征关税	(4) 对美国不利；对中国有利	反制措施
48	2018/9/24	美国和中国实施第三轮关税	9月22日，中国取消了与美国的贸易谈判	(2) 对双方都不利	反制措施
49	2018/10/25	中美两国官员恢复接触	据报道，中美两国的工作级别官员在沉默数周后恢复接触	(1) 对双方都有利	有利事件

续表

	(1) 时间	(2) 事件	(3) 事件介绍及关联问题	(4) 事件类型	(5) 结合中方行动的事件分类
50	2018/10/30	据报道，美国准备对剩余的中国产品征收关税	据报道，如果习近平和特朗普在阿根廷的G20峰会上的会谈不成功，美国准备在12月初前对剩余的中国产品征收关税	（3）对美国有利；对中国不利	不利事件
51	2018/11/9	中美两国恢复贸易谈判	据报道，双方讨论了一项贸易协议框架，或至少是"停火"以缓解紧张局势	（1）对双方都有利	有利事件
52	2018/11/19	美国公布了对新兴技术进行出口管制的拟议清单	该管制没有具体指明中国，但观察人士普遍认为，该提议与美国阻止中国获取敏感技术的努力有关	（3）对美国有利；对中国不利	不利事件
53	2018/12/1	中美两国同意在90天内停止征收新关税		（1）对双方都有利	有利事件
54	2018/12/14	中国暂时降低了美国汽车的关税；恢复购买美国出口大豆		（3）对美国有利；对中国不利	让步
55	2019/1/9	中美两国在北京进行为期三天的贸易谈判	会谈结束后，中国商务部发表声明称，会谈"内容广泛，为解决彼此的关切奠定了基础"	（1）对双方都有利	有利事件
56	2019/1/22	美国取消了与中国的预备会谈	美国官员称，取消的原因是对知识产权规则的执行存在分歧	（3）对美国有利；对中国不利	不利事件
57	2019/1/31	中美两国在华盛顿特区举行为期两天的贸易会谈	中国提出购买500万吨美国大豆。特朗普宣布，他将在2月份会见习近平	（1）对双方都有利	有利事件
58	2019/2/7	特朗普说，他将不会见在贸易协议的最后期限之前与习近平进行会晤		（3）对美国有利；对中国不利	不利事件

续表

	(1) 时间	(2) 事件	(3) 事件介绍及关联问题	(4) 事件类型	(5) 结合中方行动的事件分类
59	2019/2/15	中美两国在北京举行贸易会谈	中美两国仍然存在分歧，但同意下周在华盛顿继续谈判	（5）对双方的影响不明确	有利事件
60	2019/2/24	美国延长了最后期限	特朗普延长了3月1日的最后期限，对2000亿美元中国进口商品加征10%关税的具体日期待定	（4）对美国不利；对中国有利	有利事件
61	2019/3/29	中断一个月后，中美两国在北京举行贸易谈判	美国官员们称此次贸易谈判具有建设性，监督中国对贸易让步承诺的执行机制是关键所在	（1）对双方都有利	有利事件
62	2019/4/1	4月1日，中国对所有类型的芬太尼物质进行整类列管；3月31日，中国延长了暂停对美国汽车和汽车零部件加征关税的期限	中国宣布将从2019年5月1日起将芬太尼类物质列入官方《非药用类麻醉药品和精神药品管制品种增补目录》，即对芬太尼类物质实行整类列管。这被认为是在贸易谈判中对美国的让步	（3）对美国有利；对中国不利	让步
63	2019/4/5	中美两国在华盛顿举行贸易会谈	4月4日星期四，特朗普会见了刘鹤，并表示双方将在"未来四周内"知道他们是否能达成协议。中美两国的谈判代表同意在下周继续谈判	（1）对双方都有利	有利事件
64	2019/4/10	中美两国同意建立贸易协定执行办公室		（1）对双方都有利	有利事件
65	2019/5/5	特朗普在推特上表示，他打算在5月10日将2000亿美元中国商品的关税提高到25%		（3）对美国有利；对中国不利	不利事件

续表

	(1) 时间	(2) 事件	(3) 事件介绍及关联问题	(4) 事件类型	(5) 结合中方行动的事件分类
66	2019/5/8	特朗普政府正式宣布，将从5月10日起，对2000亿美元中国进口商品加征关税，从10%提高至25%		（3）对美国有利；对中国不利	不利事件
67	2019/5/10	美国将关税从10%提高到25%		（3）对美国有利；对中国不利	不利事件
68	2019/5/13	中国宣布对美国产品加征关税	作为对美国5月10日加征关税的回应，中国宣布自2019年6月1日起对600亿美元美国商品加征关税	（4）对美国不利；对中国有利	反制措施
69	2019/5/16	美国将华为列入其"实体名单"，禁止其向美国公司购买产品		（3）对美国有利；对中国不利	不利事件
70	2019/5/31	中国建立了自己的"不可靠实体"清单	中国宣布将建立自己的不可靠实体名单，以报复美国的实体名单	（4）对美国不利；对中国有利	反制措施
71	2019/6/1	中国对价值600亿美元的产品加征关税	美国开始对2019年5月13日首次宣布的600亿美元对华出口商品分别征收25%、20%和10%的关税	（4）对美国不利；对中国有利	反制措施
72	2019/6/18	习近平和特朗普重新开启20国集团（G20）的会前贸易谈判		（1）对双方都有利	有利事件
73	2019/6/19	美国开启对中国进口商品的关税豁免程序	美国贸易代表办公室（USTR）宣布了一项程序，美国利益相关方可根据2018年9月的清单（清单3）要求排除某些中国产品加征关税	（4）对美国不利；对中国有利	有利事件

续表

	(1) 时间	(2) 事件	(3) 事件介绍及关联问题	(4) 事件类型	(5) 结合中方行动的事件分类
74	2019/6/21	美国"实体名单"上又增加了五家中国实体		（3）对美国有利；对中国不利	不利事件
75	2019/6/26	在G20峰会前几天，双方暂时停止贸易摩擦		（1）对双方都有利	有利事件
76	2019/6/29	贸易谈判重启，对华为禁令放松		（1）对双方都有利	有利事件
77	2019/7/9	美国免除了110种中国产品25%的关税，并向华为的美国供应商发放许可证		（4）对美国不利；对中国有利	有利事件
78	2019/7/16	特朗普威胁要对3250亿美元的中国商品征收关税		（3）对美国有利；对中国不利	不利事件
79	2019/7/31	上海贸易谈判结束，进展甚微		（2）对双方都不利	不利事件
80	2019/8/1	特朗普表示，美国将从9月1日起对另外3000亿美元的中国商品征收10%的关税		（3）对美国有利；对中国不利	不利事件
81	2019/8/6	中国公司暂停新的美国农产品采购；美国宣称中国是货币操纵国		（2）对双方都不利	反制措施

续表

	(1) 时间	(2) 事件	(3) 事件介绍及关联问题	(4) 事件类型	(5) 结合中方行动的事件分类
82	2019/8/13	美国推迟了对某些产品的关税，并从清单上删除了一些项目	中美双方同意在两周后再次谈判	（4）对美国不利；对中国有利	有利事件
83	2019/8/23	中国宣布对美国商品征收750亿美元的关税；特朗普威胁对中国商品加征关税		（2）对双方都不利	不利事件
84	2019/8/26	刘鹤呼吁保持冷静；特朗普表示会谈将继续进行		（1）对双方都有利	让步
85	2019/9/2	中国向世界贸易组织提起针对美国的关税案	9月1日，（双方）关税如期生效	（4）对美国不利；对中国有利	反制措施
86	2019/9/5	中美两国同意进行第13轮贸易谈判		（1）对双方都有利	有利事件
87	2019/9/11	中国公布美国输华商品免征关税清单		（3）对美国有利；对中国不利	让步
88	2019/9/13	中国对各种农产品免征附加关税		（3）对美国有利；对中国不利	让步
89	2019/9/20	美国发布新的关税豁免清单，免除了400多种中国商品的关税	中美中层贸易谈判在华盛顿举行。据官方媒体报道，双方同意就有关经贸问题继续保持沟通，并就10月份举行的第十三轮中美经贸高级别磋商的细节进行了讨论	（4）对美国不利；对中国有利	有利事件

续表

	(1) 时间	(2) 事件	(3) 事件介绍及关联问题	(4) 事件类型	(5) 结合中方行动的事件分类
90	2019/9/23	购买美国商品	中国企业在接下来的周一购买了约60万吨美国大豆,恢复了9月初开始的温和购买,到10月初将达到350万吨,约为中国贸易摩擦前年度进口量的10%	(3) 对美国有利;对中国不利	让步
91	2019/10/7	美国商务部将28家中国公司列入其"实体名单"	主要禁止美国公司向他们进行销售,原因是这些公司涉嫌侵犯新疆维吾尔族穆斯林的人权	(3) 对美国有利;对中国不利	不利事件
92	2019/10/10	双方举行了高层会谈	来自中国和美国的高级代表在华盛顿举行为期两天的会谈	(1) 对双方都有利	有利事件
93	2019/10/11	美国宣布"第一阶段"协议,推迟对中国商品加征关税	作为第一阶段协议的一部分,中国每年将购买400亿—500亿美元的美国农产品,加强知识产权条款,并发布管理人民币汇率的新方针	(1) 对双方都有利	有利事件
94	2019/10/18	美国新公布一批针对3000亿美元加征关税的排除清单		(4) 对美国不利;对中国有利	有利事件
95	2019/11/1	中国赢得世界贸易组织诉讼,能够制裁价值36亿美元的美国进口商品		(4) 对美国不利;对中国有利	有利事件
96	2019/11/8	中美两国谈判削减关税	中美谈判代表通过电话就贸易问题达成"原则上"一致	(1) 对双方都有利	有利事件

续表

	(1) 时间	(2) 事件	(3) 事件介绍及关联问题	(4) 事件类型	(5) 结合中方行动的事件分类
97	2019/11/26	美国发布新的《网络空间安全国家行动计划》，旨在保护电信网络免受国家安全威胁	尽管这份文件没有提及华为和中兴的设备，但它可能会影响这两家中国公司，因为它们在5月初被列入美国实体的"黑名单"，并在11月22日星期五被美国联邦通信委员会一致投票认为存在国家安全风险	(3) 对美国有利；对中国不利	不利事件
98	2019/12/13	中美两国同意在下一次关税上调之前达成"第一阶段协议"	中国公布了第二批被排除在额外关税之外的美国产品	(1) 对双方都有利	有利事件

注：本表列出了贸易摩擦期间发生的98件重要事件①。根据这些事件预计造成的影响，第（4）列将其分为五类：(1) 对双方都有利；(2) 对双方都不利；(3) 对中国不利/对美国有利；(4) 对美国有利/对中国不利；(5) 对双方的影响不明确。对美国来讲，第1类和第3类是好消息，而第2类和第4类是坏消息。在第四章和第五章的分析中，对于美国来说，新闻可分为两类："对美国有利"，包括（1）和（3），和"对美国不利"，包括（2）和（4）。同样，对于中国来说，新闻也分为两类："对中国有利"，包括（1）和（4），和"对中国不利"，包括（2）和（3）。在本书第六章的分析中，采用第（5）列的分类方法，即根据这些事件预计造成的影响以及中方采取的行动将这些事件分为四类：有利事件、不利事件、让步事件和反制事件。

---

① 主要事件的信息来源见表 4-1 中贸易事件的数据来源。

附录 C　对股票市场反应的度量

一　测量超额交易量

单个新闻事件宣告日的超额交易量是用事件发生当日的实际交易量减去没有新闻发布时的正常（预期）交易量，然后除以正常（预期）交易量，即 $Ab\_volume_{it} = [Volume_{it} - E(Volume_{it})] / E(Volume_{it})$。本研究采用 250 个交易日（-280，-31）的估计期平均值来估计预期交易量 $E(Volume)$。每组相同事件在 t 日的平均超额交易量（AA_volume）为相应的样本均值：

$$AA\_volume_t = \frac{\sum_{i=1}^{N} Ab\_volume_{it}}{N}$$

累积平均超额交易量（CAA_volume）是每组中单个事件的累积超额交易量（CA_volume）的平均值。本书对不同事件窗口进行计算，从 T_1 日开始至 T_2 期间的 CAA_volume 为：

$$CAA\_volume_{T_1,T_2} = \frac{1}{N} \sum_{i=1}^{N} \sum_{t=T_1}^{T_2} Ab\_volume_{it}$$

二　测量超额波动率

单个新闻事件宣告日的超额波动率是用事件发生当日的实际波动率减去没有新闻发布时的正常（预期）波动率，即 $AV_{it} = Volatility_{it} - E(Volatility_{it})$。本研究采用 250 个交易日（-280，-31）的估计期平均值来估计预期波动率 $E(Volatility)$。每组相同事件在 t 日的平均超额波动率（AAV）为相应的样本均值：

$$AAV_t = \frac{\sum_{i=1}^{N} AV_{it}}{N}$$

累积平均超额波动率（CAAV）是每组中单个事件的累积超额波动率（CAV）的平均值。本研究对不同事件窗口进行计算，从 T_1 日开始至 T_2 期间的 CAAV 为：

$$CAAV_{T_1,T_2} = \frac{1}{N} \sum_{i=1}^{N} \sum_{t=T_1}^{T_2} AV_{it}$$

三　测量超额北上/南下资金

北上和南下资金的超额和累积超额流量采用相同的方法进行计算，因此，这里仅介绍北上资金（累积）超额变动量的计算。

单个新闻事件宣告日北上资金的超额变动量（Ab_NCF）用事件发生当日的实际北上资金数减去没有新闻发布时的正常（预期）北上资金数，即 $Ab\_NCF_{it} = NCF_{it} - E(NCF_{it})$。本书采用 250 个交易日（-280，-31）的估计期平均值来估计资金流量 $E(NCF)$。每组相同事件在 t 日的平均超额资金流量（AA_NCF）为相应的样本均值：

$$AA\_NCF_t = \frac{\sum_{i=1}^{N} Ab\_NCF_{it}}{N}$$

北上资金的累积平均流量（CAA_NCF）是每组中单个事件的累积超额资金流向（CA_NCF）的平均值。本书对不同事件窗口进行计算，从 T_1 日开始至 T_2 期间的 CAA_NCF 为：

$$CAA\_NCF_{T_1,T_2} = \frac{1}{N} \sum_{i=1}^{N} \sum_{t=T_1}^{T_2} Ab\_NCF_{it}$$

附录 D　关于日数据和累积日数据的补充信息

将149个新闻发布日划分为八组：在贸易摩擦事件对中国经济不利的情况下，根据新闻语气是否高于平均水平，将"对中国不利"的事件划分为"对中国不利且媒体采用高调语气"（Bad High）和"对中国不利且媒体采用低调语气"（Bad Low）两组；在贸易摩擦有利于中国经济的情况下，根据新闻语气是否高于平均水平，将"对中国有利"的事件划分为"对中国有利且媒体采用高调语气"（Good High）和"对中国有利且采用低调语气"（Good Low）两组；当中国在谈判"做出让步"时，根据新闻的语气是否高于或低于平均水平，将"做出让步"的事件划分为"中国做出让步且媒体采用高调语气"（Concession High）与"中国做出让步且媒体采用低调语气"（Concession Low）两组；当中国"采取反制措施"时，根据新闻的语气是否高于或低于平均水平，将"采取反制措施"事件划分为"中国采取反制措施且媒体采用高调语气"（Counter-attack High）与"中国采取反制措施且媒体采用低调语气"（Counter-attack Low）两组。

附录 D-1　CSI300 的平均超额收益（AARs,%）和累积平均超额收益（CAARs,%）

面板 A：全样本数据

	Bad High	T-value (n=35)	Bad Low	T-value (n=43)	Concession High	T-value (n=4)	Concession Low	T-value (n=5)
AAR_CSI300 (-5)	-0.096	-0.387	-0.316	-1.650	-0.099	-0.260	-0.260	-0.379
AAR_CSI300 (-4)	0.142	0.729	-0.331*	-1.700	0.326	0.895	0.038	0.042
AAR_CSI300 (-3)	-0.239	-1.085	0.052	0.288	-0.112	-0.339	-0.076	-0.089
AAR_CSI300 (-2)	0.188	0.874	-0.140	-0.743	-0.413**	-4.941	-0.252	-0.311
AAR_CSI300 (-1)	0.335**	2.152	-0.210	-1.064	-0.179	-0.277	0.245	0.329
AAR_CSI300 (0)	0.086	0.445	-0.121	-0.629	-0.621**	-3.614	-0.244	-0.947
AAR_CSI300 (1)	-0.245	-1.272	0.131	0.601	-0.454	-0.997	-0.716**	-3.753
AAR_CSI300 (2)	0.051	0.324	-0.380**	-2.230	0.115	0.384	-0.990	-1.961
AAR_CSI300 (3)	0.084	0.597	-0.269	-1.610	-0.508	-1.223	-0.865	-1.656
AAR_CSI300 (4)	-0.143	-0.840	-0.273	-1.500	-0.304	-0.412	-0.611	-2.047
AAR_CSI300 (5)	0.255	1.260	-0.214	-1.099	0.283	0.388	-0.353	-0.666
CAAR_CSI300 (-1, 1)	0.177	0.557	-0.201	-0.607	-1.254	-2.342	-0.715	-0.651
CAAR_CSI300 (-2, 2)	0.416	1.026	-0.721	-1.554	-1.552*	-2.677	-1.958*	-2.358
CAAR_CSI300 (-5, 5)	0.419	0.614	-2.072***	-3.147	-1.966	-1.784	-4.085**	-3.572

Counter-attack High	T-value (n=15)	Counter-attack Low	T-value (n=20)	Good High	T-value (n=17)	Good Low	T-value (n=8)	All News	T-value (n=149)
0.037	0.110	-0.552	-1.500	0.152	0.448	0.148	0.375	-0.169	-1.555
-0.199	-0.316	-0.287	-0.851	0.536	1.360	-0.315	-0.725	-0.061	-0.514
0.094	0.173	-0.220	-0.604	0.040	0.172	-0.130	-0.530	-0.068	-0.628
-0.131	-0.358	-0.546	-1.209	0.095	0.403	-0.377	-1.206	-0.105	-0.967
-0.394	-0.857	-0.160	-0.456	0.390	1.231	0.527	1.631	0.051	0.484
-0.107	-0.203	0.220	0.457	0.224	0.943	0.096	0.175	0.016	0.138
-0.253	-0.642	-0.044	-0.093	-0.277	-0.951	0.097	0.289	-0.112	-1.001
0.194	0.485	-0.347	-1.027	-0.069	-0.397	0.159	0.375	-0.155*	-1.680
0.190	0.379	-0.371	-0.820	-0.208	-0.834	0.077	0.215	-0.149	-1.443
0.003	0.007	-0.064	-0.152	0.175	1.113	-0.046	-0.216	-0.124	-1.251
-0.067	-0.132	0.260	0.666	0.029	0.088	0.340	0.519	0.040	0.352
-0.754	-0.987	0.017	0.028	0.337	0.630	0.720	0.999	-0.045	-0.252
-0.691	-0.683	-0.877	-1.115	0.363	0.682	0.502	0.795	-0.305	-1.312
-0.633	-0.399	-2.112**	-2.452	1.087	1.402	0.577	0.382	-0.835**	-2.384

面板 B：贸易摩擦加剧之前（2016 年 11 月 11 日至 2018 年 6 月 14 日）

	Bad High	T-value (n=16)	Bad Low	T-value (n=23)	Concession High	T-value (n=3)	Concession Low	T-value (n=2)
AAR_CSI300 (-5)	-0.149	-0.735	-0.089	-0.390	-0.380	-1.253	0.221	0.245
AAR_CSI300 (-4)	-0.021	-0.078	-0.178	-0.975	0.178	0.369	0.289***	31.385
AAR_CSI300 (-3)	-0.224	-0.789	-0.118	-0.636	-0.085	-0.172	-0.585	-1.402
AAR_CSI300 (-2)	0.092	0.478	-0.044	-0.204	-0.356**	-4.675	-0.372	-0.582
AAR_CSI300 (-1)	0.259*	1.764	-0.113	-0.489	-0.647	-1.233	0.031	0.024
AAR_CSI300 (0)	0.206	1.090	-0.179	-0.922	-0.756**	-6.821	0.064	0.142
AAR_CSI300 (1)	-0.142	-0.641	-0.130	-0.519	-0.095	-0.337	-0.514*	-7.809
AAR_CSI300 (2)	0.168	1.076	-0.453*	-1.832	-0.059	-0.176	-0.980	-1.624
AAR_CSI300 (3)	0.118	0.575	-0.050	-0.268	-0.849**	-4.380	-0.203	-0.242
AAR_CSI300 (4)	0.120	0.543	-0.265	-1.017	-0.551	-0.540	-0.140	-0.439
AAR_CSI300 (5)	0.415**	2.213	-0.096	-0.406	0.708	0.876	-0.368	-0.360
CAAR_CSI300 (-1, 1)	0.323	0.992	-0.422	-1.145	-1.498	-2.196	-0.419	-0.235
CAAR_CSI300 (-2, 2)	0.582*	1.771	-0.919*	-1.751	-1.912*	-3.161	-1.770	-3.285
CAAR_CSI300 (-5, 5)	0.840	0.843	-1.716**	-2.236	-2.892**	-7.245	-2.556	-2.842

附录 D 关于日数据和累积日数据的补充信息

Counter-attack High	T-value (n=1)	Counter-attack Low	T-value (n=7)	Good High	T-value (n=6)	Good Low	T-value (n=4)	All News	T-value (n=62)
-0.723	-0.890	-0.426	-0.876	-0.299	-1.053	-0.116	-0.220	-0.179	-1.542
-1.627**	-2.003	-0.796*	-2.140	-0.400	-1.548	0.159	0.409	-0.198*	-1.736
-1.599	-1.969	0.010	0.023	0.422	1.242	0.075	0.144	-0.104	-0.866
0.453	0.558	-0.090	-0.152	0.729**	2.948	0.212	0.506	0.059	0.502
1.192	1.468	-0.427	-1.377	0.029	0.101	0.207	0.326	-0.018	-0.161
-1.356*	-1.669	-0.239	-0.334	-0.155	-0.490	-0.616	-0.940	-0.151	-1.222
0.127	0.156	-0.153	-0.251	-0.142	-0.474	0.009	0.024	-0.134	-1.068
2.031**	2.500	-0.626	-1.894	-0.130	-0.380	0.268	0.584	-0.192	-1.560
-0.403	-0.496	-0.189	-0.204	-0.424	-1.586	-0.498	-1.178	-0.137	-1.032
-1.930**	-2.376	0.413	1.093	-0.250	-0.891	0.134	0.506	-0.099	-0.755
0.019	0.023	0.047	0.094	-0.343	-1.218	0.494	0.719	0.098	0.771
-0.037	-0.026	-0.819	-0.833	-0.268	-0.592	-0.401	-0.536	-0.304	-1.502
2.447	1.347	-1.535	-1.620	0.331	0.587	0.079	0.122	-0.437	-1.664
-3.816	-1.417	-2.475	-1.627	-0.963**	-2.820	0.327	0.186	-1.055**	-2.374

面板 C：贸易摩擦加剧之后（2018 年 6 月 15 日至 2019 年 12 月 31 日）

	Bad High	T-value (n=19)	Bad Low	T-value (n=20)	Concession High	T-value (n=1)	Concession Low	T-value (n=3)
AAR_CSI300 (-5)	-0.050	-0.116	-0.577*	-1.804	0.742	0.488	-0.580	-0.477
AAR_CSI300 (-4)	0.279	0.979	-0.508	-1.369	0.770	0.507	-0.129	-0.071
AAR_CSI300 (-3)	-0.251	-0.735	0.249	0.742	-0.193	-0.127	0.263	0.160
AAR_CSI300 (-2)	0.270	0.723	-0.249	-0.760	-0.586	-0.386	-0.172	-0.109
AAR_CSI300 (-1)	0.400	1.498	-0.322	-0.937	1.227	0.807	0.388	0.291
AAR_CSI300 (0)	-0.015	-0.047	-0.056	-0.154	-0.218	-0.143	-0.449	-1.220
AAR_CSI300 (1)	-0.331	-1.063	0.430	1.161	-1.529	-1.006	-0.852	-2.564
AAR_CSI300 (2)	-0.047	-0.176	-0.296	-1.217	0.636	0.418	-0.998	-1.035
AAR_CSI300 (3)	0.055	0.272	-0.521*	-1.809	0.517	0.340	-1.307	-1.761
AAR_CSI300 (4)	-0.365	-1.448	-0.282	-1.060	0.438	0.288	-0.925	-2.423
AAR_CSI300 (5)	0.120	0.347	-0.349	-1.065	-0.992	-0.653	-0.342	-0.369
CAAR_CSI300 (-1, 1)	0.054	0.101	0.053	0.089	-0.520	-0.198	-0.913	-0.459
CAAR_CSI300 (-2, 2)	0.277	0.388	-0.492	-0.599	-0.470	-0.138	-2.083	-1.278
CAAR_CSI300 (-5, 5)	0.064	0.066	-2.481**	-2.167	0.812	0.161	-5.104	-2.907

Counter-attack High	T-value (n=14)	Counter-attack Low	T-value (n=13)	Good High	T-value (n=11)	Good Low	T-value (n=4)	All News	T-value (n=85)
0.091	0.256	-0.620	-1.173	0.399	0.786	0.412	0.576	-0.168	-0.973
-0.097	-0.145	-0.013	-0.026	1.046*	1.912	-0.789	-0.960	0.028	0.145
0.215	0.377	-0.344	-0.651	-0.168	-0.537	-0.335*	-2.745	-0.045	-0.269
-0.173	-0.442	-0.792	-1.239	-0.250	-0.831	-0.966**	-4.355	-0.239	-1.419
-0.507	-1.059	-0.015	-0.029	0.587	1.239	0.847*	3.084	0.072	0.435
-0.018	-0.032	0.467	0.707	0.431	1.322	0.808	0.935	0.127	0.717
-0.280	-0.662	0.015	0.022	-0.351	-0.798	0.185	0.268	-0.101	-0.581
0.063	0.154	-0.197	-0.391	-0.036	-0.165	0.051	0.058	-0.130	-0.964
0.232	0.432	-0.469	-0.861	-0.091	-0.245	0.652	1.380	-0.165	-1.074
0.141	0.315	-0.321	-0.512	0.407**	2.490	-0.226	-0.584	-0.160	-1.095
-0.073	-0.134	0.374	0.667	0.233	0.464	0.187	0.137	0.005	0.028
-0.805	-0.981	0.467	0.606	0.667	0.829	1.840	1.715	0.098	0.353
-0.915	-0.863	-0.522	-0.459	0.381	0.474	0.925	0.733	-0.271	-0.754
-0.405	-0.240	-1.916	-1.699	2.205*	2.083	0.826	0.271	-0.775	-1.490

附录 D-2　SME 的平均超额收益（AARs,%）和累积平均超额收益（CAARs,%）

面板 A：全样本

	Bad High (n=35)	T-value	Bad Low (n=43)	T-value	Concession High (n=4)	T-value	Concession Low (n=5)	T-value
AAR_SME(-5)	-0.077	-0.261	-0.289	-1.281	-0.087	-0.227	-0.654	-0.977
AAR_SME(-4)	0.244	1.080	-0.310	-1.275	0.741	1.067	-0.019	-0.017
AAR_SME(-3)	-0.125	-0.523	-0.011	-0.045	0.189	0.293	-0.054	-0.068
AAR_SME(-2)	0.181	0.810	-0.234	-1.021	-0.461	-1.123	0.011	0.015
AAR_SME(-1)	0.388	1.884	-0.277	-1.072	-0.124	-0.231	0.111	0.145
AAR_SME(0)	0.194	0.765	-0.022	-0.098	-0.566	-1.134	0.246	0.579
AAR_SME(1)	-0.401*	-1.833	0.341	1.338	-1.068*	-2.777	-0.237	-0.766
AAR_SME(2)	0.104	0.579	-0.240	-1.315	-0.332	-1.083	-0.833	-1.417
AAR_SME(3)	-0.046	-0.277	-0.029	-0.165	-0.833	-0.909	-1.001*	-2.338
AAR_SME(4)	-0.274	-1.344	-0.140	-0.676	-0.474	-0.606	-1.018**	-3.545
AAR_SME(5)	0.246	1.112	-0.030	-0.144	0.130	0.233	-1.093	-1.959
CAAR_SME(-1,1)	0.181	0.410	0.042	0.109	-1.758**	-3.358	0.119	0.090
CAAR_SME(-2,2)	0.466	0.880	-0.432	-0.821	-2.551*	-2.696	-0.703	-0.712
CAAR_SME(-5,5)	0.434	0.619	-1.240*	-1.758	-2.885	-0.983	-4.541**	-3.417

Counter-attack High	T-value (n=15)	Counter-attack Low	T-value (n=20)	Good High	T-value (n=17)	Good Low	T-value (n=8)	All News	T-value (n=149)
0.138	0.372	-0.421	-1.272	0.107	0.256	0.017	0.025	-0.152	-1.222
-0.243	-0.364	-0.411	-1.259	0.639	1.235	-0.073	-0.147	-0.018	-0.130
0.286	0.521	-0.260	-0.618	0.095	0.458	-0.124	-0.291	-0.024	-0.199
0.002	0.007	-0.594	-1.149	0.166	0.651	-0.438	-0.938	-0.108	-0.892
-0.555	-0.958	-0.406	-1.183	0.432	1.501	0.640*	1.977	0.001	0.006
-0.641	-1.075	0.121	0.231	0.554	1.732	0.056	0.114	0.053	0.396
-0.721*	-2.027	0.138	0.309	-0.149	-0.496	-0.035	-0.092	-0.103	-0.848
0.051	0.110	-0.235	-0.862	0.278	1.572	0.027	0.060	-0.077	-0.804
0.102	0.190	-0.487	-0.949	0.061	0.223	-0.242	-0.450	-0.143	-1.238
-0.062	-0.155	0.042	0.088	0.239	1.430	-0.130	-0.478	-0.126	-1.144
0.036	0.069	0.465	1.173	-0.078	-0.223	0.005	0.010	0.080	0.679
-1.917*	-1.944	-0.147	-0.231	0.838	1.351	0.661	0.698	-0.049	-0.221
-1.863	-1.397	-0.976	-1.138	1.282**	2.268	0.250	0.436	-0.234	-0.840
-1.607	-0.788	-2.048*	-1.751	2.346***	3.081	-0.297	-0.208	-0.616	-1.539

面板 B：贸易摩擦加剧之前（2016 年 11 月 11 日至 2018 年 6 月 14 日）

	Bad High	T-value (n = 16)	Bad Low	T-value (n = 23)	Concession High	T-value (n = 3)	Concession Low	T-value (n = 2)
AAR_SME (-5)	0.017	0.057	-0.117	-0.437	-0.332	-0.863	-0.297	-0.180
AAR_SME (-4)	0.194	0.599	-0.121	-0.451	0.173	0.505	0.998	0.281
AAR_SME (-3)	-0.173	-0.469	-0.176	-0.734	0.240	0.249	-0.462	-0.478
AAR_SME (-2)	0.148	0.496	-0.134	-0.419	-0.497	-0.811	0.014	0.041
AAR_SME (-1)	0.165	0.602	-0.022	-0.081	-0.458	-0.812	-0.401	-4.512
AAR_SME (0)	0.235	0.774	0.050	0.225	-0.936	-2.423	0.024	0.013
AAR_SME (1)	-0.456	-1.232	0.022	0.074	-0.811	-2.211	-0.111	-0.045
AAR_SME (2)	0.070	0.377	-0.411	-1.528	-0.582*	-3.706	-1.094	-1.104
AAR_SME (3)	-0.068	-0.329	0.201	0.971	-1.555	-2.746	-0.235	-3.693
AAR_SME (4)	0.019	0.085	-0.110	-0.357	-0.803	-0.782	-0.827	-4.648
AAR_SME (5)	0.534*	2.046	0.038	0.152	0.323	0.421	-1.374	-0.694
CAAR_SME (-1, 1)	-0.056	-0.087	0.050	0.129	-2.204***	-16.208	-0.488	-0.115
CAAR_SME (-2, 2)	0.162	0.202	-0.495	-0.830	-3.283**	-5.134	-1.568	-0.536
CAAR_SME (-5, 5)	0.684	0.613	-0.780	-0.991	-5.238*	-3.139	-3.764	-1.234

Counter-attack High	T-value (n=1)	Counter-attack Low	T-value (n=7)	Good High	T-value (n=6)	Good Low	T-value (n=4)	All News	T-value (n=62)
-0.183	-0.179	0.167	0.320	-0.696	-0.837	-0.796	-1.179	-0.168	-1.074
-0.070	-0.068	-0.758	-1.520	-0.624	-0.728	0.320	1.258	-0.081	-0.501
-1.892	-1.848	-0.193	-0.294	0.418	1.091	0.555	1.111	-0.089	-0.570
1.449	1.415	0.206	0.321	0.814*	2.130	0.531	2.126	0.124	0.765
0.727	0.710	-0.372	-0.758	0.374	1.667	0.206	0.360	0.019	0.132
-1.749	-1.708	-0.511	-0.536	-0.051	-0.418	-0.472	-1.153	-0.087	-0.551
-0.923	-0.902	0.198	0.383	-0.344	-1.200	-0.250	-0.522	-0.194	-1.218
2.323**	2.269	-0.412	-1.012	0.328	0.986	0.408	1.310	-0.149	-1.116
0.268	0.262	-0.252	-0.308	0.165	0.500	-1.315	-2.114	-0.119	-0.826
-1.627	-1.589	0.900*	2.134	0.302	0.959	-0.296	-0.564	-0.016	-0.105
0.488	0.477	0.238	0.532	-0.109	-0.408	-0.153	-0.234	0.137	0.995
-1.944	-1.096	-0.685	-0.783	-0.020	-0.073	-0.516	-0.522	-0.262	-1.034
1.828	0.799	-0.891	-1.160	1.121*	2.424	0.423	0.410	-0.287	-0.853
-1.188	-0.350	-0.789	-0.430	0.577	0.659	-1.262	-0.952	-0.622	-1.267

面板 C：贸易摩擦加剧之后（2018 年 6 月 15 日至 2019 年 12 月 31 日）

	Bad High (n=19)	T-value	Bad Low (n=20)	T-value	Concession High (n=1)	T-value	Concession Low (n=3)	T-value
AAR_SME (-5)	-0.156	-0.311	-0.486	-1.262	0.650	0.381	-0.892	-0.688
AAR_SME (-4)	0.286	0.867	-0.528	-1.219	2.446	1.434	-0.696	-0.349
AAR_SME (-3)	-0.084	-0.256	0.179	0.393	0.035	0.021	0.218	0.143
AAR_SME (-2)	0.209	0.613	-0.349	-1.017	-0.355	-0.208	0.009	0.006
AAR_SME (-1)	0.575*	1.873	-0.571	-1.227	0.876	0.514	0.451	0.344
AAR_SME (0)	0.160	0.393	-0.106	-0.247	0.544	0.319	0.394***	10.477
AAR_SME (1)	-0.355	-1.293	0.708	1.656	-1.839	-1.078	-0.321	-0.746
AAR_SME (2)	0.133	0.440	-0.043	-0.173	0.417	0.245	-0.659	-0.573
AAR_SME (3)	-0.028	-0.105	-0.292	-1.017	1.335	0.783	-1.512*	-3.073
AAR_SME (4)	-0.520	-1.612	-0.175	-0.608	0.512	0.300	-1.146	-2.166
AAR_SME (5)	0.004	0.013	-0.107	-0.303	-0.448	-0.263	-0.905	-1.154
CAAR_SME (-1, 1)	0.380	0.600	0.032	0.044	-0.418	-0.142	0.524	0.299
CAAR_SME (-2, 2)	0.722	0.978	-0.360	-0.385	-0.356	-0.093	-0.126	-0.145
CAAR_SME (-5, 5)	0.224	0.238	-1.769	-1.412	4.174	0.738	-5.059**	-7.457

Counter-attack High	T-value (n=14)	Counter-attack Low	T-value (n=13)	Good High	T-value (n=11)	Good Low	T-value (n=4)	All News	T-value (n=85)
0.161	0.404	-0.738	-1.733	0.546	1.165	0.829	0.709	-0.150	-0.799
-0.256	-0.355	-0.225	-0.507	1.329**	2.233	-0.466	-0.439	0.017	0.082
0.441	0.782	-0.296	-0.511	-0.081	-0.320	-0.803	-1.399	0.010	0.057
-0.101	-0.309	-1.025	-1.423	-0.188	-0.625	-1.406*	-2.619	-0.303*	-1.754
-0.646	-1.050	-0.425	-0.876	0.464	1.039	1.075**	3.898	-0.040	-0.209
-0.562	-0.883	0.462	0.698	0.884*	1.867	0.584	0.619	0.151	0.735
-0.707*	-1.846	0.105	0.160	-0.042	-0.093	0.179	0.246	-0.043	-0.240
-0.111	-0.235	-0.139	-0.369	0.251	1.098	-0.353	-0.375	-0.022	-0.163
0.090	0.156	-0.614	-0.878	0.003	0.008	0.832	2.067	-0.152	-0.873
0.050	0.122	-0.420	-0.611	0.205	0.951	0.036	0.111	-0.220	-1.392
0.003	0.006	0.588	1.007	-0.061	-0.112	0.163	0.164	0.029	0.158
-1.915*	-1.804	0.142	0.159	1.306	1.379	1.838	1.125	0.068	0.197
-2.127	-1.513	-1.022	-0.784	1.370	1.569	0.078	0.093	-0.258	-0.609
-1.637	-0.745	-2.726	-1.734	3.311***	3.307	0.668	0.229	-0.722	-1.196

附录 D-3　　CSI 300 的平均超额交易量和累积平均超额交易量（%）

面板 A：全样本

	Bad High	T-value (n=35)	Bad Low	T-value (n=43)	Concession High	T-value (n=4)	Concession Low	T-value (n=5)
AA_volume_CSI 300 (-5)	-4.328	-0.764	-0.283	-0.054	62.495	2.003	-12.782	-0.531
AA_volume_CSI 300 (-4)	-5.849	-1.078	0.305	0.059	64.539	1.742	-5.970	-0.201
AA_volume_CSI 300 (-3)	-2.541	-0.411	0.908	0.190	76.615	2.442	-7.252	-0.252
AA_volume_CSI 300 (-2)	-1.404	-0.246	-0.884	-0.183	59.281	2.147	-17.745	-0.890
AA_volume_CSI 300 (-1)	-1.120	-0.183	0.089	0.019	40.130	2.560	-16.416	-0.753
AA_volume_CSI 300 (0)	1.130	0.196	-1.359	-0.299	44.867	1.646	-17.218	-0.827
AA_volume_CSI 300 (1)	-2.494	-0.475	2.555	0.522	37.852	1.502	-22.639	-1.255
AA_volume_CSI 300 (2)	-2.514	-0.426	3.067	0.601	20.072	1.069	-21.902	-1.048
AA_volume_CSI 300 (3)	-1.425	-0.237	-0.548	-0.106	23.991	1.354	-26.266	-1.649
AA_volume_CSI 300 (4)	-4.959	-0.898	1.570	0.287	28.499	1.223	-32.313*	-2.281
AA_volume_CSI 300 (5)	-2.249	-0.368	-1.648	-0.333	20.448	0.834	-29.735*	-2.139
CAA_Volume_CSI300 (-1, 1)	-2.484	-0.151	1.284	0.096	122.849	1.813	-56.274	-0.940
CAA_Volume_CSI300 (-2, 2)	-6.402	-0.237	3.468	0.155	202.201	1.800	-95.921	-0.964
CAA_Volume_CSI300 (-5, 5)	-27.753	-0.483	3.772	0.076	478.789	1.800	-210.237	-0.949

Counter-attack High	T-value (n=15)	Counter-attack Low	T-value (n=20)	Good High	T-value (n=17)	Good Low	T-value (n=8)	All News	T-value (n=149)
-18.831*	-2.069	-11.229	-1.234	12.169	0.959	22.861	0.943	-0.568	-0.168
-11.932	-1.072	-12.161	-1.328	21.836	1.385	18.557	0.762	1.000	0.275
-11.643	-0.930	-10.221	-1.154	17.061	1.159	11.131	0.469	1.529	0.426
-12.427	-1.010	-8.860	-0.973	17.362	1.352	8.545	0.429	0.470	0.142
-12.551	-0.979	-11.629	-1.317	21.138	1.522	5.940	0.356	0.350	0.107
-4.871	-0.299	-10.554	-1.208	24.636	1.753	12.165	0.623	2.072	0.601
-14.113	-1.108	-11.516	-1.403	20.085	1.469	7.606	0.403	0.106	0.033
-13.683	-0.931	-16.270**	-2.171	18.068	1.390	15.769	0.674	-0.491	-0.145
-10.313	-0.734	-13.917*	-1.738	18.003	1.553	22.265	0.973	-0.322	-0.098
-14.031	-1.064	-15.622**	-2.328	19.611	1.603	6.528	0.327	-1.935	-0.600
-14.120	-1.113	-12.881	-1.579	19.375	1.612	18.846	0.684	-1.338	-0.399
-31.535	-0.763	-33.699	-1.333	65.858	1.635	25.711	0.474	2.528	0.262
-57.646	-0.853	-58.830	-1.428	101.288	1.566	50.025	0.520	2.507	0.157
-138.516	-1.014	-134.859	-1.541	209.343	1.533	150.213	0.643	0.873	0.025

面板 B：贸易摩擦加剧之前（2016 年 11 月 11 日至 2018 年 6 月 14 日）

	Bad High	T-value (n=16)	Bad Low	T-value (n=23)	Concession High	T-value (n=3)	Concession Low	T-value (n=2)
AA_volume_CSI 300 (-5)	-2.036	-0.274	21.148***	3.589	44.560	1.273	34.065	0.785
AA_volume_CSI 300 (-4)	-0.418	-0.051	22.258***	4.167	35.652	1.472	46.626	0.677
AA_volume_CSI 300 (-3)	1.352	0.149	21.570***	4.454	54.453	2.001	46.626	0.836
AA_volume_CSI 300 (-2)	0.781	0.092	19.258***	3.527	41.941	1.470	17.343	0.451
AA_volume_CSI 300 (-1)	1.462	0.161	18.826***	3.834	27.913	2.724	23.935	0.656
AA_volume_CSI 300 (0)	7.783	0.790	18.584***	4.078	24.056	1.246	26.220	2.522
AA_volume_CSI 300 (1)	3.013	0.345	22.120***	3.832	17.142	1.433	14.612	1.310
AA_volume_CSI 300 (2)	6.205	0.582	24.627***	4.283	5.016	0.471	22.290	3.103
AA_volume_CSI 300 (3)	6.693	0.635	20.586***	3.201	9.914	0.939	6.961	0.430
AA_volume_CSI 300 (4)	2.995	0.312	25.839***	4.218	8.749	1.224	-2.712	-0.728
AA_volume_CSI 300 (5)	5.920	0.584	19.849***	3.862	-0.589	-0.117	-0.053	-0.023
CAA_Volume_CSI300 (-1, 1)	12.258	0.461	59.530***	4.252	69.112	1.692	64.766	1.116
CAA_Volume_CSI300 (-2, 2)	19.244	0.437	103.414***	4.590	116.069	1.481	104.399	1.007
CAA_Volume_CSI300 (-5, 5)	33.751	0.372	234.664***	4.948	268.808	1.639	235.911	0.823

Counter-attack High	T-value (n=1)	Counter-attack Low	T-value (n=7)	Good High	T-value (n=6)	Good Low	T-value (n=4)	All News	T-value (n=62)
0.807	0.028	31.098***	5.188	10.669	1.101	7.227	0.953	15.598***	4.197
27.740	0.946	26.914**	3.600	14.443	1.522	2.257	0.203	16.408***	4.415
26.410	0.901	32.558**	3.219	16.192	1.384	−4.090	−0.465	17.895***	4.543
40.380	1.378	34.059***	7.581	24.800**	3.035	7.083	0.522	17.288***	4.758
43.780	1.494	32.687***	5.215	25.011*	2.524	12.992	0.804	17.139***	4.902
29.420	1.004	33.142***	4.096	21.342*	2.141	15.447	0.971	18.191***	5.269
18.430	0.629	28.550***	3.994	21.624	1.752	9.448	0.487	16.507***	4.592
22.890	0.781	16.216***	5.139	20.244**	2.726	7.583	0.526	16.347***	4.467
16.230	0.554	19.419***	3.776	32.333**	2.577	18.802	0.917	16.865***	4.265
10.480	0.358	11.390**	3.115	29.198**	3.307	3.105	0.202	15.175***	4.086
7.691	0.262	10.333***	6.346	30.220*	2.178	5.245	0.406	13.414***	3.763
91.630*	1.805	94.380***	5.154	67.976*	2.195	37.886	0.785	51.837***	5.233
154.900**	2.363	144.654***	6.156	113.021*	2.568	52.552	0.708	85.472***	5.334
244.258**	2.513	276.367***	7.067	246.075*	2.527	85.099	0.594	180.826***	5.398

面板 C：贸易摩擦加剧之后（2018 年 6 月 15 日至 2019 年 12 月 31 日）

	Bad High	T-value (n = 19)	Bad Low	T-value (n = 20)	Concession High	T-value (n = 1)	Concession Low	T-value (n = 3)
AA_volume_CSI 300（-5）	-6.259	-0.719	-24.929***	-4.998	116.300***	4.055	-44.013**	-9.874
AA_volume_CSI 300（-4）	-10.423	-1.398	-24.940***	-4.901	151.200***	5.272	-41.033**	-6.878
AA_volume_CSI 300（-3）	-5.820	-0.662	-22.854***	-4.921	143.100***	4.990	-43.170*	-3.986
AA_volume_CSI 300（-2）	-3.243	-0.401	-24.047***	-5.511	111.300***	3.881	-41.137*	-2.958
AA_volume_CSI 300（-1）	-3.295	-0.379	-21.459***	-4.268	76.780***	2.677	-43.317*	-2.980
AA_volume_CSI 300（0）	-4.473	-0.647	-24.293***	-5.621	107.300***	3.741	-46.177*	-3.996
AA_volume_CSI 300（1）	-7.131	-1.095	-19.945***	-4.469	99.980***	3.486	-47.473**	-4.425
AA_volume_CSI 300（2）	-9.856	-1.590	-21.726***	-4.959	65.240**	2.275	-51.363**	-4.978
AA_volume_CSI 300（3）	-8.261	-1.219	-24.853***	-6.372	66.220**	2.309	-48.417**	-8.999
AA_volume_CSI 300（4）	-11.657*	-1.868	-26.339***	-6.732	87.750***	3.060	-52.047**	-6.253
AA_volume_CSI 300（5）	-9.128	-1.221	-26.370***	-5.787	83.560***	2.914	-49.523**	-8.050
CAA_Volume_CSI300（-1,1）	-14.899	-0.702	-65.697***	-5.296	284.060***	5.718	-136.967*	-3.812
CAA_Volume_CSI300（-2,2）	-27.998	-0.813	-111.470***	-5.580	460.600***	7.182	-229.467*	-3.880
CAA_Volume_CSI300（-5,5）	-79.545	-1.053	-261.755***	-6.201	1108.730***	11.656	-507.670**	-5.101

附录 D 关于日数据和累积日数据的补充信息

Counter-attack High	T-value (n=14)	Counter-attack Low	T-value (n=13)	Good High	T-value (n=11)	Good Low	T-value (n=4)	All News	T-value (n=85)
-20.234*	-2.091	-34.020***	-4.234	12.987	0.659	38.495	0.712	-12.493**	-2.533
-14.766	-1.277	-33.201***	-3.662	25.868	1.048	34.858	0.651	-10.389*	-1.898
-14.361	-1.093	-33.255***	-5.681	17.535	0.769	26.353	0.500	-10.460**	-1.986
-16.199	-1.290	-31.971***	-3.961	13.305	0.665	10.008	0.225	-11.890**	-2.504
-16.575	-1.270	-35.491***	-5.704	19.025	0.880	-1.113	-0.032	-12.160**	-2.561
-7.320	-0.423	-34.083***	-6.002	26.432	1.207	8.883	0.209	-9.663*	-1.871
-16.438	-1.220	-33.091***	-5.517	19.245	0.917	5.765	0.146	-11.793**	-2.546
-16.296	-1.048	-33.763***	-4.382	16.881	0.825	23.955	0.460	-12.896***	-2.637
-12.209	-0.815	-31.867***	-3.779	10.187	0.603	25.728	0.523	-12.980***	-2.826
-15.781	-1.122	-30.167***	-4.069	14.382	0.763	9.950	0.227	-14.491***	-3.196
-15.678	-1.157	-25.381**	-2.262	13.460	0.763	32.448	0.526	-12.205**	-2.448
-40.333	-0.929	-102.664***	-6.006	64.703	1.035	13.535	0.116	-33.615**	-2.371
-72.828	-1.029	-168.398***	-5.276	94.889	0.939	47.498	0.224	-58.402**	-2.498
-165.857	-1.152	-356.289***	-4.533	189.308	0.890	215.328	0.413	-131.421**	-2.564

附录 D-4　　　SME300 的平均超额交易量和累积平均超额交易量（%）

面板 A：全样本

	Bad High (n=35)	T-value	Bad Low (n=43)	T-value	Concession High (n=4)	T-value	Concession Low (n=5)	T-value
AA_volume_SME(-5)	-16.890***	-2.839	-13.860***	-3.458	32.436	0.807	-26.869*	-2.298
AA_volume_SME(-4)	-18.766***	-3.480	-13.715***	-3.649	38.484	0.741	-22.426	-1.624
AA_volume_SME(-3)	-15.647**	-2.492	-13.033***	-3.805	46.582	1.016	-23.829	-1.667
AA_volume_SME(-2)	-14.634**	-2.488	-14.158***	-3.815	31.244	0.806	-31.174**	-3.616
AA_volume_SME(-1)	-14.261**	-2.289	-13.401***	-3.826	16.187	0.533	-30.410**	-2.838
AA_volume_SME(0)	-12.731**	-2.270	-14.823***	-4.444	20.990	0.520	-30.076*	-2.317
AA_volume_SME(1)	-15.896***	-3.119	-11.105***	-2.995	16.174	0.412	-34.310**	-3.207
AA_volume_SME(2)	-16.243***	-3.140	-10.802***	-2.765	1.029	0.033	-34.184*	-2.500
AA_volume_SME(3)	-15.396***	-2.853	-14.264***	-3.954	3.779	0.124	-36.826***	-4.390
AA_volume_SME(4)	-18.527***	-3.805	-12.540***	-3.141	9.799	0.260	-41.564***	-4.282
AA_volume_SME(5)	-16.035***	-2.873	-15.037***	-3.938	3.263	0.086	-39.182***	-4.500
CAA_Volume_SME(-1,1)	-42.888**	-2.615	-39.328***	-3.999	53.350	0.487	-94.796**	-2.832
CAA_Volume_SME(-2,2)	-73.765**	-2.769	-64.288***	-3.897	85.624	0.478	-160.154**	-2.930
CAA_Volume_SME(-5,5)	-175.026***	-3.075	-146.738***	-4.125	219.965	0.525	-350.851**	-3.077

Counter-attack High	T-value (n=15)	Counter-attack Low	T-value (n=20)	Good High	T-value (n=17)	Good Low	T-value (n=8)	All News	T-value (n=149)
-24.028**	-2.429	-20.486**	-2.600	3.858	0.284	18.486	0.652	-11.812***	-3.572
-17.416	-1.462	-21.135**	-2.576	13.462	0.797	15.218	0.511	-10.374***	-2.872
-16.828	-1.268	-19.688**	-2.640	8.456	0.547	7.794	0.273	-10.035***	-2.856
-17.764	-1.360	-18.431**	-2.368	7.119	0.539	2.571	0.115	-11.129***	-3.492
-17.792	-1.305	-21.028**	-2.817	11.177	0.772	-1.170	-0.065	-11.205***	-3.532
-10.004	-0.568	-20.012**	-2.737	15.523	1.027	4.915	0.230	-9.499***	-2.776
-19.164	-1.401	-20.772***	-3.011	10.497	0.730	0.071	0.004	-11.343***	-3.627
-18.544	-1.175	-24.810***	-3.742	8.975	0.642	8.876	0.351	-11.831***	-3.616
-15.260	-1.001	-22.667***	-3.193	7.482	0.660	14.111	0.562	-11.917***	-3.823
-18.813	-1.328	-24.074***	-3.943	9.322	0.747	-0.208	-0.009	-13.300***	-4.330
-18.948	-1.408	-21.153**	-2.626	8.806	0.742	12.155	0.406	-12.524***	-3.824
-46.961	-1.055	-61.812***	-2.915	37.198	0.872	3.817	0.065	-32.048***	-3.386
-83.268	-1.145	-105.053***	-3.008	53.292	0.778	15.264	0.145	-55.008***	-3.533
-194.560	-1.319	-234.255***	-3.076	104.678	0.727	82.818	0.312	-124.970***	-3.677

面板 B：贸易摩擦加剧之前（2016 年 11 月 11 日至 2018 年 6 月 14 日）

	Bad High (n=16)	T-value	Bad Low (n=23)	T-value	Concession High (n=3)	T-value	Concession Low (n=2)	T-value
AA_volume_SME (-5)	-27.246***	-3.685	-3.813	-0.669	-1.819	-0.168	-1.708	-0.376
AA_volume_SME (-4)	-26.258***	-3.353	-3.443	-0.693	-6.422	-1.330	5.200	0.243
AA_volume_SME (-3)	-25.013***	-2.991	-4.119	-0.900	7.309	0.717	6.608	0.582
AA_volume_SME (-2)	-25.847***	-3.402	-5.573	-1.046	-1.641	-0.142	-14.025	-3.225
AA_volume_SME (-1)	-24.828***	-2.958	-6.128	-1.293	-9.181	-0.773	-8.746	-6.203
AA_volume_SME (0)	-20.321**	-2.287	-6.153	-1.345	-13.813	-2.678	-4.186	-0.219
AA_volume_SME (1)	-24.462***	-3.310	-3.536	-0.670	-17.602	-2.496	-13.184	-0.822
AA_volume_SME (2)	-22.422**	-2.738	-1.533	-0.284	-25.208	-2.157	-6.859	-0.331
AA_volume_SME (3)	-22.119**	-2.710	-5.127	-0.992	-21.895	-1.963	-19.600	-1.858
AA_volume_SME (4)	-24.862***	-3.375	-0.924	-0.176	-21.668	-1.421	-24.891	-1.048
AA_volume_SME (5)	-23.114***	-3.061	-5.368	-1.108	-28.873	-2.523	-23.490	-1.191
CAA_Volume_SME (-1,1)	-69.610**	-2.891	-15.817	-1.149	-40.596	-1.792	-26.116	-0.774
CAA_Volume_SME (-2,2)	-117.878***	-3.047	-22.923	-1.006	-67.445	-1.601	-47.000	-0.937
CAA_Volume_SME (-5,5)	-266.490***	-3.317	-45.717	-0.961	-140.814	-1.950	-104.882	-1.569

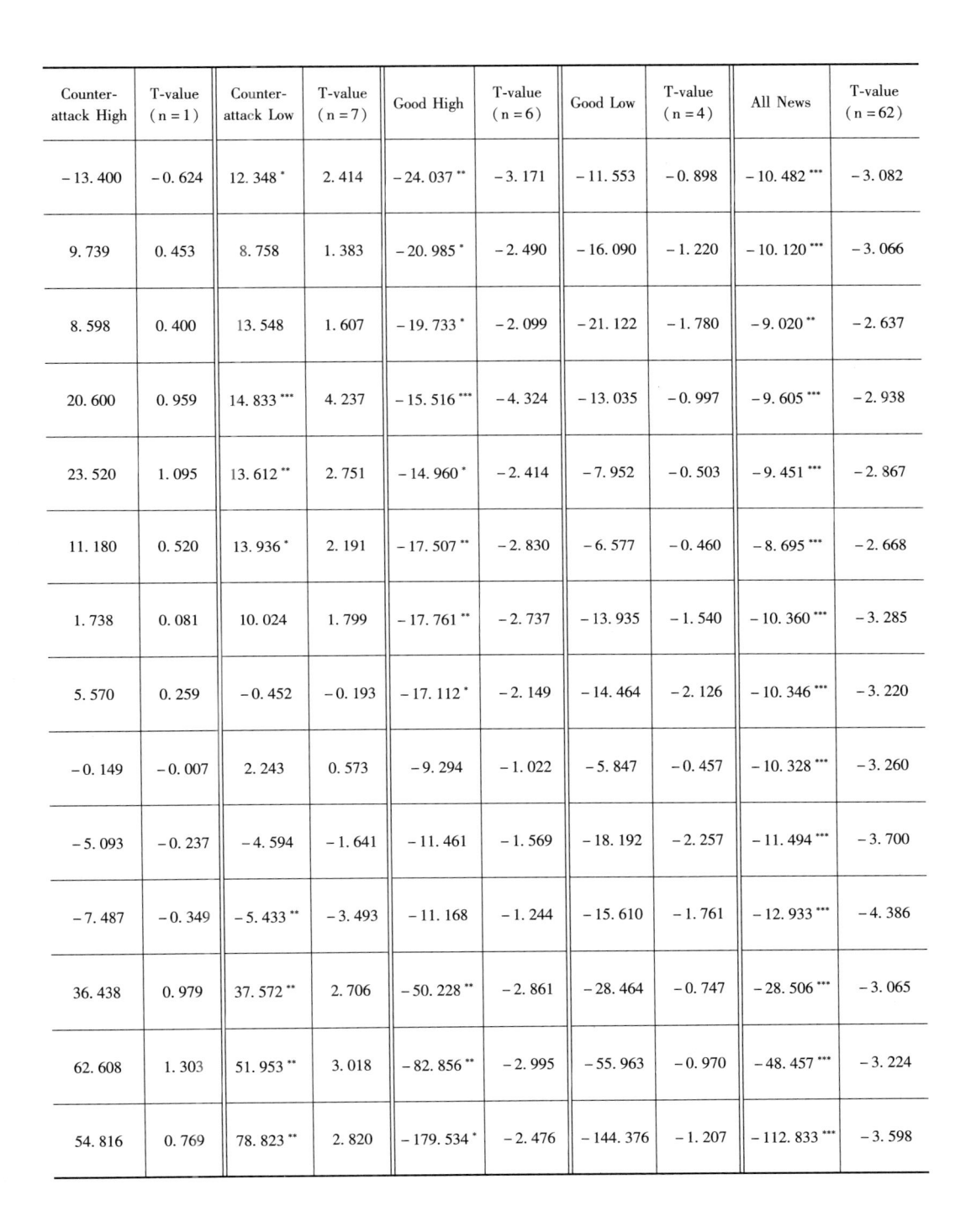

Counter-attack High	T-value (n=1)	Counter-attack Low	T-value (n=7)	Good High	T-value (n=6)	Good Low	T-value (n=4)	All News	T-value (n=62)
-13.400	-0.624	12.348*	2.414	-24.037**	-3.171	-11.553	-0.898	-10.482***	-3.082
9.739	0.453	8.758	1.383	-20.985*	-2.490	-16.090	-1.220	-10.120***	-3.066
8.598	0.400	13.548	1.607	-19.733*	-2.099	-21.122	-1.780	-9.020**	-2.637
20.600	0.959	14.833***	4.237	-15.516***	-4.324	-13.035	-0.997	-9.605***	-2.938
23.520	1.095	13.612**	2.751	-14.960*	-2.414	-7.952	-0.503	-9.451***	-2.867
11.180	0.520	13.936*	2.191	-17.507**	-2.830	-6.577	-0.460	-8.695***	-2.668
1.738	0.081	10.024	1.799	-17.761**	-2.737	-13.935	-1.540	-10.360***	-3.285
5.570	0.259	-0.452	-0.193	-17.112*	-2.149	-14.464	-2.126	-10.346***	-3.220
-0.149	-0.007	2.243	0.573	-9.294	-1.022	-5.847	-0.457	-10.328***	-3.260
-5.093	-0.237	-4.594	-1.641	-11.461	-1.569	-18.192	-2.257	-11.494***	-3.700
-7.487	-0.349	-5.433**	-3.493	-11.168	-1.244	-15.610	-1.761	-12.933***	-4.386
36.438	0.979	37.572**	2.706	-50.228**	-2.861	-28.464	-0.747	-28.506***	-3.065
62.608	1.303	51.953**	3.018	-82.856**	-2.995	-55.963	-0.970	-48.457***	-3.224
54.816	0.769	78.823**	2.820	-179.534*	-2.476	-144.376	-1.207	-112.833***	-3.598

面板 C：贸易摩擦加剧之后（2018 年 6 月 15 日至 2019 年 12 月 31 日）

	Bad High	T-value (n=19)	Bad Low	T-value (n=20)	Concession High	T-value (n=1)	Concession Low	T-value (n=3)
AA_volume_SME(-5)	-8.170	-0.922	-25.415***	-5.530	135.200***	2.656	-43.643***	-11.539
AA_volume_SME(-4)	-12.458	-1.664	-25.528***	-5.509	173.200***	3.403	-40.843***	-12.017
AA_volume_SME(-3)	-7.759	-0.846	-23.285***	-5.430	164.400***	3.230	-44.120***	-12.384
AA_volume_SME(-2)	-5.192	-0.612	-24.031***	-5.494	129.900**	2.552	-42.607**	-6.178
AA_volume_SME(-1)	-5.363	-0.602	-21.764***	-4.579	92.290*	1.813	-44.853***	-5.458
AA_volume_SME(0)	-6.339	-0.878	-24.793***	-6.202	125.400**	2.464	-47.337***	-9.731
AA_volume_SME(1)	-8.683	-1.252	-19.809***	-4.227	117.500**	2.308	-48.393***	-10.442
AA_volume_SME(2)	-11.040	-1.638	-21.461***	-4.394	79.740	1.567	-52.400***	-12.431
AA_volume_SME(3)	-9.734	-1.331	-24.772***	-6.135	80.800	1.587	-48.310***	-19.148
AA_volume_SME(4)	-13.192*	-2.006	-25.899***	-5.471	104.200**	2.047	-52.680***	-25.830
AA_volume_SME(5)	-10.074	-1.231	-26.155***	-5.036	99.670*	1.958	-49.643***	-56.030
CAA_Volume_SME(-1,1)	-20.385	-0.919	-66.366***	-5.555	335.190***	3.802	-140.583**	-8.637
CAA_Volume_SME(-2,2)	-36.617	-1.009	-111.858***	-5.592	544.830***	4.787	-235.590**	-9.211
CAA_Volume_SME(-5,5)	-98.004	-1.233	-262.911***	-6.278	1302.300***	7.714	-514.830***	-24.069

Counter-attack High	T-value (n=14)	Counter-attack Low	T-value (n=13)	Good High	T-value (n=11)	Good Low	T-value (n=4)	All News	T-value (n=85)
-24.787**	-2.334	-38.166***	-4.613	19.073	0.971	48.525	0.831	-12.924**	-2.450
-19.355	-1.531	-37.231***	-3.884	32.251	1.313	46.525	0.757	-10.714*	-1.818
-18.644	-1.318	-37.584***	-6.019	23.832	1.049	36.710	0.617	-10.843*	-1.914
-20.504	-1.494	-36.342***	-4.470	19.465	0.978	18.178	0.376	-12.351**	-2.430
-20.743	-1.450	-39.680***	-5.996	25.434	1.182	5.613	0.145	-12.747**	-2.528
-11.517	-0.610	-38.293***	-6.234	33.540	1.539	16.408	0.352	-10.087*	-1.820
-20.657	-1.411	-37.355***	-5.861	25.911	1.229	14.078	0.325	-12.027**	-2.401
-20.266	-1.200	-37.926***	-4.723	23.204	1.131	32.215	0.593	-13.048**	-2.477
-16.339	-0.998	-36.080***	-4.137	16.633	0.989	34.068	0.631	-13.213**	-2.652
-19.793	-1.300	-34.562***	-4.351	20.659	1.111	17.775	0.369	-14.712***	-2.995
-19.766	-1.367	-29.618**	-2.472	19.701	1.130	39.920	0.622	-12.343**	-2.304
-52.918	-1.115	-115.327***	-6.249	84.884	1.364	36.098	0.281	-34.861**	-2.288
-93.688	-1.210	-189.595***	-5.616	127.554	1.270	86.490	0.377	-60.261**	-2.396
-212.373	-1.348	-402.836***	-4.811	259.702	1.234	310.013	0.544	-135.009**	-2.439

附录 D-5 CSI300 的平均超额波动率（AAVs,%）和累积平均超额波动率（CAAV,%）

面板 A：全样本

	Bad High	T-value (n=35)	Bad Low	T-value (n=43)	Concession High	T-value (n=4)	Concession Low	T-value (n=5)
AAV_CSI300 (-5)	-0.057	-0.411	0.176	1.588	-0.404	-1.336	0.172	0.566
AAV_CSI300 (-4)	-0.076	-0.567	0.186*	1.697	-0.421	-1.368	0.179	0.577
AAV_CSI300 (-3)	-0.080	-0.605	0.199*	1.782	-0.427	-1.347	0.230	0.675
AAV_CSI300 (-2)	-0.055	-0.406	0.196*	1.809	-0.432	-1.419	0.266	0.728
AAV_CSI300 (-1)	-0.060	-0.443	0.204*	1.870	-0.449	-1.476	0.284	0.737
AAV_CSI300 (0)	-0.080	-0.609	0.217*	1.993	-0.434	-1.326	0.296	0.786
AAV_CSI300 (1)	-0.077	-0.585	0.224**	2.032	-0.429	-1.362	0.231	0.644
AAV_CSI300 (2)	-0.068	-0.510	0.251**	2.251	-0.442	-1.417	0.190	0.559
AAV_CSI300 (3)	-0.087	-0.664	0.250**	2.292	-0.461	-1.509	0.204	0.591
AAV_CSI300 (4)	-0.098	-0.770	0.238**	2.192	-0.438	-1.483	0.202	0.573
AAV_CSI300 (5)	-0.101	-0.802	0.236**	2.170	-0.386	-1.080	0.158	0.457
CAAV_CSI300 (-1, 1)	-0.217	-0.546	0.645*	1.977	-1.312	-1.387	0.812	0.725
CAAV_CSI300 (-2, 2)	-0.340	-0.511	1.092*	2.009	-2.186	-1.399	1.268	0.695
CAAV_CSI300 (-5, 5)	-0.839	-0.579	2.377*	2.002	-4.724	-1.371	2.412	0.634

Counter-attack High	T-value (n=15)	Counter-attack Low	T-value (n=20)	Good High	T-value (n=17)	Good Low	T-value (n=8)	All News	T-value (n=149)
0.530 ***	5.444	0.589 ***	5.573	0.249	1.652	0.298	1.877	0.217 ***	3.903
0.519 ***	5.643	0.620 ***	5.641	0.223	1.507	0.267	1.753	0.212 ***	3.849
0.601 ***	4.648	0.637 ***	6.141	0.235	1.549	0.263	1.734	0.228 ***	4.035
0.623 ***	4.954	0.647 ***	6.197	0.216	1.452	0.227	1.658	0.232 ***	4.130
0.623 ***	5.344	0.687 ***	6.031	0.203	1.494	0.206	1.696	0.237 ***	4.210
0.638 ***	4.911	0.693 ***	6.216	0.203	1.627	0.187	1.652	0.238 ***	4.260
0.687 ***	4.964	0.772 ***	6.687	0.181	1.465	0.211	1.815	0.253 ***	4.423
0.680 ***	5.096	0.821 ***	6.814	0.178	1.407	0.193	1.774	0.265 ***	4.573
0.675 ***	5.198	0.811 ***	6.942	0.149	1.234	0.200	1.703	0.255 ***	4.466
0.707 ***	4.976	0.851 ***	7.302	0.143	1.248	0.183	1.663	0.256 ***	4.462
0.690 ***	4.923	0.869 ***	7.199	0.116	1.074	0.142	1.397	0.250 ***	4.353
1.948 ***	5.201	2.152 ***	6.480	0.587	1.534	0.604	1.740	0.728 ***	4.324
3.251 ***	5.191	3.620 ***	6.672	0.981	1.494	1.024	1.732	1.225 ***	4.359
6.972 ***	5.373	7.996 ***	6.967	2.096	1.458	2.377	1.752	2.642 ***	4.321

面板 B：贸易摩擦加剧之前（2016 年 11 月 11 日至 2018 年 6 月 14 日）

	Bad High (n=16)	T-value	Bad Low (n=23)	T-value	Concession High (n=3)	T-value	Concession Low (n=2)	T-value
AAV_CSI300 (-5)	-0.597**	-2.851	-0.168	-1.026	-0.482	-1.111	-0.303	-0.368
AAV_CSI300 (-4)	-0.604**	-2.898	-0.148	-0.905	-0.503	-1.143	-0.312	-0.376
AAV_CSI300 (-3)	-0.582**	-2.743	-0.153	-0.933	-0.511	-1.127	-0.347	-0.428
AAV_CSI300 (-2)	-0.552**	-2.461	-0.155	-0.972	-0.517	-1.194	-0.356	-0.433
AAV_CSI300 (-1)	-0.559**	-2.546	-0.142	-0.869	-0.541	-1.263	-0.373	-0.449
AAV_CSI300 (0)	-0.579**	-2.706	-0.122	-0.741	-0.521	-1.116	-0.345	-0.425
AAV_CSI300 (1)	-0.587**	-2.769	-0.122	-0.738	-0.512	-1.139	-0.376	-0.472
AAV_CSI300 (2)	-0.582**	-2.780	-0.094	-0.548	-0.537	-1.223	-0.391	-0.505
AAV_CSI300 (3)	-0.600**	-2.896	-0.062	-0.355	-0.555	-1.297	-0.350	-0.421
AAV_CSI300 (4)	-0.598**	-2.928	-0.073	-0.424	-0.525	-1.258	-0.363	-0.440
AAV_CSI300 (5)	-0.596**	-2.903	-0.057	-0.321	-0.455	-0.871	-0.396	-0.488
CAAV_CSI300 (-1, 1)	-1.726**	-2.674	-0.386	-0.784	-1.574	-1.171	-1.095	-0.448
CAAV_CSI300 (-2, 2)	-2.860**	-2.654	-0.636	-0.774	-2.627	-1.186	-1.842	-0.456
CAAV_CSI300 (-5, 5)	-6.437**	-2.781	-1.297	-0.713	-5.658	-1.153	-3.914	-0.436

Counter-attack High	T-value (n=1)	Counter-attack Low	T-value (n=7)	Good High	T-value (n=6)	Good Low	T-value (n=4)	All News	T-value (n=62)
0.375	1.398	0.402***	10.323	-0.065	-0.403	0.093	0.429	-0.199**	-2.155
0.343	1.279	0.412***	11.939	-0.076	-0.519	0.086	0.434	-0.195**	-2.122
0.435	1.622	0.424***	8.324	-0.087	-0.641	0.066	0.339	-0.192**	-2.082
0.498*	1.857	0.413***	8.388	-0.077	-0.594	0.061	0.321	-0.186**	-2.007
0.437	1.630	0.446***	8.892	-0.059	-0.520	0.046	0.268	-0.181*	-1.945
0.438	1.633	0.417***	8.095	-0.080	-0.724	0.056	0.341	-0.181*	-1.957
0.482*	1.797	0.495***	13.652	-0.091	-0.814	0.103	0.608	-0.172*	-1.841
0.411	1.533	0.514***	9.894	-0.105	-0.891	0.073	0.459	-0.164*	-1.736
0.551**	2.055	0.491***	9.017	-0.112	-0.961	0.065	0.397	-0.158	-1.656
0.488*	1.820	0.606***	4.704	-0.114	-1.147	0.058	0.328	-0.150	-1.549
0.606**	2.260	0.568***	4.628	-0.125	-1.110	0.024	0.146	-0.146	-1.498
1.357***	2.922	1.358***	15.494	-0.231	-0.686	0.205	0.408	-0.534*	-1.919
2.266***	3.779	2.285***	26.619	-0.413	-0.711	0.340	0.400	-0.884*	-1.905
5.064***	5.694	5.186***	35.223	-0.991	-0.740	0.730	0.377	-1.924*	-1.883

面板 C：贸易摩擦加剧之后（2018 年 6 月 15 日至 2019 年 12 月 31 日）

	Bad High	T-value (n = 19)	Bad Low	T-value (n = 20)	Concession High	T-value (n = 1)	Concession Low	T-value (n = 3)
AAV_ CSI300 (-5)	0.399***	3.879	0.571***	6.639	-0.172	-0.535	0.489**	4.370
AAV_ CSI300 (-4)	0.369***	3.928	0.570***	6.671	-0.177	-0.550	0.506**	5.062
AAV_ CSI300 (-3)	0.343***	3.832	0.604***	6.807	-0.177	-0.550	0.615*	4.087
AAV_ CSI300 (-2)	0.363***	3.836	0.601***	7.465	-0.178	-0.553	0.682*	3.265
AAV_ CSI300 (-1)	0.361***	3.952	0.603***	7.620	-0.175	-0.544	0.723	2.917
AAV_ CSI300 (0)	0.340***	4.031	0.606***	8.244	-0.172	-0.535	0.724	2.910
AAV_ CSI300 (1)	0.353***	4.275	0.621***	8.018	-0.178	-0.553	0.636	2.875
AAV_ CSI300 (2)	0.364***	3.821	0.647***	9.071	-0.159	-0.494	0.577*	3.252
AAV_ CSI300 (3)	0.346***	4.088	0.609***	9.226	-0.178	-0.553	0.574	2.601
AAV_ CSI300 (4)	0.322***	3.988	0.596***	8.856	-0.178	-0.553	0.578	2.401
AAV_ CSI300 (5)	0.315***	4.210	0.573***	8.543	-0.179	-0.557	0.527	2.235
CAAV_ CSI300 (-1, 1)	1.054***	4.104	1.830***	8.319	-0.525	-0.942	2.082*	2.940
CAAV_ CSI300 (-2, 2)	1.782***	4.022	3.078***	8.521	-0.862	-1.199	3.341*	3.059
CAAV_ CSI300 (-5, 5)	3.875***	4.044	6.601***	8.490	-1.923*	-1.803	6.629*	3.144

Counter-attack High	T-value (n=14)	Counter-attack Low	T-value (n=13)	Good High	T-value (n=11)	Good Low	T-value (n=4)	All News	T-value (n=85)
0.541***	5.196	0.690***	4.363	0.420*	2.035	0.504	2.184	0.511***	10.234
0.532***	5.421	0.732***	4.476	0.386*	1.875	0.449	1.862	0.503***	10.092
0.613***	4.422	0.751***	4.965	0.411*	1.944	0.460	1.998	0.529***	10.137
0.632***	4.679	0.773***	5.139	0.375	1.781	0.392	1.936	0.534***	10.284
0.636***	5.104	0.816***	4.921	0.346	1.783	0.366	2.188	0.538***	10.422
0.652***	4.693	0.842***	5.346	0.357*	2.089	0.318	1.920	0.540***	10.716
0.702***	4.736	0.921***	5.570	0.330*	1.932	0.319	1.719	0.560***	10.592
0.699***	4.921	0.987***	5.823	0.332*	1.917	0.313	1.932	0.576***	10.680
0.684***	4.903	0.984***	6.122	0.291	1.753	0.336	1.867	0.555***	10.659
0.722***	4.754	0.983***	6.167	0.284	1.792	0.307	2.132	0.551***	10.441
0.696***	4.616	1.031***	6.395	0.248	1.694	0.261	1.973	0.538***	10.171
1.990***	4.968	2.579***	5.410	1.034*	1.936	1.003	1.962	1.637***	10.772
3.321***	4.958	4.339***	5.588	1.741*	1.900	1.709	1.951	2.747***	10.805
7.109***	5.117	9.509***	5.780	3.780*	1.899	4.024	2.049	5.934***	10.920

附录 D-6 SME 的平均超额波动率（AAVs,%）和累积平均超额波动率（CAAV,%）

面板 A：全样本

	Bad High (n=35)	T-value	Bad Low (n=43)	T-value	Concession High (n=4)	T-value	Concession Low (n=5)	T-value
AAV_SME(-5)	-0.101	-0.610	0.105	0.807	-0.628	-1.543	-0.045	-0.132
AAV_SME(-4)	-0.099	-0.593	0.115	0.885	-0.645	-1.573	-0.046	-0.130
AAV_SME(-3)	-0.118	-0.728	0.132	1.007	-0.666	-1.608	0.048	0.124
AAV_SME(-2)	-0.123	-0.762	0.140	1.071	-0.644	-1.584	0.064	0.161
AAV_SME(-1)	-0.135	-0.866	0.145	1.113	-0.650	-1.625	0.065	0.159
AAV_SME(0)	-0.157	-1.020	0.171	1.292	-0.650	-1.570	0.072	0.182
AAV_SME(1)	-0.147	-0.976	0.166	1.243	-0.639	-1.613	0.029	0.078
AAV_SME(2)	-0.153	-1.057	0.183	1.364	-0.637	-1.571	-0.023	-0.063
AAV_SME(3)	-0.184	-1.292	0.163	1.245	-0.655	-1.608	-0.014	-0.040
AAV_SME(4)	-0.215	-1.561	0.137	1.060	-0.584	-1.571	-0.025	-0.066
AAV_SME(5)	-0.217	-1.593	0.129	1.024	-0.542	-1.259	-0.041	-0.111
CAAV_SME(-1,1)	-0.439	-0.955	0.482	1.230	-1.938	-1.603	0.167	0.141
CAAV_SME(-2,2)	-0.714	-0.937	0.804	1.238	-3.219	-1.593	0.208	0.107
CAAV_SME(-5,5)	-1.648	-0.993	1.585	1.136	-6.939	-1.558	0.084	0.021

Counter-attack High	T-value (n=15)	Counter-attack Low	T-value (n=20)	Good High	T-value (n=17)	Good Low	T-value (n=8)	All News	T-value (n=149)
0.419***	4.289	0.515***	4.256	0.067	0.434	0.187	1.064	0.122*	1.915
0.403***	4.913	0.506***	4.478	0.098	0.667	0.209	1.056	0.125**	1.987
0.496***	4.206	0.500***	4.786	0.144	0.945	0.189	0.961	0.140**	2.209
0.519***	5.252	0.514***	4.793	0.102	0.686	0.164	0.856	0.140**	2.215
0.479***	5.418	0.585***	4.919	0.074	0.530	0.152	0.845	0.141**	2.238
0.517***	4.253	0.581***	5.330	0.066	0.518	0.129	0.770	0.144**	2.292
0.576***	4.280	0.646***	5.797	0.062	0.489	0.115	0.683	0.157**	2.469
0.552***	4.252	0.664***	5.924	0.033	0.277	0.091	0.575	0.153**	2.446
0.538***	4.115	0.628***	6.091	-0.006	-0.050	0.092	0.575	0.129**	2.100
0.558***	4.063	0.685***	6.082	-0.025	-0.218	0.119	0.788	0.124**	2.020
0.537***	4.053	0.715***	6.165	-0.057	-0.531	0.086	0.635	0.119*	1.942
1.571***	5.116	1.812***	5.464	0.202	0.516	0.396	0.768	0.441**	2.357
2.643***	5.162	2.990***	5.632	0.337	0.513	0.651	0.754	0.735**	2.367
5.593***	5.317	6.541***	6.088	0.558	0.391	1.532	0.831	1.494**	2.234

面板 B：贸易摩擦加剧之前（2016 年 11 月 11 日至 2018 年 6 月 14 日）

	Bad High	T-value (n=16)	Bad Low	T-value (n=23)	Concession High	T-value (n=3)	Concession Low	T-value (n=2)
AAV_SME (-5)	-0.764***	-2.988	-0.245	-1.179	-0.837	-1.703	-0.603	-0.663
AAV_SME (-4)	-0.760***	-2.972	-0.238	-1.140	-0.859	-1.754	-0.641	-0.710
AAV_SME (-3)	-0.744**	-2.899	-0.229	-1.089	-0.888	-1.816	-0.633	-0.705
AAV_SME (-2)	-0.716**	-2.642	-0.234	-1.133	-0.858	-1.774	-0.654	-0.747
AAV_SME (-1)	-0.704**	-2.675	-0.203	-0.960	-0.866	-1.848	-0.676	-0.775
AAV_SME (0)	-0.716**	-2.734	-0.194	-0.916	-0.866	-1.749	-0.664	-0.817
AAV_SME (1)	-0.702**	-2.771	-0.207	-0.980	-0.851	-1.827	-0.646	-0.791
AAV_SME (2)	-0.668**	-2.718	-0.197	-0.913	-0.849	-1.750	-0.674	-0.832
AAV_SME (3)	-0.698**	-2.895	-0.181	-0.846	-0.874	-1.817	-0.642	-0.777
AAV_SME (4)	-0.720***	-3.105	-0.196	-0.921	-0.778	-1.751	-0.679	-0.816
AAV_SME (5)	-0.731***	-3.264	-0.178	-0.843	-0.722	-1.278	-0.672	-0.773
CAAV_SME (-1, 1)	-2.123**	-2.729	-0.604	-0.957	-2.583	-1.807	-1.986	-0.794
CAAV_SME (-2, 2)	-3.507**	-2.719	-1.034	-0.990	-4.290	-1.789	-3.313	-0.792
CAAV_SME (-5, 5)	-7.925**	-2.902	-2.301	-1.013	-9.248	-1.728	-7.183	-0.762

Counter-attack High	T-value (n=1)	Counter-attack Low	T-value (n=7)	Good High	T-value (n=6)	Good Low	T-value (n=4)	All News	T-value (n=62)
0.276	1.102	0.333**	2.889	-0.218	-1.521	0.022	0.116	-0.325***	-2.904
0.222	0.886	0.319**	2.680	-0.126	-0.922	0.051	0.231	-0.316***	-2.805
0.170	0.679	0.352**	3.650	-0.035	-0.297	0.011	0.050	-0.301**	-2.658
0.309	1.234	0.373***	4.522	-0.054	-0.436	-0.003	-0.013	-0.292**	-2.570
0.331	1.321	0.397***	5.418	-0.058	-0.555	-0.033	-0.157	-0.278**	-2.445
0.276	1.102	0.396***	8.827	-0.100	-0.984	-0.049	-0.229	-0.284**	-2.499
0.379	1.513	0.499***	4.927	-0.150	-1.498	-0.052	-0.250	-0.276**	-2.431
0.350	1.397	0.479***	5.879	-0.182*	-2.032	-0.067	-0.322	-0.270**	-2.407
0.478*	1.908	0.454***	6.768	-0.207**	-2.543	-0.093	-0.446	-0.277**	-2.481
0.403	1.609	0.497***	4.317	-0.234**	-2.752	0.004	0.015	-0.278**	-2.499
0.461*	1.840	0.477**	3.629	-0.245**	-2.863	-0.007	-0.032	-0.274**	-2.481
0.986**	2.272	1.292***	7.151	-0.308	-1.009	-0.135	-0.212	-0.838**	-2.467
1.645***	2.937	2.144***	6.710	-0.544	-1.055	-0.205	-0.193	-1.401**	-2.490
3.654***	4.398	4.575***	7.536	-1.608	-1.651	-0.217	-0.095	-3.172**	-2.608

面板 C：贸易摩擦加剧之后（2018 年 6 月 15 日至 2019 年 12 月 31 日）

	Bad High (n=19)	T-value	Bad Low (n=20)	T-value	Concession High (n=1)	T-value	Concession Low (n=3)	T-value
AAV_SME(-5)	0.457***	4.172	0.508***	5.408	-0.492	-1.264	0.327***	14.019
AAV_SME(-4)	0.457***	3.814	0.520***	6.200	-0.412	-1.058	0.351**	9.819
AAV_SME(-3)	0.410***	3.712	0.547***	6.654	-0.447	-1.148	0.501**	7.112
AAV_SME(-2)	0.377***	3.775	0.569***	6.748	-0.471	-1.210	0.542**	6.700
AAV_SME(-1)	0.345***	3.643	0.546***	6.677	-0.499	-1.281	0.559*	4.157
AAV_SME(0)	0.314***	3.487	0.590***	7.028	-0.532	-1.367	0.563*	4.190
AAV_SME(1)	0.321***	3.561	0.594***	6.704	-0.441	-1.133	0.480*	3.883
AAV_SME(2)	0.281***	3.086	0.619***	7.975	-0.477	-1.226	0.411*	3.882
AAV_SME(3)	0.249**	2.837	0.559***	7.364	-0.486	-1.248	0.404*	3.392
AAV_SME(4)	0.211**	2.528	0.519***	7.011	-0.520	-1.336	0.412*	3.375
AAV_SME(5)	0.216**	2.538	0.483***	6.667	-0.537	-1.381	0.380	2.816
CAAV_SME(-1,1)	0.980***	3.618	1.730***	7.505	-1.472**	-2.183	1.602*	4.219
CAAV_SME(-2,2)	1.638***	3.581	2.918***	7.896	-2.420***	-2.781	2.555**	4.528
CAAV_SME(-5,5)	3.638***	3.531	6.054***	8.364	-5.314***	-4.117	4.929*	5.345

Counter-attack High	T-value (n=14)	Counter-attack Low	T-value (n=13)	Good High	T-value (n=11)	Good Low	T-value (n=4)	All News	T-value (n=85)
0.429***	4.104	0.614***	3.489	0.223	1.005	0.351	1.069	0.443***	8.212
0.416***	4.772	0.607***	3.775	0.219	1.028	0.368	0.971	0.444***	8.481
0.519***	4.178	0.580***	3.792	0.241	1.048	0.366	0.993	0.461***	8.625
0.534***	5.081	0.591***	3.686	0.186	0.833	0.330	0.927	0.455***	8.700
0.489***	5.182	0.686***	3.870	0.146	0.684	0.337	1.061	0.446***	8.510
0.534***	4.125	0.680***	4.162	0.157	0.820	0.306	1.095	0.455***	8.761
0.590***	4.095	0.725***	4.417	0.178	0.957	0.283	0.964	0.473***	8.834
0.567***	4.079	0.764***	4.626	0.151	0.862	0.249	0.939	0.465***	8.786
0.542***	3.853	0.722***	4.732	0.104	0.613	0.276	1.081	0.428***	8.356
0.569***	3.861	0.787***	4.892	0.089	0.530	0.235	1.027	0.420***	7.983
0.542***	3.804	0.843***	5.314	0.045	0.290	0.178	0.871	0.408***	7.748
1.613***	4.926	2.091***	4.206	0.480	0.818	0.927	1.041	1.374***	9.025
2.714***	4.974	3.446***	4.350	0.817	0.832	1.506	0.999	2.294***	9.146
5.731***	5.108	7.599***	4.794	1.739	0.817	3.281	1.012	4.897***	9.281

附录 D-7　北上资金的平均超额变动量（AA_NCF,%）和累积平均超额变动量（CAA_NCF,%）

面板 A：全样本

	Bad High	T-value (n=35)	Bad Low	T-value (n=43)	Concession High	T-value (n=4)	Concession Low	T-value (n=5)
AA_NCF (-5)	-10.243*	-1.864	0.660	0.204	20.915	0.960	24.255	1.807
AA_NCF (-4)	-8.705**	-2.280	0.982	0.242	11.077	1.398	6.011	0.504
AA_NCF (-3)	-9.522	-1.583	3.637	1.121	-1.571	-0.251	4.324	0.901
AA_NCF (-2)	-1.144	-0.206	4.507	1.223	-1.137	-0.181	3.296	0.218
AA_NCF (-1)	4.329	0.562	3.157	0.838	7.548	0.961	6.860	0.531
AA_NCF (0)	-5.039	-1.029	3.790	0.775	3.693	0.887	-12.390**	-3.241
AA_NCF (1)	-0.965	-0.126	4.295	0.878	1.545	0.203	-13.157**	-3.320
AA_NCF (2)	-1.243	-0.271	4.332	1.296	14.800	1.429	-8.155	-0.899
AA_NCF (3)	-0.726	-0.177	3.514	0.923	7.581	1.777	-0.330	-0.037
AA_NCF (4)	-1.881	-0.410	1.584	0.471	41.601	1.106	1.431	0.269
AA_NCF (5)	4.586	1.098	4.566	1.393	8.197	0.464	12.586	1.040
CAA_NCF (-1, 1)	-1.674	-0.101	11.242	1.057	12.786	1.070	-18.687	-1.120
CAA_NCF (-2, 2)	-4.061	-0.176	20.082	1.424	26.449	1.185	-23.545	-0.855
CAA_NCF (-5, 5)	-30.553	-0.773	35.026	1.405	114.249	1.420	24.733	0.472

附录 D 关于日数据和累积日数据的补充信息

Counter-attack High	T-value (n=15)	Counter-attack Low	T-value (n=20)	Good High	T-value (n=17)	Good Low	T-value (n=8)	All News	T-value (n=149)
-6.037	-0.718	-3.654	-0.470	9.289	1.221	-5.319	-0.586	-0.798	-0.331
-2.137	-0.169	0.723	0.101	9.961	1.669	-1.017	-0.074	-0.073	-0.031
-9.368	-0.877	-0.648	-0.093	13.100***	3.352	-3.343	-0.354	-0.970	-0.418
-14.983	-1.382	1.078	0.213	15.928***	3.312	0.910	0.127	1.598	0.703
-8.173	-0.713	4.786	0.908	11.551	1.613	4.370	0.763	3.936	1.499
0.446	0.047	-6.056	-0.489	9.258	1.041	0.364	0.074	0.070	0.025
3.918	0.393	-4.089	-0.528	-0.266	-0.036	2.687	0.230	0.812	0.287
4.063	0.489	1.755	0.286	-3.677	-0.625	1.389	0.196	1.646	0.822
-6.098	-0.597	-6.874	-0.979	-2.306	-0.334	-5.137	-0.634	-0.595	-0.272
-4.281	-0.462	-9.236	-1.124	15.541***	2.941	-3.308	-0.344	1.621	0.675
-5.039	-0.422	0.361	0.046	12.803	1.154	-11.522	-0.638	3.630	1.400
-3.809	-0.147	-5.359	-0.303	20.544	1.209	7.421	0.529	4.818	0.768
-14.730	-0.383	-2.526	-0.113	32.794	1.461	9.719	0.623	8.062	0.932
-47.689	-0.668	-21.853	-0.524	91.183***	2.973	-19.926	-0.367	10.878	0.693

面板 B：贸易摩擦加剧之前（2016 年 11 月 11 日至 2018 年 6 月 14 日）

	Bad High (n=16)	T-value	Bad Low (n=23)	T-value	Concession High (n=3)	T-value	Concession Low (n=2)	T-value
AA_NCF (-5)	1.622	0.433	2.959	1.010	2.606	0.330	26.235	0.817
AA_NCF (-4)	3.113	1.227	4.042	1.394	8.619	0.777	9.888	0.377
AA_NCF (-3)	2.602	0.540	4.968	1.549	-6.891*	-3.765	-2.134	-0.285
AA_NCF (-2)	7.402**	2.363	5.915**	2.104	-6.490*	-4.055	5.506	0.415
AA_NCF (-1)	8.273**	2.156	5.182	1.731	2.213	0.303	11.296	0.526
AA_NCF (0)	6.079*	2.084	4.948	1.536	5.025	0.866	-5.895	-2.068
AA_NCF (1)	9.188***	3.938	5.270	0.827	6.920	1.049	-5.774	-1.911
AA_NCF (2)	9.276***	3.097	8.932**	2.190	9.797	0.760	10.514	1.913
AA_NCF (3)	6.921**	2.631	12.269**	2.710	4.268	1.507	12.515***	136.145
AA_NCF (4)	5.495	1.304	6.839	1.513	9.068	3.141	7.446	1.056
AA_NCF (5)	6.516**	2.237	9.621**	2.088	19.169	1.036	15.243	0.692
CAA_NCF (-1, 1)	23.540***	3.417	15.400	1.525	14.159	0.797	-0.373	-0.024
CAA_NCF (-2, 2)	40.217***	4.255	30.247**	2.252	17.466	0.589	15.647	0.455
CAA_NCF (-5, 5)	66.486***	3.533	70.945***	2.965	54.306	0.883	84.840	0.656

Counter-attack High	T-value (n=1)	Counter-attack Low	T-value (n=7)	Good High	T-value (n=6)	Good Low	T-value (n=4)	All News	T-value (n=62)
15.150	0.864	11.844	1.678	9.713*	2.465	-6.989	-0.508	4.559**	2.285
18.210	1.038	10.031	0.893	14.861***	7.180	10.200	0.425	6.561***	3.019
-0.991	-0.056	20.706*	1.952	21.860***	3.604	2.763	0.181	6.728***	2.815
64.350***	3.668	8.061	0.831	20.320**	2.591	10.135	1.121	8.536***	4.028
44.800**	2.553	2.128	0.157	11.670*	2.283	6.900	0.649	7.101***	3.165
-19.470	-1.110	4.607	0.194	9.579***	5.668	-6.444	-1.646	4.175	1.494
15.470	0.882	13.582	1.624	6.991	1.106	2.578	0.152	7.101**	2.584
31.130*	1.774	6.662	0.607	9.516	1.727	2.296	0.445	8.844***	4.161
5.923	0.338	1.817	0.158	3.948	0.513	-11.961	-1.052	6.859***	2.864
-38.870**	-2.215	7.415	0.785	14.425**	2.824	4.192	0.479	6.511***	2.739
17.160	0.978	3.443	0.328	12.838***	7.276	5.331	0.682	8.922***	3.893
40.800	1.343	20.317	0.609	28.240***	4.554	3.033	0.125	18.341***	3.353
136.280***	3.474	35.040	1.053	58.076***	3.882	15.464	0.434	35.721***	5.045
152.862***	2.627	90.297	1.566	135.720***	8.098	19.000	0.236	75.861***	5.882

面板 C：贸易摩擦加剧之后（2018 年 6 月 15 日至 2019 年 12 月 31 日）

	Bad High	T-value (n=19)	Bad Low	T-value (n=20)	Concession High	T-value (n=1)	Concession Low	T-value (n=3)
AA_NCF(-5)	-20.235**	-2.192	-1.983	-0.318	75.840**	2.104	22.936	1.070
AA_NCF(-4)	-18.658***	-3.161	-2.536	-0.308	18.450	0.511	3.427	0.175
AA_NCF(-3)	-19.732*	-1.978	2.107	0.344	14.390	0.399	8.629	1.311
AA_NCF(-2)	-8.341	-0.851	2.888	0.388	14.920	0.414	1.824	0.062
AA_NCF(-1)	1.009	0.071	0.828	0.110	23.550	0.653	3.903	0.169
AA_NCF(0)	-14.401*	-1.741	2.459	0.243	-0.302	-0.008	-16.720*	-3.626
AA_NCF(1)	-9.515	-0.679	3.173	0.402	-14.580	-0.405	-18.080**	-4.654
AA_NCF(2)	-10.101	-1.317	-0.957	-0.176	29.810	0.827	-20.600*	-3.689
AA_NCF(3)	-7.165	-1.014	-6.554	-1.143	17.520	0.486	-8.893	-0.674
AA_NCF(4)	-8.093	-1.064	-4.459	-0.910	139.200***	3.863	-2.579	-0.307
AA_NCF(5)	2.962	0.396	-1.247	-0.275	-24.720	-0.686	10.814	0.505
CAA_NCF(-1,1)	-22.907	-0.771	6.461	0.318	8.668	0.139	-30.897	-1.111
CAA_NCF(-2,2)	-41.348	-1.018	8.391	0.314	53.398	0.663	-49.673	-1.299
CAA_NCF(-5,5)	-112.269	-1.679	-6.281	-0.137	294.078**	2.460	-15.339	-0.248

Counter-attack High	T-value (n=14)	Counter-attack Low	T-value (n=13)	Good High	T-value (n=11)	Good Low	T-value (n=4)	All News	T-value (n=85)
-7.550	-0.849	-11.999	-1.090	9.057	0.754	-3.649	-0.228	-5.367	-1.375
-3.590	-0.265	-4.289	-0.451	7.289	0.777	-12.234	-0.670	-5.309	-1.414
-9.966	-0.868	-12.146	-1.559	8.322	1.743	-9.448	-0.637	-6.308*	-1.764
-20.650*	-2.104	-2.682	-0.441	13.532*	2.087	-8.315	-0.752	-3.397	-0.948
-11.957	-1.030	6.217	1.292	11.487	1.028	1.840	0.238	1.390	0.322
1.868	0.187	-11.797	-0.770	9.084	0.640	7.171	0.834	-3.217	-0.728
3.093	0.289	-13.604	-1.300	-4.225	-0.374	2.797	0.131	-4.176	-0.929
2.130	0.245	-0.888	-0.112	-10.874	-1.351	0.481	0.031	-4.029	-1.334
-6.957	-0.635	-11.553	-1.254	-5.717	-0.563	1.687	0.123	-6.825**	-2.101
-1.810	-0.189	-18.202	-1.621	16.150*	2.005	-10.808	-0.557	-2.812	-0.750
-6.625	-0.520	-1.298	-0.117	12.784	0.721	-28.375	-0.742	-0.511	-0.122
-6.996	-0.256	-19.184	-0.900	16.346	0.608	11.808	0.546	-6.004	-0.592
-25.516	-0.643	-22.754	-0.767	19.004	0.554	3.974	0.799	-13.429	-0.968
-62.015	-0.824	-82.242	-1.618	66.889	1.441	-58.851	-0.649	-40.560	-1.656

附录 D-8　南下资金的平均超额变动量（AA_NCF,%）和累积平均超额变动量（CAA_NCF,%）

面板 A：全样本

	Bad High	T-value (n=35)	Bad Low	T-value (n=43)	Concession High	T-value (n=4)	Concession Low	T-value (n=5)
AA_SCF(-5)	-1.991	-0.650	-5.761**	-2.475	-1.882	-0.229	-12.807	-1.889
AA_SCF(-4)	4.078*	1.740	-9.257***	-3.621	-0.733	-0.187	-15.547*	-2.872
AA_SCF(-3)	-0.335	-0.123	-8.402***	-3.002	-4.809**	-4.627	-11.012*	-2.419
AA_SCF(-2)	0.192	0.072	-8.107***	-3.549	-5.382**	-3.919	-9.177	-1.642
AA_SCF(-1)	2.263	0.895	-8.914***	-3.087	-10.915	-1.914	-9.056	-1.986
AA_SCF(0)	1.520	0.692	-6.076**	-2.144	-12.547*	-2.590	-7.370	-1.766
AA_SCF(1)	1.820	0.719	-5.880**	-2.107	-12.482	-1.305	-14.151	-1.622
AA_SCF(2)	2.063	0.792	-11.251***	-4.746	-5.943	-0.992	-18.816	-1.755
AA_SCF(3)	0.159	0.060	-11.121***	-4.698	-10.783	-1.600	-16.450	-1.454
AA_SCF(4)	-0.364	-0.142	-10.665***	-5.402	-1.684	-0.279	-15.817	-1.232
AA_SCF(5)	2.319	0.953	-9.542***	-4.081	-2.162	-0.241	-13.640**	-3.550
CAA_SCF(-1,1)	5.604	0.894	-20.870***	-2.883	-35.944	-1.880	-30.577*	-2.688
CAA_SCF(-2,2)	7.858	0.790	-40.228***	-4.202	-47.268	-2.046	-58.570**	-2.996
CAA_SCF(-5,5)	11.725	0.547	-94.975***	-5.478	-69.321	-1.310	-143.843*	-2.509

Counter-attack High	T-value (n=15)	Counter-attack Low	T-value (n=20)	Good High	T-value (n=17)	Good Low	T-value (n=8)	All News	T-value (n=149)
-5.888*	-1.829	-6.283*	-1.890	4.750	1.383	2.847	0.539	-3.572***	-2.828
-0.709	-0.159	-11.252**	-2.356	2.330	0.544	1.085	0.223	-3.677***	-2.625
2.222	0.379	-11.102**	-2.592	-2.167	-0.640	0.954	0.224	-4.606***	-3.271
0.312	0.055	-8.924*	-1.920	-5.879*	-1.844	2.524	0.455	-4.623***	-3.473
-3.085	-0.508	-5.377	-0.973	-0.866	-0.314	2.815	0.350	-3.594**	-2.385
-3.314	-0.570	-1.146	-0.231	-1.072	-0.341	-3.860	-0.603	-2.773**	-1.995
-5.166	-1.057	-6.077	-1.500	-2.025	-0.532	-1.370	-0.443	-3.815***	-2.810
-1.878	-0.550	-10.150**	-2.556	-1.229	-0.465	4.322	1.449	-5.185***	-4.022
-2.746	-0.636	-6.262*	-1.867	-2.063	-0.728	5.725	1.263	-5.368***	-4.165
-2.998	-0.760	-0.280	-0.077	-1.660	-0.575	-0.397	-0.068	-4.613***	-3.737
-0.917	-0.248	-5.102	-1.155	-1.956	-0.647	-1.281	-0.200	-3.957***	-3.111
-11.566	-0.728	-12.600	-1.131	-3.962	-0.501	-2.415	-0.146	-10.182***	-2.815
-13.131	-0.558	-31.674*	-1.776	-11.071	-0.926	4.431	0.197	-19.990***	-3.707
-24.167	-0.578	-71.955**	-2.126	-11.837	-0.458	13.364	0.293	-45.784***	-4.268

面板 B：贸易摩擦加剧之前（2016 年 11 月 11 日至 2018 年 6 月 14 日）

	Bad High	T-value (n = 16)	Bad Low	T-value (n = 23)	Concession High	T-value (n = 3)	Concession Low	T-value (n = 2)
AA_SCF (-5)	-5.353	-1.236	-4.333	-1.370	-4.956	-0.446	-9.248	-0.443
AA_SCF (-4)	1.444	0.468	-7.855**	-2.553	-2.350	-0.456	-13.250	-0.966
AA_SCF (-3)	-5.945	-1.831	-6.935*	-1.730	-4.858*	-3.120	-3.700	-0.699
AA_SCF (-2)	-2.542	-0.688	-8.210**	-2.806	-6.155*	-3.931	-11.495	-1.030
AA_SCF (-1)	-0.884	-0.279	-9.400**	-2.183	-13.532	-1.865	-6.319	-1.643
AA_SCF (0)	-0.656	-0.205	-6.166	-1.228	-12.899	-1.781	-5.549	-2.013
AA_SCF (1)	-0.367	-0.107	-6.403	-1.575	-13.591	-0.956	-10.179	-2.685
AA_SCF (2)	0.315	0.097	-13.060***	-4.012	-6.478	-0.725	-17.695	-1.921
AA_SCF (3)	-2.719	-0.690	-12.765***	-3.913	-14.461	-1.843	-12.199	-0.732
AA_SCF (4)	-3.262	-0.991	-12.971***	-4.765	-2.890	-0.328	-14.384	-0.453
AA_SCF (5)	1.529	0.457	-10.852***	-3.218	-0.018	-0.001	-10.043	-1.515
CAA_SCF (-1, 1)	-1.907	-0.222	-21.970*	-1.847	-40.021	-1.440	-22.047*	-7.846
CAA_SCF (-2, 2)	-4.134	-0.313	-43.240***	-2.928	-52.654	-1.578	-51.237	-2.210
CAA_SCF (-5, 5)	-18.439	-0.672	-98.950***	-3.732	-82.186	-1.079	-114.059	-1.060

Counter-attack High	T-value (n=1)	Counter-attack Low	T-value (n=7)	Good High	T-value (n=6)	Good Low	T-value (n=4)	All News	T-value (n=62)
-21.830	-1.494	-12.057	-1.607	-0.983	-0.443	-0.486	-0.046	-5.367**	-2.768
-37.460**	-2.564	-17.969	-1.839	-10.137**	-2.794	-0.661	-0.062	-6.739***	-3.347
-26.390*	-1.807	-17.852**	-2.971	-10.110	-1.844	2.429	0.273	-7.724***	-3.901
-26.140*	-1.790	-11.192	-1.160	-9.055	-1.518	10.135	0.965	-6.278***	-3.166
-6.052	-0.414	-8.821	-0.579	-4.797	-1.136	9.628	0.591	-5.510**	-2.146
-33.560**	-2.297	-6.094	-0.570	-4.067	-1.153	-4.412	-0.299	-5.167**	-2.104
-30.090**	-2.060	-16.512**	-3.224	-7.615*	-2.183	0.048	0.007	-6.540***	-3.225
-0.945	-0.065	-20.174***	-5.035	-8.072*	-2.056	5.245	1.897	-8.384***	-4.552
-13.690	-0.937	-12.428**	-2.535	-11.279***	-6.078	7.140	0.772	-8.785***	-4.677
-13.690	-0.937	-4.303	-0.597	-10.879**	-2.830	0.338	0.026	-7.995***	-4.338
-13.690	-0.937	-14.749***	-4.999	-8.292	-1.365	-0.718	-0.061	-6.691***	-3.511
-69.702***	-2.755	-31.426	-1.424	-16.479*	-2.334	5.265	0.143	-17.217***	-2.898
-96.787***	-2.963	-62.792	-1.883	-33.606*	-2.353	20.645	0.435	-31.879***	-3.855
-223.537***	-4.614	-142.149**	-2.540	-85.286**	-3.233	28.687	0.290	-75.179***	-4.761

面板 C：贸易摩擦加剧之后（2018 年 6 月 15 日至 2019 年 12 月 31 日）

	Bad High	T-value (n=19)	Bad Low	T-value (n=20)	Concession High	T-value (n=1)	Concession Low	T-value (n=3)
AA_SCF (-5)	0.841	0.191	-7.402*	-2.071	7.342	0.588	-15.180	-1.892
AA_SCF (-4)	6.296*	1.792	-10.869**	-2.496	4.118	0.330	-17.079	-2.106
AA_SCF (-3)	4.389	1.083	-10.090**	-2.489	-4.663	-0.374	-15.887	-2.839
AA_SCF (-2)	2.494	0.642	-7.989**	-2.133	-3.064	-0.245	-7.631	-0.808
AA_SCF (-1)	4.913	1.270	-8.354**	-2.099	-3.064	-0.245	-10.881	-1.271
AA_SCF (0)	3.353	1.076	-5.973**	-2.556	-11.490	-0.921	-8.584	-1.065
AA_SCF (1)	3.662	0.967	-5.278	-1.326	-9.157	-0.734	-16.798	-0.990
AA_SCF (2)	3.535	0.868	-9.169**	-2.563	-4.335	-0.347	-19.563	-0.935
AA_SCF (3)	2.583	0.702	-9.231**	-2.585	0.249	0.020	-19.283	-0.933
AA_SCF (4)	2.077	0.535	-8.013**	-2.768	1.933	0.155	-16.773	-0.833
AA_SCF (5)	2.984	0.819	-8.036**	-2.398	-8.593	-0.688	-16.038	-2.627
CAA_SCF (-1, 1)	11.928	1.305	-19.605**	-2.411	-23.711	-0.955	-36.264	-1.700
CAA_SCF (-2, 2)	17.957	1.212	-36.764***	-2.960	-31.110	-0.850	-63.458	-1.728
CAA_SCF (-5, 5)	37.127	1.154	-90.404***	-3.949	-30.724	-0.751	-163.699	-1.678

Counter-attack High	T-value (n=14)	Counter-attack Low	T-value (n=13)	Good High	T-value (n=11)	Good Low	T-value (n=4)	All News	T-value (n=85)
-4.749	-1.472	-3.174	-0.951	7.877	1.548	6.180	1.101	-1.961	-1.159
1.916	0.502	-7.636	-1.395	9.130	1.689	2.831	0.765	-1.242	-0.640
4.266	0.724	-7.467	-1.289	2.165	0.542	-0.522	-0.126	-2.192	-1.108
2.202	0.387	-7.702	-1.395	-4.147	-1.030	-5.087	-2.165	-3.219*	-1.757
-2.874	-0.439	-3.523	-0.841	1.279	0.347	-3.998	-0.595	-2.322	-1.246
-1.154	-0.200	1.519	0.271	0.562	0.122	-3.309	-1.402	-1.135	-0.692
-3.386	-0.695	-0.459	-0.089	1.024	0.184	-2.788	-0.975	-1.750	-0.945
-1.945	-0.529	-4.752	-0.898	2.504	0.804	3.398	0.537	-2.672	-1.502
-1.964	-0.430	-2.942	-0.669	2.964	0.863	4.310	0.871	-2.459	-1.420
-2.235	-0.537	1.886	0.432	3.369	1.078	-1.131	-0.302	-1.687	-1.041
-0.004	-0.001	0.093	0.015	1.500	0.464	-1.845	-0.198	-1.770	-1.035
-7.413	-0.450	-2.463	-0.193	2.865	0.248	-10.094	-1.091	-5.208	-1.129
-7.156	-0.292	-14.918	-0.705	1.222	0.075	-11.783	-0.721	-11.099	-1.539
-9.926	-0.235	-34.159	-0.824	28.226	0.876	-1.960	-0.054	-22.410	-1.547

参考文献

Algieri B., Brancaccio, E., Buonaguidi, D., "Stock Market Volatility, Speculation and Unemployment: A Granger-causality Analysis", *PSL Quarterly Review*, Vol. 73, No. 293, 2020.

Amiti, M., Kong, S. H., Weinstein, D., "The Effect of The U. S. -China Trade War on U. S. Investment", CEPR Discussion Papers, No. 27114, 2020.

Antweiler, W., Frank, M. Z., "Is All that Talk Just Noise? The Information Content of Internet Stock Message Boards", *Journal of Finance*, Vol. 59, No. 3, 2004.

Arestis, P., Demetriades, P. O., Luintel, K. B., "Financial Development and Economic Growth: The Role of Stock Markets", *Journal of Money, Credit and Banking*, Vol. 33, No. 1, 2001.

Arin, K. P., Ciferri, D., Spagnolo, N., "The Price of Terror: The Effects of Terrorism on Stock Market Returns and Volatility", *Economics Letters*, Vol. 101, No. 3, 2008.

Bae, J., Kim, C. J., Nelson, C. R., "Why are Stock Returns and Volatility Negatively Correlated?", *Journal of Empirical Finance*, Vol. 14, No. 1, 2007.

Ball, R., Kothari, S. P., "Nonstationary Expected Returns: Implications for Tests of Market Efficiency and Serial Correlation in Returns", *Journal of Financial Economics*, Vol. 25, No. 1, 1989.

Baker, M., Stein, J., "Market Liquidity as a Sentiment Indicator", *Journal of Financial Markets*, Vol. 7, No. 3, 2004.

Bank, M., Larch, M., Peter, G., "Google Search Volume and Its Influence on Liquidity and Returns of German Stocks", *Financial Markets and Portfolio Management*, Vol. 25, No. 3, 2011.

Baker, M., Wurgler, J., "Investor Sentiment in the Stock Market", *Journal of Economic Perspective*, Vol. 21, No2., 2007.

Baker, S. R., Bloom, N., Davis, S. J., "Measuring Economic Policy Uncertainty", *Quarterly Journal of Economics*, Vol. 131, No. 4, 2016.

Barberis, N., Shleifer, A., Vishny R., "A Model of Investor Sentiment", *Journal of Financial Economics*, Vol. 3, No. 1, 1998.

Baron, R. M., Kenny, D. A., "The Moderator-Mediator Variable Distinction in Social Psychological Research: Conceptual, Strategic, and Statistical Considerations", *Journal of Personality and Social Psychology*, Vol. 51, No. 6, 1986.

Bekaert, G., Harvey, C. R., "Time-varying World Market Integration", *Journal of Finance*, Vol. 50, No. 2, 1995.

Bekaert, G., Harvey, C. R., Lundblad, C. T., Siegel, S., "What Segments Equity Markets?" *Review of Financial Studies*, Vol. 24, No. 12, 2011.

Bernanke, B. S., Kuttner, K. N., "What Explains the Stock Market's Reaction to Federal Reserve Policy?", *Journal of Finance*, Vol. 60, No. 3, 2005.

Besley, T., Prat, A., "Handcuffs for the Grabbing Hand? Media Capture and Government Accountability", *American Economic Review*, Vol. 96, No. 3, 2006.

BialKowski, J., Gottschalk, K., Wisniewski, T. P., "Stock Market Volatility around National Elections", *Journal of Banking and Finance*, Vol. 32, No. 9, 2008.

Boudoukh, J., Feldman, R., Kogan, S., Richardson, M., "Which News Moves Stock Prices? A Textual Analysis", National Bureau of Economic Research, Working Paper, No. 18725, 2013.

Bracker, K., Docking, D. S., Koch, P. D., "Economic Determinants of Evolution in International Stock Market Integration", *Journal of Empirical Finance*, Vol. 6, No. 1, 1999.

Braun, P., Nelson, D. B., Sunier, A. M., "Good News, Bad News, Volatility, and Betas", *The Journal of Finance*, Vol. 50, No. 5, 1995.

Brown, S. J., Warner, J. B., "Using Daily Stock Returns: The Case of Event Studies", *Journal of Financial Economics*, Vol. 14, No. 1, 1985.

Brunnermeier, M., Sockin, M., Xiong, W., "China's Gradualistic Economic Approach and Financial Markets", *American Economic Review Papers and Proceedings*,

Vol. 107, No. 5, 2017.

Brunnermeier, M., Sockin, M., Xiong W., "China's Model of Managing the Financial System", NBER Working Papers, 2020.

Campbell, J. Y., Hentschel, L., "No News is Good News: An Asymmetric Model of Changing Volatility in Stock Returns", *Journal of Financial Economics*, Vol. 31, No. 3, 1992.

Cao, M., Wei, J., "Stock Market Returns: A Note on Temperature Anomaly", *Journal of Banking and Finance*, Vol. 29, No. 6, 2005.

Capelle-Blancard, G., Laguna M. A., "How does the Stock Market Respond to Chemical Disasters?" *Journal of Environmental Economics and Management*, Vol. 59, No. 2, 2010.

Chan, K. C., "On theContrarian Investment Strategy", *Journal of Business*, Vol. 61, No. 2, 1988.

Chang, E. C., Cheng, J. W., Yu, Y., "Short-sales Constraints and Price Discovery: Evidence from the Hong Kong Market", *The Journal of Finance*, Vol. 62, No. 5, 2007.

Charles, A., Darné, O., "Large Shocks and the September 11 Terrorist Attacks on International Stock Markets", *Economic Modelling*, Vol. 23, No. 4, 2006.

Chen, A. H., Siems, T. F., "The Effects of Terrorism on Global Capital Markets", *European Journal of Political Economy*, Vol. 20, No. 2, 2004.

Chen, J., Jiang, F., Li, H., Xu, W., "Chinese Stock Market Volatility and the Role of U. S. Economic Variables", *Pacific-Basin Finance Journal*, Vol. 39, 2016.

Chen, J., Liu, Y. J., Lu, L., Tang, Y., "Investor Attention and Macroeconomic News Announcements: Evidence from Stock Index Futures", *Journal of Futures Markets*, Vol. 36, No. 3, 2016.

Chen, N. F., Roll, R., Ross, S. A., "Economic Forces and the Stock Market", *Journal of Business*, Vol. 59, No. 3, 1986.

Chopra, N., Lakonishok, J., Ritter, J. R., "Measuring Abnormal Performance: Do Stocks Overreact?", *Journal of Financial Economics*, Vol. 31, No. 2, 1992.

Christie, W., Huang, R., "Following the Pied Piper: Do Individual Returns Herd around the Market?", *Financial Analyst Journal*, Vol. 51, No. 4, 1995.

Clark, N., Makse, T., "Local Media Tone, Economic Conditions, and the Evaluation of U. S. Governors", *Journal of Elections, Public Opinion and Parties*, Vol. 29, No. 1, 2018.

Cooley, T. F., Quadrini, V., "Monetary Policy and the Financial Decisions of Firms", *Economic Theory*, Vol. 27, No. 1, 2006.

Crabbe, L., and Post, M. A., "The Effect of a Rating Downgrade on Outstanding Commercial Paper", *Journal of Finance*, Vol. 49, No. 1, 1994.

Da, Z., Engelberg, J., Gao, P., "In Search of Attention", *Journal of Finance*, Vol. 66, No. 5, 2011.

Daigler R. T, Wiley M. K., "The Impact of Trader Type on the Futures Volatility-volume Relation", *The Journal of Finance*, Vol. 54, No. 6, 1999.

DeLong, J., Shleifer, A., Summers, L., Waldmann, R., "Noise Trader Risk in Financial Markets", *Journal of Political Economy*, Vol. 98, No. 4, 1990.

Demirkan, S., "Volume, Opinion Divergence and Book-to-market Anomaly", *Journal of Knowledge Globalization*, Vol. 5, No. 1, 2012.

DeVreese, C. H., Boomgaarden, H. G., "Media Effects on Public Opinion about the Enlargement of the European Union", *Journal of Common Market Studies*, Vol. 44, No. 2, 2006.

Ding, R., Hou, W., "Retail Investor Attention and Stock Liquidity", *Journal of International Financial Markets Institutions and Money*, Vol. 37 (C), 2015.

Djankov, S., McLiesh, C., Nenova, T., Shleifer, A., "Who Owns the Media?" *Journal of Law and Economics* Vol. 46, No. 2, 2003.

Doms, M., Morin, N. J., "Consumer Sentiment, the Economy, and The News Media", FRBSF Working Paper, Vol. 50, No. 96, 2004.

Du, X., Cindy, L. Y., Hayes, D. J., "Speculation and Volatility Spillover in the Crude Oil and Agricultural Commodity Markets: A Bayesian Analysis", *Energy Economics*, Vol. 33, No. 3, 2011.

Duchin, R., Levy, M., "Disagreement, Portfolio Optimization and Excess Volatility", *Journal of Financial and Quantitative Analysis*, Vol. 45, No. 3, 2010.

Dutta, A., "Implied Volatility Linkages between the US and Emerging Equity Markets: A Note", *Global Finance Journal*, Vol. 35, 2018.

Dyck, A., Moss, D., Zingales, L., "Media versus Special Interests", *Journal of Law and Economics*, Vol. 56, No. 3, 2013.

Dyck, A., Zingales, L., "The Media and Asset Prices", H. B. S. and University of Chicago, Working Paper, 2003.

Dzieliński, M., "Do News Agencies Help Clarify Corporate Disclosure?" *Social Science Electronic Publishing*, 2013.

Edmans, A., Garcia, D., Norli, Ø., "Sports Sentiment and Stock Returns", *Journal of Finance*, Vol. 62, No. 4, 2007.

Egger, P., Zhu, J., "The U. S. -China Trade War: An Event Study of Stock-Market Responses", CEPR Discussion Papers, 2019.

Eun, C., Resnick, B., "Estimating the Correlation Structure of International Share Prices", *Journal of Finance*, Vol. 39, No. 5, 1984.

Fang, H., Loo, J., "Dollar Value and Stock Returns", *International Review of Economics and Finance*, Vol. 3, No. 2, 1994.

Fang, L., Peress, J., "Media Coverage and the Cross-Section of Stock Returns", *Journal of Finance*, Vol. 64, No. 5, 2009.

Ferguson N. J., Philip D., Lam H. Y. T., Guo, J. M., "Media Content and Stock Returns: The Predictive Power of Press", *Social Science Electronic Publishing*, Vol. 19, No. 1, 2015.

Galbraith, J., *A Short History of Financial Euphoria*, New York: Viking Press, 1990.

Gao, Z., Ren, H., Zhang, B., "Googling Investor Sentiment around the World", *Journal of Financial and Quantitative Analysis*, Vol. 55, No. 2, 2020.

Garcia, D., "Sentiment during Recessions", *Journal of Finance*, Vol. 68, No. 3, 2013.

Garfinkel, J. A., Sokobin J., "Volume, Opinion Divergence, and Returns: A Study of Post-earnings Announcement Drift", *Journal of Accounting Research*, Vol. 44, No. 1, 2006.

Garz, M., "Good News and Bad News: Evidence of Media Bias in Unemployment Reports", *Public Choice*, Vol. 161, No. 3/4, 2014.

Goetzmann, W., Kim, D., Kumar, A., Wang, Q., "Weather-induced Mood, Institutional Investors and Stock Returns", *Review of Financial Studies*, Vol. 28,

No. 1, 2015.

Goh, J., Jiang, F., Tu, J., Wang, Y., "Can U. S. Economic Variables Predict the Chinese Stock Market?" *Pacific-Basin Finance Journal*, Vol. 22, No. 1, 2013.

Goulard, S., "The Impact of the US-China Trade War on the European Union", *Global Journal of Emerging Market Economies*, Vol. 12, No. 1, 2020.

Greenspan, A., *The Age of Turbulence: Adventures in a New World*, New York: Penguin Press, 2007.

Gruen, D., Gizycki, M. C., "Explaining Forward Discount Bias: Is It Anchoring?" Princeton University, Woodrow Wilson School Discussion Paper in Economics, 1993.

He, C., Chen, R., Liu, Y., "US-China Trade War and China's Stock Market: An Event-Driven Analysis", *Economic Research-Ekonomska Istraživanja*, Vol. 35, No. 1, 2022.

Henson, S., Mazzocchi, M., "Impact of Bovine Spongiform Encephalopathy on Agribusiness in the United Kingdom: Results of an Event Study of Equity Prices", *American Journal of Agricultural Economics*, Vol. 84, No. 2, 2002.

Hirshleifer, D., Shumway, T., "Good Day Sunshine: Stock Returns and the Weather", *Journal of Finance*, Vol. 58, No. 3, 2003.

Hong, H., Stein, J. C., "A Unified Theory of Underreaction, Momentum Trading, and Overreaction in Asset Markets", *Journal of Finance*, Vol. 54, No. 6, 1999.

Hong, H., Stein, J. C., "Disagreement and the Stock Market", *Journal of Economic Perspectives*, Vol. 21, No. 2, 2007.

Houston, J. F., Lin, C., Ma, Y., "Media Ownership, Concentration and Corruption inBank Lending", *Journal of Financial Economics*, Vol. 100, No. 2, 2011.

Huang, Y., Lin, C., Liu, S., Tang, H., "Trade linkages and firm value: Evidence from the 2018 US-China trade war", CEPR Discussion Paper, DP14173, 2019.

Humpe, A., Macmillan P., "Can Macroeconomic Variables Explain Long Term Stock Market Movements? A Comparison of the U. S. and Japan", *Applied Financial Economics*, Vol. 19, No. 2, 2009.

Illeditsch, P. K., "Ambiguous Information, Portfolio Inertia, and Excess Volatility", *Journal of Finance*, Vol. 66, No. 6, 2011.

Jiang, G., Konstantinidi, E., Skiadopoulos, G., "Volatility Spillovers and the Effect of News Announcements", *Journal of Banking and Finance*, Vol. 36, No. 8, 2012.

Jones, C. M., Lamont, O. A., "Short-sale Constraints and Stock Returns", *Journal of Financial Economics*, Vol. 66, No. 2, 2002.

Joseph, K., Wintoki, M. B., Zhang, Z., "Forecasting Abnormal Stock Returns and Trading Volume Using Investor Sentiment: Evidence from Online Searches", *International Journal of Forecasting*, Vol. 27, No. 4, 2011.

Lakonishok, J., Shleifer, A., Vishny, R., "The Impact of Institutional Trading on Stock Prices", *Journal of Financial Economics*, Vol. 32, No. 1, 1992.

Liu, S., "Investor Sentiment and Stock Market Liquidity", *Journal of Behavioral Finance*, Vol. 16, No. 1, 2015.

Kahneman, D., Tversky, A., "Prospect Theory: An Analysis of Decision Under Risk", *Econometrica*, Vol. 47, No. 2, 1979.

Kaplanski, G., Levy, H., "Sentiment and Stock Prices: The Case of Aviation Disasters", *Journal of Financial Economics*, Vol. 95, No. 2, 2010.

Karlekar, K. D., Dunham, J., "Press Freedom in 2013: Media Freedom Hits Decade Low", *Freedom House Report*, 2014.

Kindleberger, C. P., *Manias, Panics, and Crashes: A History of Financial Crises*, John Wiley and Sons, Inc., 1978.

Kollias, C., Manou, E., Papadamou, S., Stagiannis, A., "Stock Markets and Terrorist Attacks: Comparative Evidence from a Large and a Small-Capitalization Market", *European Journal of Political Economy*, Vol. 27, No. S1, 2011.

Krishnamurti, C., Tian G. G., Xu, M., Li, G., "No News is not Good News: Evidence from the Intra-Day Return Volatility-Volume Relationship in Shanghai Stock Exchange", *Journal of the Asia Pacific Economy*, Vol. 18, No. 1, 2013.

Lakonishok, J., Shleifer, A., Vishny, R., "The Impact of Institutional Trading on Stock Prices", *Journal of Financial Economics*, Vol. 32, No. 1, 1992.

Lamla, M. J., Maag, T., "The Role of Media for Inflation Forecast Disagreement of Households and Professional Forecasters", *Journal of Money, Credit and Banking*, Vol. 44, No. 7, 2012.

Lei, A. C., Song, C., "Economic Policy Uncertainty and Stock Market Activity: Evidence from China", *Global Finance Journal*, Vol. 52 (C), 2022.

Li, P. G., Shen, Y. F., "The Corporate Governance Role of Media: Empirical Evidence of China", *Economic Research Journal*, Vol. 45, No. 4, 2010.

Li, G., Zhou, H., "The Systematic Politicization of China's Stock Markets", *Journal of Contemporary China*, Vol. 25, No. 99, 2016.

Lopatta, K., Kaspereit, T., "The Cross-Section of Returns, Benchmark Model Parameters, and Idiosyncratic Volatility of the World's Nuclear Energy Firms after Fukushima Daiichi", *Energy Economics*, Vol. 41, No. 1, 2014.

Loughran, T., McDonald, B., "When is a Liability not a Liability? Textual Analysis Dictionaries and 10-Ks", *Journal of Finance*, Vol. 66, No. 1, 2011.

Maillet, B. B., Michel, T., "The Impact of the 9/11 Events on the American and French Stock Markets", *Review of International Economics*, Vol. 13, No. 3, 2005.

Maysami, R. C., Koh, T. S., "A Vector Error Correction Model for the Singapore Stock Market", *International Review of Economics and Finance*, Vol. 9, No. 1, 2000.

Miller, E., Risk, M., "Uncertainty and Divergence of Opinion", *The Journal of Finance*, Vol. 32, No. 4, 1977.

Mondria, J., Wu, T., Zhang, Y., "The Determinants of International Investment and Attention Allocation: Using Internet Search Query Data", *Journal of International Economics*, Vol. 82, No. 1, 2010.

Mukherjee, T. K., Naka, A., "Dynamic Relations between Macroeconomic Variables and the Japanese Stock Market: An Application of a Vector Error Correction Model", *Journal of Financial Research*, Vol. 18, No. 2, 1995.

Nikkinen, J., Sahlström, P., "Scheduled Domestic and U.S. Macroeconomic News and Stock Valuation in Europe", *Journal of Multinational Financial Management*, Vol. 14, No. 3, 2004.

Nofsinger, J., Sias, R., "Herding and Feedback Trading by Institutional and Individual Investors", *Journal of Finance*, Vol. 54, No. 6, 1999.

Odean, T., "Volume, Volatility, and Profit When all Traders are Above Average", *Journal of Finance*, Vol. 53, No. 6, 1998.

Peress, J., "The Media and the Diffusion of Information in Financial Markets: Evidence from Newspaper Strikes", *The Journal of Finance*, Vol. 69, No. 5, 2014.

Rahmayani, D., Oktavilia, S., "Does the Covid – 19 Pandemic Affect the Stock Market in Indonesia?" *Jurnal Ilmu Sosial dan Ilmu Politik*, Vol. 24, No. 1, 2021.

Ramiah V., Graham M., "The Impact of Domestic and International Terrorism on Equity Markets: Evidence from Indonesia", *International Journal of Accounting and Information Management*, Vol. 21, No. 1, 2013.

Relly J. E., Sabharwal M., "Perceptions of Transparency of Government Policymaking: A Cross-National Study", *Government Information Quarterly*, Vol. 26, No. 1, 2009.

Risteski, D., Davcev, D., "Can We Use Daily Internet Search Query Data to Improve Predicting Power of E-Garch Models for Financial Time Series Volatility?" International Conference on Computer Science and Information Systems, Working Paper, 2014.

Ross, S. A., "Return, Risk, and Arbitrage", in I. Friend, J. Bicksler eds., *Risk and Return in Finance*, Ballinger, MA: Cambridge, 1976.

Ryan, C., O'Neill, M., Vanneschi, L., Gustafson, S., Tarantino, E., "Good News: Using News Feeds with Genetic Programming to Predict Stock Prices", *Genetic Programming*, European Conference, EuroGP 2008, Naples, Italy, 2008.

Scholtens B., Voorhorst Y., "The Impact of Earthquakes on the Domestic Stock Market", *Earthquake Spectra*, Vol. 29, No. 1, 2013.

Selmi, R., Errami, Y., Wohar, M. E., "What Trump's China Tariffs Have Cost U. S. Companies?" *Journal of Economic Integration*, Vol. 35, No. 2, 2020.

Shalen, C. T., "Volume, Volatility, and the Dispersion of Beliefs", *Review of Financial Studies*, Vol. 6, No. 2, 1993.

Sharpe, W. F., "Capital Asset Price: A Theory of Market Equilibrium under Conditions of Risk", *Journal of Finance*, Vol. 19, No. 3, 1964.

Shiller, R. J., *Irrational Exuberance*, 3rd Edition: Princeton University Press, 2015.

Shleifer, A., Vishny, R., "The Limits of Arbitrage", *Journal of Finance*, Vol. 52, No. 1, 1997.

Smales, L. A., "Spreading the fear: The Central Role of CBOE VIX in Global Stock Market Uncertainty", *Global Finance Journal*, Vol. 51, 2022.

Stein, J. C., "Rational Capital Budgeting in an Irrational World", *Journal of Business, Vol. 69, No. 4, 1996.

Takeda, F., Wakao, T., "Google Search Intensity and Its Relationship with Returns and Trading Volume of Japanese Stocks", *Pacific-Basin Finance Journal*, Vol. 27, June, 2014.

Tetlock, P. C., "Giving Content to Investor Sentiment: The Role of Media in the Stock Market", *Journal of Finance*, Vol. 62, No. 3, 2007.

Tetlock, P. C., Saar-Tsechansky, M., Macskassy, S., "More than Words: Quantifying Language to Measure Firms' Fundamentals", *Journal of Finance*, Vol. 63, No. 3, 2008.

Thaler, R. H., "Mental Accounting Matters", *Journal of Behavioral Decision Making*, Vol. 12, No. 3, 1999.

Tsai, I. C., "Spillover of Fear: Evidence from the Stock Markets of Five Developed Countries", *International Review of Financial Analysis*, Vol. 33, 2014.

Tversky, A., Kahneman, D., "Advances in Prospect Theory: Cumulative Representation of Uncertainty", *Journal of Risk and Uncertainty*, Vol. 5, No. 4, 1992.

Uppal, J. Y., Mangla, I. U., "Market Volatility, Manipulation, and Regulatory Response: A Comparative Study of Bombay and Karachi Stock Markets", *The Pakistan Development Review*, Vol. 45, No. 4, 2006.

Vlastakis, N., Markellos, R. N., "Information Demand and Stock Market Volatility", *Journal of Banking and Finance*, Vol. 36, No. 6, 2012.

Wang, L., "The Effect of Government Policy on China's Stock Market", *University of St Gallen Business Dissertations*, 2009.

Wang Y. C., Tsai J. J., Li Q., "Policy Impact on the Chinese Stock Market: From the 1994 Bailout Policies to the 2015 Shanghai-Hong Kong Stock Connect", *International Journal of Financial Studies*, Vol. 5, No. 1, 2017.

Wang, P., Wang, P., "Price and Volatility Spillovers between the Greater China Markets and the Developed Markets of U. S. and Japan", *Global Finance Journal*, Vol. 21, 2010.

Wurgler, J. A., Baker, M. P., "Investor Sentiment and the Cross-Section of Stock Returns", *Economic Management Journal*, Vol. 61, No. 4, 2006.

Yardeni, Ed, "Fed's Stock Market Model Finds Overvaluation", *U. S. Equity Research*,

Deutsche Morgan Grenfell, 1997.

Yardeni, Ed, "New, Improved Stock Valuation Model", *U. S. Equity Research*, *Deutsche Morgan Grenfell*, 1999.

You, J., Zhang, B., Zhang, L., "Who Captures the Power of the Pen?", *Review of Financial Studies*, Vol. 31, No. 1, 2018.

Yu, J., Yuan, Y., "Investor Sentiment and the Mean Variance Relation", *Journal of Financial Economics*, Vol. 100, No. 2, 2011.

Zhang, L., Mo, A., He, G., "Transparency and Information Disclosure in China's Environmental Governance", *Current Opinion in Environmental Sustainability*, Vol. 18, 2016.

Zhang, W., Du, J., "Could State-controlled Media Stabilize the Market during the U. S. -China Trade Frictions?", *Credit and Capital Market*, Vol. 55, No. 2, 2022.

Zhou, X., Zhang, W., Zhang, J., "Volatility Spillovers between the Chinese and World Equity Markets", *Pacific-Basin Finance Journal*, Vol. 20, No. 2, 2012.

高善文:《贸易战以来的中国股市》,工作论文,中国金融四十人论坛,2018年10月。

和文佳、方意、荆中博:《中美贸易摩擦对中国系统性金融风险的影响研究》,《国际金融研究》2019年第3期。

[美]沃尔特·李普曼:《公众舆论》,阎克文、江红译,上海人民出版社2006年版。

汪昌云、武佳薇:《媒体语气、投资者情绪与IPO定价》,《金融研究》2015年第9期。

游家兴、吴静:《沉默的螺旋:媒体情绪与资产误定价》,《经济研究》2012年第7期。

[英]丽贝卡·哈丁、杰克·哈丁:《大国贸易博弈:数字时代的双赢战略》,于冬梅译,当代世界出版社2021年版。

张文祥:《警惕"七天传播定律"背后的舆情治理误区》,《人民论坛》2019年第28期。

后　　记

美东时间2020年1月15日（北京时间1月16日），中美双方在美国华盛顿签署了《中华人民共和国政府和美利坚合众国政府经济贸易协议》，即中美第一阶段经贸协议。协议主要包括深化贸易领域双向合作、扩大贸易规模，进一步放宽市场准入、扩大金融领域双向开放，持续优化营商环境、加大知识产权保护力度、鼓励基于自愿和市场条件的技术合作等内容。然而，该协议几乎没有降低市场的不确定性。协议签订前的大部分关税仍然有效，推高了美国公司的成本；新冠肺炎疫情大流行的持续削弱了贸易合作与经济复苏的机会；与公共卫生有关的停摆和短暂的经济衰退伴随着全球商品贸易的暂时崩溃，对人员流动的限制也严重打击了美国的旅游和商务旅行等服务出口。

事实上，美国对中国市场依赖严重，中国也拥有着难以替代的产业链优势。美国苹果公司2022年10月发布的2021财年供应商名单显示，约190家供应商中有150家在中国大陆设有工厂。中国美国商会2022年5月发布的2022年度《美国企业在中国》白皮书显示，中国仍然是美国企业的首选市场，83%的受访企业不考虑将生产或采购转移出中国。商会会员们认为，当前美中经济关系仍在加深，单方面与中国"脱钩"或使美国失去产业优势。这也正好解释了2020年6月当白宫国家贸易和制造业政策办公室主任纳瓦罗说中美经贸协议已经"终结"时为什么会吓得美国股市直接下跌400点，在特朗普随即发推文澄清后美国股市才缓慢回升。中国股市反倒对此反应平平。

当前，反对遏制中国，反对搞"脱钩""断链"，期盼中美关系重回正轨，正成为国际社会主流呼声。美国《外交政策》杂志前不久刊文称，美中两国在贸易领域尚未发生也不太可能发生"脱钩"[1]，事实也正是如此。2021年以来，习近平主席同拜登总统已经6次会晤、通话。习近平主席在深刻总结历史发展

---

[1] 吴黎明：《世界切盼中美关系新年回正轨》，新华社北京1月18日，http://home.xinhua-news.com/rss/newsdetaillink/f4731df1d658cbe3c833255356dd87af/1674039321800。

经验和教训的基础上，指明了中美关系发展的正确方向，即"相互尊重、和平共处、合作共赢"①。在 2021 年 11 月 16 日的中美元首视频会晤中，习近平主席率先倡导中美必须坚守不冲突不对抗底线，和平共处，拜登总统对此予以积极回应，双方达成重要共识。2022 年 11 月 14 日的中美元首巴厘岛会晤习近平主席重申了这一共识，并强调应从把握世界大势的高度看待和处理中美关系，摒弃你输我赢、你兴我衰的零和博弈思维，确立对话而非对抗、双赢而非零和的交往基调。中美双方经贸财金团队围绕两国元首达成的重要共识正在展开务实合作。在 2023 年 1 月 18 日国务院副总理刘鹤与美财政部部长耶伦举行的会谈中，双方一致认为，世界经济复苏处于关键时刻，双方加强宏观政策沟通协调，共同应对经济金融等领域的挑战，"有利于中美两国和整个世界"②。

  企业是推动经济高质量发展的主体，而金融市场是现代企业融资的重要渠道。在新时代背景下，研究投资者的心理和行为，认识和把握其特点及规律，有利于政府和主管部门按照市场规律科学地对市场进行正确引导和控制，"稳中求进、健康发展"我国的股票市场，也有利于帮助广大投资者提高自我认识和自我保护的能力，树立正确的投资理念，提高投资行为的自觉性和预见性，减少盲目性和冲动性。

  历史上守成大国与新兴大国之间充满争斗，少有长期和平共处的先例。中美到底能不能实现相互尊重、和平共处、合作共赢，是一个时代之问，也是历史之问。本书的研究以中美第一阶段经贸协议的达成为止，并未涉及之后的最新发展动态。未来对资本市场的继续研究离不开对于投资者情绪和行为的深入分析，更离不开对于国际局势尤其是中美经贸合作走向及其对资本市场造成结构性冲击的正确研判。

张文佳
2023 年 3 月

---

① 《习近平：中美应该相互尊重、和平共处、合作共赢》，央视网，2021 年 11 月 16 日，http://tv.cctv.com/2021/11/16/VIDEGq7RwsvXBKg0AVIOt9Yj211116.shtml。

② 《刘鹤与美财政部长耶伦会谈》，新华网，2023 年 1 月 18 日，http://www.news.cn/politics/leaders/2023-01/18/c_1129298490.htm。